【道德經白話新解】

老子，復活了

目錄

目錄

【道德經白話新解】

老子，復活了

目錄

【推薦序】

道出常人所不及

林江山

《道德經》紀錄了春秋晚期思想家老子的學說，是道家思想和道教的重要經典。雖然一般人認為哲學上的道家和宗教上的道教是不能混為一談的，但是當我們有緣修練道教的「寂靜」（相當於釋教禪定的無念），能獲知「無字天書」（相當於釋教的慧）的知識時，則更能體認《道德經》中「無、有」以及「道、德」間的作用關係，是以人事無為，以德行之，天自有為，非真無為也。因此道家和道教如能互為參證，或是以釋家體驗來旁證，相信對於《道德經》的體認，將更為深入。

為《道德經》註釋，歷代著作繁多，古文精簡而不易理解，一般人大多視為冷僻，畏而卻步，加上歷代尊儒，致使主張「絕聖棄智，絕仁棄義」的《道德經》，淪為旁門左道，不為世人所重視。今人又以道家、道教分之，各有體會，各有偏執，能全面掌握經中精髓者鮮矣。國學大師鍾天送先生，詩書才華，桃李滿天下，窮通儒、道、釋三家經典，前些時更為釋教經典《妙法蓮華經》撰寫指要，更為禪詩詳加淺釋，釋家體會深矣。今又為道家經典《道德經》註釋，旁徵博引，古文案例繁多，非博學之士無能為之，嘆為觀止！

尤其是以儒、道、釋三修的體驗來註經，更能道出常人所不及者。今書成，囑余為序。

中華民國辛卯一〇〇年十月二十五日

林江山簡介

林江山，台灣台北淡水人。文化大學音樂學系國樂組畢業，師從李鎮東教授學習二胡，韓國慶熙大學音樂學碩士。曾經任教於文化大學音樂學系國樂組、政戰學校音樂系、華岡藝校國樂科、師大附中音樂班。歷任台北市立國樂團研究推廣組主任、團員，以及新樂國樂團藝術總監。本職音樂演奏及音樂學研究，對於鬼谷命理、宗教玄學略有涉獵，師從劉逢清大師。曾經發表過多篇的音樂學論文，專著有《中國擦絃樂器史》。

【推薦序】

簡短偈言　初窺精髓

傅詩予

古往今來，研究《道德經》的著作汗牛充棟，研究者經常會迷失於茫茫的書陣中，然而翻開鍾天送先生的這本《老子復活了—道德經白話新解》，竟覺是如此的深入淺出。本書每一章均將《道德經》的每一節，用四字破題，再以籤詩偈言來統攝老子每一章的合文大意，縮短了原文中的咬文嚼字，讓讀者從簡易的偈言中初窺精髓，之後加以反覆闡釋，最後還在「龍宮驪珠君試探」的章節裡，提出許多令人深思，有趣的古今中外故事來印證老子之言。

如開宗明義第一章：潛窺玄妙　四字破題

「可名之名非常名，可道之道非常道；常〈有〉供觀深廣妙，常〈無〉反窺真常道。」

簡短的偈言來說明老子所云的：

「道可道，非常道。名可名，非常名。無名，天地之始。有名，萬物之母。故常無欲以觀其妙，常有欲以觀其徼。兩者同出而異名，同謂之玄。玄之又玄，眾妙之門。」

如此將原文設題，再將大意用簡短的偈言呈現給讀者，使讀者眼睛一亮，便發生興趣往裡探索。在層層剝繭的注釋中，在一個又一個的故事裡，讓讀者心領神會。也由於是論理的作品，讀久之後難免感覺疲憊，鍾老師筆鋒一轉，常常又拈來一首意境優美的詩詞，首首押韻，令人耳目一新。其中更穿插他個人的遊歷事蹟，以連續劇的手法貫穿全文，擊中讀者的好奇心，而至欲罷不能。

傅詩予簡介

傅詩予，原名秀瑛，一九六一年生於台灣苗栗縣，畢業於台灣師範大學國文系，曾任教師十六年。一九九七年起羈旅加拿大。旅加期間曾任加拿大皮爾區教育局中文學校中文教師，作品散見於台灣及海外各報刊雜誌。已出版詩集《尋找記憶》、《與你散步落花林中》、《藏花閣》。曾獲僑聯總會華文著述詩歌類首獎、菊島文學獎新詩佳作、夢花文學獎新詩優選、二〇一一年行政院愛新網佳作。

【自序】

傳道解惑　人生豁然

【作者簡歷】

鍾天送，台灣省苗栗縣人，醉心教育，在國小任教十二年，擔任高中國文、國中歷史教師共二十一年，總共三十三年，居常酷愛中國易經哲學，了悟陰陽五行之理，著有《錦繡人生》、《八字談奇》、《禪詩淺釋》、《法華經指要》、《道德經新解》、《學佛的道路》。一九八〇年起為許多政治、財經界及教育文化界等社會名流，批算一生命運流程。當時及事後，皆多驗證，聲名鵲起，求教者自此絡繹不絕。（詳見一九九〇年十二月二十八日台灣新生報，大幅專訪報導可證。）

一九九〇年夏天毅然離開高中教職，放棄即將到手之退休金，正式投入命理服務，旋即應美國亞特蘭大萬國超級市場老闆陳蘭美女士之禮聘，赴美服務，第十一天即譽滿僑界。期間預言波斯灣戰局及伊拉克總統胡森（海珊）之勝負下場，世界日報曾有大幅報導，轟動亞城，事後查驗命中率在九〇％以上。（有一九九一年二月一日報紙可證。）

一九九一年七月西遊大陸，會見過上海國寶程十髮先生、世界名攝影家馬元浩先生、桂林大畫家李蔭蒼先生、地質大學教授李造榮先生、廣州雕塑大家關偉顯教授、民運大將李正天先生，皆曾當面歡談易經學術，並為推斷命理，迭獲佳評。

八月東遊日本，深入大阪、京都、奈良、神戶，一探日本文化骨髓淵源，也隨機印證命理學，曾為當地美容學校名講師—本松千枝等多位論命，當下即獲好評，並要求繼續為同仁服務。如今除駐台奉獻地方人士之外，並隨時為美、日、大陸三地需求者以傳真或電話服務，至今仍持書生本色，不自登廣告、不懸掛招牌，隨緣為慕名者，解除事業、學業、婚姻、居住及心理上的各種疑難問題。

【作者遊歷】（西元一九九〇—一九九七年）

一九九〇年：

• 八月一日，離開大成中學、教書三十三年，不帶走一片雲彩。

• 十二月二十八日，記者陳志科來訪，報導赴美之行—萬國超市以八萬元底薪禮聘到亞特蘭大。

一九九一年：

• 二月一日，世界日報大幅報導作者預言波斯灣戰局，結果精準，轟動十三州僑界。

• 七月，由中國大陸上海、桂林、柳州、廣州認識畫家李正天先生、李蔭蒼先生、程十髮先生。

• 八月，赴日本暢遊大阪、京都、奈良、名古屋。

一九九二年：

• 七月十九日，苗栗中國時報主任張強來訪，有大幅報導。

• 十二月十一日，再訪亞特蘭大，這年《禪詩淺釋》出版，在中國城、韓國館初講金剛經。

一九九三年：

• 二月，遊新加坡、馬來西亞。

• 八月，遊日本北海道，到處印證易學。

一九九四年：

• 初到福州，遊閩清及初訪湧泉寺，緣識習近平先生、陳向先先生。

• 為台北市客家雜誌撰稿三篇，詩上封面。

• 在苗栗信和有線電視台主講《禪詩淺釋》十集，每集六十分鐘。

一九九五年：

• 再遊福州湧泉寺初造西禪寺，訪問福清市，出版《法華指要》、《親慈會刊》、連載《學佛的道路》。

一九九六年：

• 完成老子《道德經》，連載《警報雜誌》。

• 完成《證道歌》，在《親慈會刊》連載中。

• 新生報主筆陳志科記者二度來訪。

• 第三次赴美，經南加州洛杉磯，到亞特蘭大，辦三場法會，演說《法華經》。

• 完成莊子《南華經初探》。

- 為苗栗信和有線電視台主持總統、副總統選舉，國代選舉現場直播四場。

一九九七年：

- 一月十一日，十一時半台視「飛耀年代」節目中第二單元，有專訪錄影五分鐘。
- 為信和「山城風情」節目主講客家諺語。
- 《親慈會刊》連載《證道歌》講譯。
- 四月初，赴菲島岷城，游泳蘇比克灣，飆舟百勝灘，遊賞達雅台火山。

一九九八年：

- 主持「山城漫談」。
- 在苗栗縣自強游泳協會發表演講，題目「心靈改革」。
- 在東昇獅子會演講「心靈改革」。

已完成、未出版書籍

- 《寒山子淺釋》。
- 《學佛的道路》。
- 《道德經探索》。
- 《南華經初探》。
- 《心宗法影》。

・《碧巖錄百篇佛門公案研究》。
・《唯識概要》。
・《楞嚴經概要》。
・《淨土概要》。
・《證道歌淺釋》。
・十首佛教新曲歌詞，湯德海先生譜曲。
・《南華經》。

（圖／鍾岱陵 攝）

【第一章】潛窺玄妙

可名之名非常名，
可道之道非常道；
常有供觀深廣妙，
常無反窺真常道。

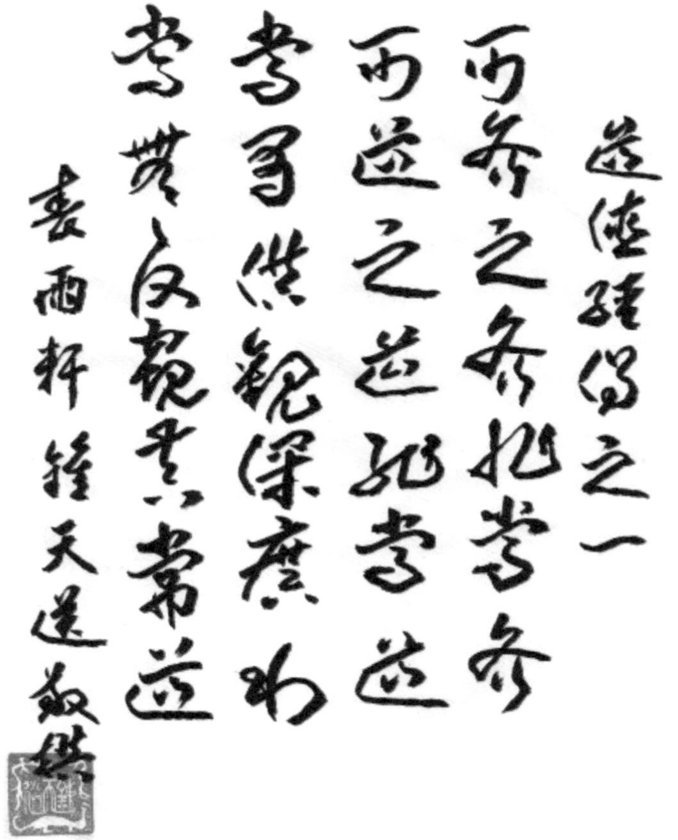

【原文語譯】

意思就是說：可以隨便用語言或文字詮釋清楚解說明白的「道」，絕對不是宇宙之間最高最妙的「真常大道」。否則，孔夫子不會說：「朝聞道，夕死可也！」這樣重的話。同樣的道理，在追溯天地的形成，探討萬物的來源時，使用的名詞名稱，也都是方便大家了解領悟的「假名」或「立說」。在語言文字上爭譊不休，何異「盲人摸象」「猿猴向水中探月」，爭爭吵吵之間，千方百計、處心積慮就為駁倒對方，達成私心預設的動機目的。有多少真理存在呢？人人手指着月亮，「手指」能當作是月亮嗎？

道家常用「無」這個字來比喻「天地的本始」，「無」並不是常人所說的「沒有」，而是代表「沒有形質」但確確實實存在的物事，像靈魂呀！鬼神呀！常人的聰明難感覺到的源能和智慧，就是道家追求的「無極」了！所以有人把名字叫作「明夷」，意思就是：喻意「期望能努力去追求、探討，明白常人所不知不解的智慧與真理。」《道德經》第十四章，視之不見名曰「夷」；聽之不聞名曰「希」；摶之不得名曰「微」。想看卻看不到「色相」的存在事物，老子的時代稱之為「夷」，媒體上有些許穿鑿附會不足為信。古代有一位玄學家名叫陳摶，字「希夷」，也是根據這層義理而命名的。反過來說，「有」則代表世界上的「妙有」、「萬有」，人類已知，已經研究、探知、察覺的萬象學術、知識、歷史、科學、哲學等等，這就是道家所謂的「太極」了。

所以說：我們若能時常去體會領悟許多未探討發明的一面「無」，就會觀照出宇宙不可思議的真常大道是何等淵深奧妙？而時常能夠去追求研究宇宙已被發明的「有」之一面，也能夠窮理致知這已知萬有世界的深廣際限。這已知的「有」面和未被洞悉的「無」面，其實都是同一道體的兩面。已知的「有」面，迴小向大，向上向高一層修養修行，領悟那未知的「無」面，那便是老子所說的「玄上加玄」、「玄中又玄」，可以有希望進入宇宙萬有萬妙大道的堂奧大門了！以上所謂一體的兩面，用一枚銅幣也有上下兩面這樣去會意。

◎【龍宮驪珠君試探】學海聯珠之一

一、《大學》、《易經》、《論語》，孔夫子自然應該早已通達聞道，為什麼還心心念念說：「朝聞道，夕死可也！」？史上曾載：孔子曾向老子問「禮」，是問禮還是問道呢？在他的心目中是否還憧憬着另外一個更高層次的道呢？親愛的朋友！帶你深入接觸佛學、道學、老莊之學後，這答案便會迎刃而解了！

二、《三字經》提到「人之初、性本善」，是真的嗎？有人八歲就會偷竊騙人，十歲就會搶劫殺人，這樣的人性不是很可怕嗎？我倒還是相信人之初，天性本來是善良的，但不是在誕生之初，而是在人類始臨地球之初，真心未被人世習性汙染之初，也就是佛教教義提到的：「娘未生前的真面目」，基督教認為人類很多是帶着「原罪」降生的，不無道理。（但也可說，很多人是帶著「原善」降生的，是不是啊！）

三、佛教提到的「空」，其實就是道家說的「無」。真空實藏萬有，無中比現有的還多，您相信嗎？了解到這點，還須爭什麼佛，辯什麼道呢？「紅蓮」、「白藕」難道不是一家人？名稱、教義、修行方法有別，不過是各取方便罷了！可怪世人就是那麼愛分黨、分族、分流、分派、爭辯纏鬥不休，死而後已，何苦呢？

四、寒山祖師說：「高高山頂上，四顧極無邊，靜坐無人識，孤月照寒泉，泉中且無月，月是在青天，吟此一曲歌，歌中不是禪。」大道妙高，就像畢竟虛空中的藍天中，那顆清涼圓滿的明月，手指明月，並不表示能瞭解明月的真心，或明月所象徵的意義。唱一首佛曲，也道不盡禪思的靈明美妙。只有眾生的心水明淨，菩提的真影，才會如實的顯現，那才是如假包換的元明真月、佛心佛性、真常大道。

寫到這裡，第一章告一段落，有感而發，留下四句做結：「世智科技究根源，大道妙高極無邊，可名非名道非道，窮有探無玄中玄。」放下滑鼠，下樓開門出去，春風迎面拂來，一陣清爽襲上心頭，抬頭忽然望見門前那株山櫻，不知何時，已然花綻似錦，曷勝悅喜！

留下打油詩四句：

山櫻植來總不發，
今春忽見滿樹葩；
枯木龍吟因銷盡，
莫非心開頃刻花。

春雨軒主人　鍾天送　敬賦

欣欣向榮。何嘗辭其勞苦？又何嘗自恃有功？默默施政施功，勞如未勞，為如未為。有天大功勞也不占為己有，造化群生、也讓群生自我造化。就因為有功而不占為己有，所以其功德更不可沒，萬古流芳，沒有任何人能夠掠奪搶取。

◎【龍宮驪珠君試探】學海聯珠之二

一、有孫臏兵法上之卓越巧智，便凸顯出龐涓氣度觀念上的拙遜與偏差。在瑜亮情結無法解開之下，在極度不甘妒恨情緒影響下，孫臏乃遭遇龐涓刖足斷腳的慘痛，終於引發孫龐大戰，龐涓萬箭穿身而亡。以上事故，都肇因於美醜、善惡的相比與對立，不是嗎？

二、有趙飛燕消瘦窈窕之美妙身段，楊貴妃雍容華貴之豐姿，便有很多很多宮廷佳麗、漢唐仕女，因節食或豐身而餓扁或撐壞肚子。人性的價值，是在心性的慈悲喜捨、心口意的乾淨；想對事情、說對事情、做對事情；還是決定在外表的胖瘦美醜呢？胖，是罪惡嗎？美麗，就一定善良嗎？要三思！美麗英俊，大多來自福報，值得尊敬禮讚，不宜忌妒詆譭。俊美而知感恩，矜重自許，善因再結善果，福慧會更久遠。若涉過度輕佻驕慢，福報一過，紅顏頓成禍水，也屢見不鮮。下場悽慘猶在其次。最怕苦因已然積聚，未來時空的苦果已經暗結，將來有日，憂患忽來、勃然禍至，還不曉得憂禍何來？我們身邊常常發現有人，好好地，突然身罹奇災異禍，難道是偶然嗎？如今的世界，人人想做林志玲、蕭薔，一心想瘦身塑身，甚至花大把鈔票，出國整容。福報好的，一時心想事成，也不保證將來有無後遺症？福報差的反而因此損毀玉貌花容，後悔莫及。筆者以為，美容是好事，整容則要慎重其事。

三、幽王寵愛褒姒的妖姣嫵媚，西周烽火連年，終致亡國。據說唐帝嫌惡黃巢貌醜，戰火綿延千里生靈慘遭塗炭。

四、楊修聰明穎悟，孔融口才便給，沒有學到內斂，都因嫉恨慘遭曹操暗算而死。

五、「主義立場不同」，海峽兩岸便互為寇讎，骨肉流離數十年；一將志在功成，無數生命便成為無定河邊的枯骨，誰是春閨夢裡的良人呢？為誰而戰？為何而戰呢？回頭讀讀老子，是不是早有高見顯然智慧驚人呢！

六、「尺有所短」、「寸有所長」，「天生我才必有用」是泯除對立的最好觀點。

七、「匹夫無罪，懷璧其罪」，榮華富貴、權勢地位、珠寶美色，統統是「寶」，也都是有福報或是有大福報的人，才能擁有。既是「寶」便使人垂涎，引人嫉妒貪圖，如果不內斂謙和，找機會奉行眾善，多立功德，運去都會平地忽起風波，無端惹來災禍。東晉石崇富可敵國，權傾一時，妻妾如雲，運破被殺，妻妾不保。寵妾綠珠，美若天仙，跳樓身亡。中東某強國總統，叱咤風雲，名望如日中天，戰敗被俘，公審定讞，判決吊死，留下三千多億財產，無法享用。如今繁華何在？台灣不乏富豪弊案纏身，四外逃生，如喪家之犬，案例俯拾即是，能不警醒。

八、「斷足殘形何傷有，不變永恆道樞紐，肝膽吵架如胡越，王駘等價看美醜。」以上見《莊子內篇》第五章「德充符」。

【賞析交流】

各位親愛的網友！謝謝觀閱《老子蠡測》的部落格。我希望大家先看「譯解」，這是我生平心血結晶。這是整本老子《道德經》的全文意譯，用黃金比喻（不是黃金，只是比喻）成色十足，無庸置疑。今日不解，來日方知。如能耐心看下去，我向你道賀！未來好處妙不可言，不是我的關係，是老子《道德經》的真理之故。「譯解」看完，再看「原文語譯」，「原文語譯」看完，再看原文。坊間書店老子的書很多，買一本和筆者「譯解」相對研讀，必有收穫。其他「另類存思」、「學海聯珠」，只是像坐上飛機一樣，我送給讀者的點心而已。水準不怎麼樣，不成敬意。老子《道德經》，真的很深很澀，但是其中真理，會讓人受用無窮，他同莊子是一玄，易經是一玄，佛學是一玄，共號「三玄」，要知道在你翻閱這個部落格的時候，不是與筆者相逢，而是與「三玄」邂逅，希望不要只是擦身而過。（斯斯有兩種，《道德經》有千千種，歡迎讀者因緣巧合，遭遇了這 SOMETHING SPECIAL 的一種。）

夕陽西下晚霞燒天

【第三章】

貨貴難得為盜媒，
世尚虛賢人爭偽；
虛心弱志實腹骨，
毋奮智巧治無為。

安樂人民

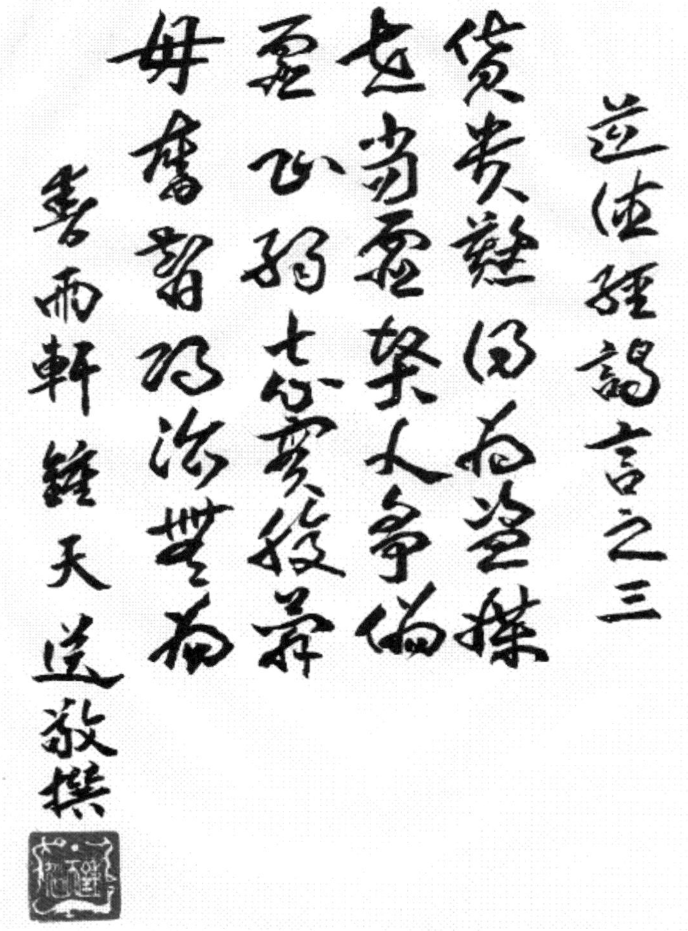
貨貴難得為盜媒
世尚虛賢人爭偽
虛心弱志實腹骨
毋奮智巧治無為

【原文語譯】

世道愛賢尚賢，喜能尊能。如果過度去推波助瀾，便會有許多人刻意在塑造自己的清廉、賢能形象，或運用權勢地位、金錢，指使信眾、媒體，製造賢能英明的假象，而成為愚民盲目的偶像，進而嘲笑、揭舉、假造敵對人士的無能、不賢、醜陋，那麼誰又甘心退居或充當不賢、不能的人呢？所以只有不過分標榜賢能，才能使百姓息止無謂、無窮的紛爭。否則，不賢、不能的野心政客，必然用盡機關算計，陰謀巧詐金錢暴力等等手段，害賢害能、誣賢誣能，不惜辣手對賢能者批臭、鬥垮，自己才能安登賢能之位，談笑自若、矜誇賢能。這樣的社會，人人爭相虛偽，沒有真理、沒有真相，成何社會？子孫何恃？同時，也不要過度貴重難得的珠寶、鑽石、金銀財富、稀奇寶貨、名牌衣飾，才不會驅使人民為偷為盜，不讓人民發現太多可貪可羨的聲色名利，民心才不會昏迷散亂。這些都有賴政教、社教、家教，三管齊下，上施下效，始克有成。目前我們能作如許期待嗎？道家心目中的聖賢偉人，設治教化，首先教育百姓，盡量少欲清靜，虛息貪圖飽滿的無窮欲念；空去自滿膨脹的驕心，但是衣食住行育樂上，卻要使他們溫飽充實，讓百姓減弱在名利場中奔逐爭競的心志，卻要增進他們的強健體魄，鼓勵他們參加各種運動競技，發展各種文藝學術的進修觀摩。居常之間，不尚爾虞我詐的陰謀巧智；恥於盜偷掠奪的欲求。智巧者不濫用智巧，胡作非為，順應自然，不強作蠻幹，武斷鄉里社會，不倒行逆施，擾民生事，以這種「無為而為」的態度來治理國政民事。這樣努力下去，何愁不政通人和、國家大治，人民安樂。

◎【龍宮驪珠君試探】學海聯珠之三

一、利欲權勢所在，世人無不群趨爭逐，攀高接貴，甚至於甘為爪牙、走狗。蠅營狗苟、蒼蠅逐臭。蠅狗如此，有些族類也不遑多讓。賢名地位，更是人之所好、民之大欲。爭逐的結果，世界、社會，顛倒錯亂。所以老子告誡世人，不要過分標榜賢能，賢能自賢能，實至必然名歸。

二、「名滿天下，謗亦隨之。」胡適之先生曾任駐美大使，著作等身提倡白話文不遺餘力，望重士林、名震中外，近代中國學人罕有其比，筆者對他至為崇敬，先生在世，學者爭相攀援，寫作言論多喜歡提到「我的朋友胡適之先生」，之後引來一大撮人士交相撻伐，修養好如適之先生，也不禁慨然說出前面那句心酸的話。足見標榜美善、崇尚賢能，會引起多大的紛爭與反感了。

三、周公旦制禮作樂，輔佐周成王，使西周空前強盛，功勞有多大，賢名滿天下。就因此為庸才奸佞所忌恨，流言四起，指責他心懷叵測，可能挾恩居功簒位自立。周公天天戰戰兢兢，如臨深淵，如履薄冰，好在他福壽綿長，處置得當，歷險如夷。如果當時死去，正義何在？長江之水也洗不清他的冤情。後代世人無不景仰其為人，希望在苦難中，能效法他在艱困中，艱苦卓絕不動如山，度過劫數的毅力與智慧。

四、「新」朝王莽，巨奸偽善，奴僕宮特別發達，翻手雲來覆手雨。可是當時，上書稱道他既賢又能的人，卻有幾十萬之多，可見民調之高。誰知他老兄卻來個逼宮簒位，自己登上皇帝的寶座。可惜他雖有所學，但食古不化，亂改漢制，抹煞人心歸向，破壞社會的安定，終致叛亂四起，新朝覆滅，他本身也身首支離。如果他在「日正當中」時，早先死去，豈不是名標青史，千載留有餘情。民初，袁世凱當總統不過癮，煽動人民上書擁護他當「終身總統」。還不滿足，又鼓動愚昧士人，上書恭請他高登皇位。稱帝未久，蔡鍔雲南起義，全國追隨者風起雲湧，袁世凱「氣」死在龍床之上。

五、美國有一大世家，富名賢名滿天下，有一兄弟當選總統，昆仲卻先後俱遭殂殺，兇手成謎，真相至今不明。中國也不乏偉大強人，富貴卻不過三代，聲勢赫赫，名震中外，響徹全球，後代則凋零殆盡，令人扼腕。

六、漢代霍光貴為大司馬，可以帶劍上朝，權傾一朝，帝王側目，何等威光？死後滿門抄斬，怎麼會呢？縱然不是自己賢名太大，富貴驕人，啟人妒恨，也必是家族行為失檢，驕奢欺人，才會晚景不保，晚節失香。

七、今天台灣寶島，擁有兩千多萬人口，曾經「腹已實，骨已強。」是大大好事值得驕傲。勇敢的台灣人，曾經「錢能淹腳目、淹肚臍」，事實俱在，可是曾幾何時，寶島台灣忽然失去了優勢，好夢不再，惡夢相隨，不會吧！哪有可能？是政府無能，領導失敗，還是台灣人「心未虛、志未弱」，志圖雄滿、夜郎自大，部分人生活驕矜奢侈，又沒有好的教育政策引導，這才是深深的隱憂，難道不是嗎？

光陰輕易過，流年暗中度。不知不覺，老子已寫完三章了。感覺來感覺去，始終不滿意。原諒自己吧！電腦不靈光，偏少生花筆。親愛的讀者請原諒！年前為宏琦老弟送來的那盆拜歲白花，還在幽幽地散發出沁人心脾的清香。中間點綴的幾支桃姬，螢光燈下，粉紅晶瑩，更是秀色可餐，一派國色天香的迷人姿態，時常令造訪的來客驚艷不已。

簡單留下四句作結：

少年不解惜花心，
老來日日與花親；
賢卿切莫會錯意，
惜愛還是家花深。

春雨軒主人　鍾天送　敬賦

雙貓戲田園

【第四章】

大道虛沖用不窮，
深遠悠久萬物宗；
挫銳攻堅和光塵，
象帝之先馬行空。

不求滿盈

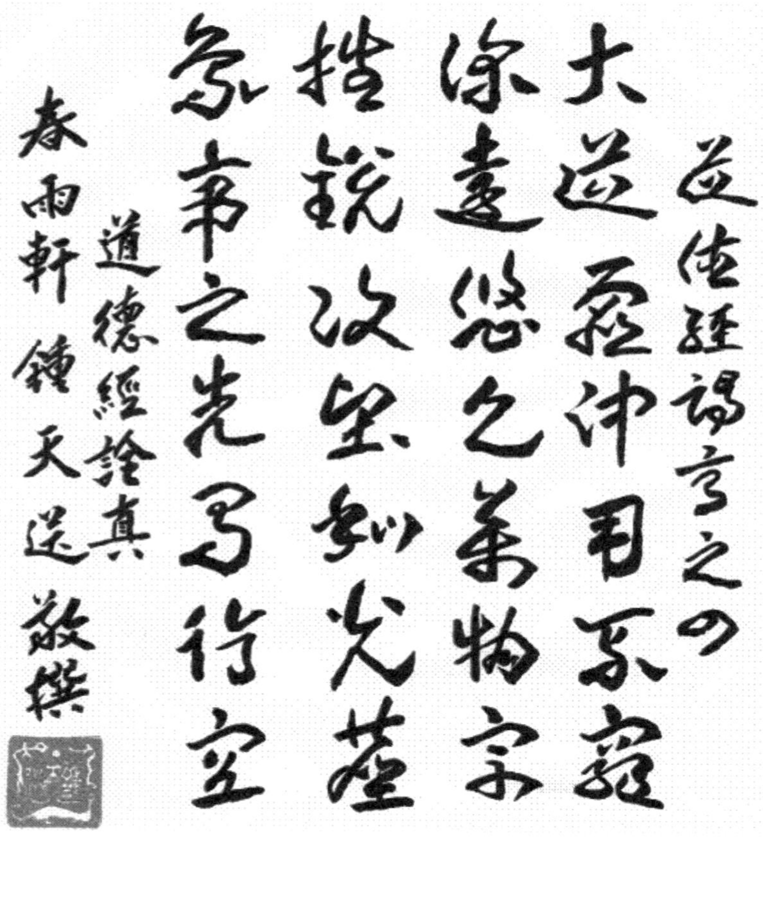
大道虛沖用不窮
深遠悠久萬物宗
挫銳攻堅和光塵
象帝之先馬行空
道德經詮真
春雨軒 鍾天送 敬撰

【原文語譯】

大道，就像我們天天看到的渺茫虛空一般，無形無相，無色無臭，空空如也，似乎什麼也沒有。但是祂的能量和作用，卻大到不可思議，絕思絕議，匪夷所思的地步。祂堂堂博大，卻也中庸大和；力量發揮起來，則源源不絕，永不窮竭。從祂存在的深遠悠久來看，就像是萬物的根源與宗主，沒有祂，一切也失去依托。君不見，有時祂青天一碧、萬里無雲；有時祂風雲變色、風起雲湧、大雨傾盆；有時祂龍捲颱風、走山流石、地震海嘯一切超自然力量發源於此。比起祂，驕傲偉大的人類實在是緲滄海之一粟，科學家想要掌控祂，恐怕是遙遙無期。中國民間習慣稱祂為「天公」，「天堂」、「佛世界」、「菩薩道」，西方人口中的「魔法界」、「天堂世界」，都有這種超高神靈的存在。其間擁有的能量、智慧，就是再聰明的學者、政客，也是永遠想像不到，也望塵不及的。我們越早能試著去觀照祂、相信祂，我們會有更好更正確的邏輯思想；更謙虛更成熟的做人風範。「隔山見煙應知有火，隔牆見角應知是牛」，我們有時要學習用第三隻眼、心靈之眼來觀照事物世情。

野人獻曝，敬請笑納！

祂通常不露鋒芒，必要時卻輕易可攻堅挫銳；祂恢宏中和，善於排難解紛。世界上最光明的地方，最亮麗美好的人物事務，祂也能同在一起含光共耀；世界上最汙穢骯髒的地方，祂也樂意共其風塵，與世俗齊同。祂祕在形山，沉潛幽隱，又分明如實地存在於宇宙之間，甚至於隨時可在你我近旁左右。如羚羊掛角，無跡可循；天馬行空，無處覓蹤。我「老聃」

實在不知道祂來自何鄉？誰家之子？只知道祂的來歷，要早於人類心目中的眾神、天帝。

◎【龍宮驪珠君試探】 學海聯珠之四

一、般若波羅密多心經曰：「舍利子！色不異空，空不異色，色即是空，空即是色，受想行識，亦復如是。」這裡講的「色」，就是我前面說的「有」的一面，「空」就是我前面說的「無」的一面，「有」「無」本來就是同一道體的兩面，就像銅幣、銀幣也有上下兩面一樣。那麼我們是不是可以說：「受不異空，空不異受，受即是空，空即是受。」心經秘密，為君一解。江國春風起，花鳥心如祂，春風如未起，杜鵑啼在深花裡。親愛的讀者！有趣不有趣？

二、《心經》又說：「是諸法空相，不生不滅，不垢不淨，不增不減。」人生有知有見，可知可見的，就是那「有」的一面。是有生有滅，有垢有淨，有增有減的，如夢幻泡影，如露亦如電，在輪迴中暫時存在。真心、真佛、真如來、真自在，卻是那「無」的一面，是真空實相的。如虛空界之無形空相，從未有生，哪來有滅？在悟不增，在迷不減。點塵不染，哪有垢淨？所以六祖慧能說：「本來無一物，何事惹塵埃。」五祖弘忍非常讚許他這句話，認為他已經悟道、證道，把衣缽傳給他。本來面目就是佛心佛性，是看不見的菩提心；是摸不著的明鏡台，已經清清淨淨了。哪還需要「時時勤拂拭，勿使惹塵埃。」呢？因此他前句才說：「菩提不是樹，明鏡亦非台。」神秀和尚說：「身是菩提樹，心是明鏡台；時時勤拂拭，勿使惹塵埃。」美則美矣！弘忍大師認為帶有煙火氣，在意境上稍遜一籌。

三、地藏王菩薩誓言：「地獄不空，不願成佛。」道祖呂純陽說：「不度盡世上聖根道種，不願成仙。」佛、道這兩位大師都心存大悲心同此理，我衷心禮拜，而對寶島台灣，明明是蕞爾小島，不知道究竟有何德何能，到處湧現那麼多大師。社會道德卻日漸淪喪；人民生活淒苦難言，「凍蒜」之聲震天撼地，族群撕裂有增無已，真是令人訝異之至，百般不解。

四、般若，是佛智慧，不是世智聰辯。般若性體虛融，能斷絕貪嗔癡。此「智慧力」能鑿開人我疏離之山；此「智慧火」能鍛鍊成「佛性精金」，斷絕無明、煩惱、和所知障礙，摧枯拉朽，固若金剛。這「金剛大般若」就等於是道家提到的「無極大道」了！

【第五章】

天地聖人無私酬，
善應福報惡芻狗，
人生天地如橐籥，
虛不力屈動愈出，
穩健均勻作用大，
寡言守中政通和。

安順守中

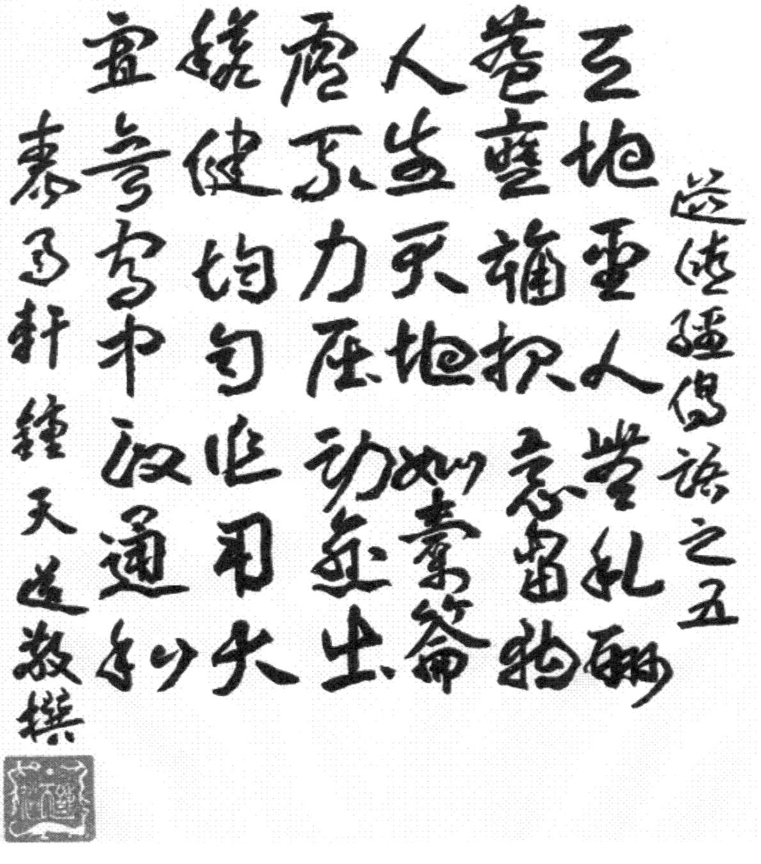

【原文語譯】

天地，是一種虛空的存在，其間充滿變數，作用無窮。可是在人類的認知中，祂似乎毫無感情、麻木不仁。一任萬物生死存滅，好像萬物都是祭神、祭天的犧牲、供品、芻狗一樣，要用即用，用完即摔，沒有半分憐憫。道宗心目中的聖賢仙神也是一樣，他（祂）們修為入聖，神而明之，來去人天，受人間頂禮膜拜。但在人們的心眼裏，也似乎心如鐵石，毫無仁心。坐令百姓生民，生老病死，悲歡離合，流血流淚，顛倒萬端。災禍之來，呼天嗆地，何嘗回應？求神拜佛，也是枉然。好似生民百姓，也如同拜拜的犧牲供品一樣。完健可用時，用之；病壞無用時，捨之如草芥廢料，甚至埋骨荒煙蔓草之間。

其實，天地確實沒有俗情俗愛、偏私濫愛，切莫寄望祂會賜給我們廉價的同情與關懷。天公疼憨人，但絕不是每一個憨人，一定是有道德、有福報、善良的憨人，這叫做「天道無親，唯與善人」為善而不獲善報，應該是時候未到；假使反遭惡報，當是今生善因未足，善果未熟，或往昔宿世、想錯、說錯、做錯不少事情，苦果在今生某段時間斷然成熟的關係。在世人而言，卻似青天霹靂，太過突然，萬難接受。

天道運作造化，自強不息，都按照自然的道理法則，似無為而無所不為。春暖花開，冬寒霜雪。春去秋來，花開花謝。萬物生有時，循環有序。其來有因，其因結果，絲毫不爽。太空星球寰宇的變化，環環相扣。極地冰山渙然溶釋，世界各地便呈現暖冬現象。老子對此也好有一比：就像鐵店通管伸縮自如的風箱一樣，搖拉之間，氣出氣入，此起彼落，如響斯應，井然有序。拉扯力量越大，風息越大，頻率越快，風息越急。不拉不扯，風息全止。節奏若能把握中和均勻，作用就越穩越順。聖賢如到達真人、元人的地步，修為便臻天人合一。了解體會天地間這自然的道理—因果不昧，報應不爽，豈能違背天地之理而行。而人君領袖，萬人之上，福報甚大，更宜深深體悟：榮華來自萬民所託，政令越繁多，立法越嚴苛，變法越急遽草率，百姓越痛苦委屈，壞人越多越刁滑。所以施政寧可「安和守中」，與民休息，政通人和。自然風調雨順，國泰民安。萬莫越俎代庖，擾民生事。否則苛政如虎，反速敗亡。

◎【龍宮驪珠君試探】學海聯珠之五

一、「天地不仁」，「聖人不仁」，「天地無親」，「菩薩無情」，這些詞語，容易啟人疑竇，失去信心，在我極端失敗、痛苦、灰心的時候，我也曾經如此想過。如今我在前文中把悟得心得，能向親愛的有緣人，「一吐款曲」，實在痛快之至。

二、用法律政令來領導人民，用嚴刑重罰來整頓人民，人民會成為法律的快閃族，千方百計地逃避刑罰，心裡則一點也不把作姦犯科，當做羞恥的事。用道德仁義來領導人民，用禮法規矩來整頓人民，人民就會有羞恥心，知道犯罪的可恥，一切行為，也因而導歸於正。所謂：「上有政策，下有對策。」（見《論語》第二篇為政）

三、孔曰：「成仁」，孟曰：「取義」，不仁不義，人人唾棄。因此之故，壞人便會偽裝「仁義」、「禮義」、「自由」、「民主」，取得信任，廣結信眾，開始行其「不仁不義」、「不自由，不民主」的邪惡行為，老子時時提醒我們提防這些「假仁假義」、「假民主、假自由」之徒。他們為惡為害之大，遠遠超過不仁不義的人。

四、仁與不仁，看施者之胸襟氣度，動機及後續的表現與結果。有人滿口仁義，背後害人無數。有人貌惡心善，卻宅心仁厚，救人無數。

五、菩薩豈是無情，只是沒有俗人私情，沒有婆婆媽媽的婦人之仁。祂心懷無緣大慈，同體大悲。以「所覺」覺有情眾生，只要有人虔誠向善、向佛，祂千手千眼，隨時尋聲提攜護助。如果你經常慈悲喜捨，以觀音之心為心，奉行眾善，有朝一日，你心無悲喜，卻莫名其妙會泫然抽泣，淚流不止。這便是祂的印心感應。佛陀更不是無愛，而是以宇宙人類之「大愛」來愛眾生。只有眾生捨佛陀，佛陀永遠不會捨棄眾生。眾生視諸佛如木偶、石像、土偶；諸佛愛眾生，絕對不亞於父母之愛子女，多少眾生能感知曉得。怒怨、失意時，譭佛謗佛，佛頭着糞、佛為斷頭。簽賭六合彩槓龜，多少佛頭棄置在荒野河頭？

六、父母憐愛子女，如能參考一點天、地、聖、佛、仙、神愛護人類的方式，來愛護子女，尊重他（她）們的天賦人權，國賦民權，不要過分把他（她）當作「心」、當作「肝」來疼愛、溺愛、護短、放縱。孩子們的人格、成長、教育，會更為自然、成功，也更為美滿、幸福與快樂。否則，「心」與「肝」一出門，父母失了魂，落了魄，牽腸掛肚，還能把事情做好嗎？法國大教育家盧騷，他的教育觀念就是這樣，不妨參考。

【第六章】

不死大道天地根，
造化萬端玄牝們；
自古長存大地母，
不費勞倦是谷神。

觀虛谷元神

道德經偈語之六
不死大道天地根
造化萬端玄牝們
自古長存大地母
不費勞倦是谷神
春雨軒鍾天送敬撰

【原文語譯】

前面所提到的：那狀如虛空之谷的無形無極大道（道體《無》）的那一面奇妙如神，其實差不多可以說：就是世界各地不同人種心裏的「神」，中國人說的「天啊！神啊！佛啊！菩薩啊！」，基督教世界稱呼的「oh my god！上帝啊！耶穌啊！」，阿拉伯世界信仰的「阿拉！」，變化幽深不測，因應廣大無窮。造化萬端，幾乎沒有形跡可循，所以謂之為「玄」（形而上的物事，出世間的物事。）生殖天地萬物，可說為「大地之母」，道家稱之為「牝」。這玄妙原始的生生之門，就是宇宙之始，天地萬物的根源。說是「神」，你看不到，難以置信，不了解祂，信也差不多等於白信。說是「能量」，聰明偉大、有大福報的科學家，能研究到一些，但只如九牛之一毛，也是在允許的前提下發明的。科學是形而下的物事，世間的物事。「大道」祂綿綿緲緲，分明存在，就在你身上左右，若能引發善用，不勞不倦，妙應不窮。道家稱之為「大道」，道教稱之為「真神」、「元神」、「無極老母」，佛教也有稱說是「金剛佛母」的話。總之，名稱不一，或指尊神，或指大能，亙古長存，世人難識。地球或其他星球，也許會毀滅，祂的世界，永恆存在。

◎【龍宮驪珠君試探】學海聯珠之六

一、「打鼓敲鐘音何來？百花春至為何開？大地撮來米粒大，曹溪鏡裡絕塵埃。」」（見《碧巖集》第五則「雪峰粟粒」）蘇東坡先生詩云：「若言琴上有琴聲，放在匣中何不鳴？若言聲在指頭上，何不於君指上聽。」叮叮咚咚的琴聲，是來自琴上嗎？那麼，放在琴盒裡面，又為什麼不鳴不響了呢？那麼，該是來自手指頭囉！那你何不就在手指頭上，聽聽美妙的琴聲呢？東坡居士，是中國歷史上，禪道成就很高的儒林代表人物。他這首詩正好用來解說「打鼓敲鐘音何來？」的意義。鐘鼓之聲，從何而來？耐人尋味。「廬山煙雨浙江潮，未到千般恨未休；既到原來無一物，廬山煙雨浙江潮。」這是他另外一首膾炙人口的禪詩。本來以為：山是不同的山，潮是不同的潮。去到方知：山就是山，潮就是潮。山也好，潮也好，都是因緣而生，由無生有，出現了廬山煙雨浙江潮，時間一過又由有生無了。美國紐約雙子城，不但「由無生有」，而且已經「由有變無」了！緣起性空，性空緣起。意思就是：一切的「無」可以因緣生有，一切的「有」也可以因緣變無。

二、「百花春至爲何開？」為春風，還是大地無形的心氣？

打鼓看來人不識，鐘聲何來誰解識；
幽谷野澗無人處，繁花處處頌春至。
我寫文章君瀏覽，我繡鴛鴦隨君看，
錦繡鴛鴦錦心裁，金針在手度有緣，
引得黃鶯飛下來，踟躕來回不敢前，
花在君前觀如夢，鏡裡山河視朦朧。
可憐霜天月將落，潭前孤影誰與共？
釋尊拈花迦葉笑，南泉指花誰悟道？
霧中賞花花非花，花從何來君可曉？

三、「大地攝來米粒大」對佛世界，或道家所說之無極世界而言，「大地」是不是就像一顆米粒那麼大而已呢？用《西遊記》故事來比方，最容易瞭解。孫悟空本事夠大了吧！如來佛祖要他炫耀一下拿手的本領。老孫他二話不說，向空猛翻筋斗，霎時飛到五指山的中峰，留下悟空到此的字樣，還撒了一泡尿，作為證據。忙著又翻起筋斗，飛回原地，臉上洋洋得意，頗有藐視如來佛的意味。如來說：「悟空！你別忙著得意，看看我手掌裡有什麼？」悟空定睛一看，如來揚起的手掌上，中指底節，赫然發現悟空留下的字樣，掌緣還有一小攤水跡，悟空看了！瞠目結舌，只好認輸，被如來困在五行山，直到玄奘西行求經，路過於此，才得出困。莫以為小說只是小說而已，有些著名偉大的小說，你會感覺到如有神助似的，像《西遊記》、《三國演義》等等，日本人喜歡的程度，比中國人只有過之而無不及。卡通、電影，常常翻新，除了好奇、文學欣賞外，有沒有其他特別的意涵呢？值得研究。

四、「曹溪鏡裏絕塵埃」：牛頭不見，馬頭回來，哪有可能？不過，若是輪迴屬實，又何足為奇？可惜牛變成馬，依然含靈蠢動，落入下三塗，畜生道。生而為人，幸運多多。如有機會接近佛學、道學，縱使是在家修行，也如一隻盲龜在茫茫大海之中，突然抓到一塊有洞孔的浮木那麼幸運。從此廣結善緣，從此奉行眾善，從此心靈清潔純淨如鏡，絕塵絕埃。終能儲蓄法財，遠行登道；終能迴脫根塵，情離牽絆；終能東方漸白，蓮苞初綻，心如琉璃，性天相交，徹悟天道、佛道。曹溪禪宗的精義在此。

五、「雪峰粟粒」：雪峰和尚，曾經有九次到洞山大師的地方，修行學禪。平日就在廚房擔任飯頭。有一天，他正在淘米，洞山走來問道：「雪峰！你在做什麼？」雪峰說：「淘米。」洞山又問：「淘沙去米，還是淘米去沙？」雪峰答：「沙米一齊淘去。」洞山說：「那麼，僧眾大家要吃什麼呢？」雪峰聽了，當場把盆子翻掉。後來便改投德山大師處去學佛。他問德山說：「我到底有沒有悟得一點佛性的成分？」德山聽了，拿起棒子就敲過去，雪峰當下突然有了一些領悟。後來，他也成為一代佛學大師。他有一句廣為流傳的雋語就是：「把整個大地抓過來，就像一粒粟米那樣大。」真是如此嗎？「入門能見非家珍，胸中流出始應分。」

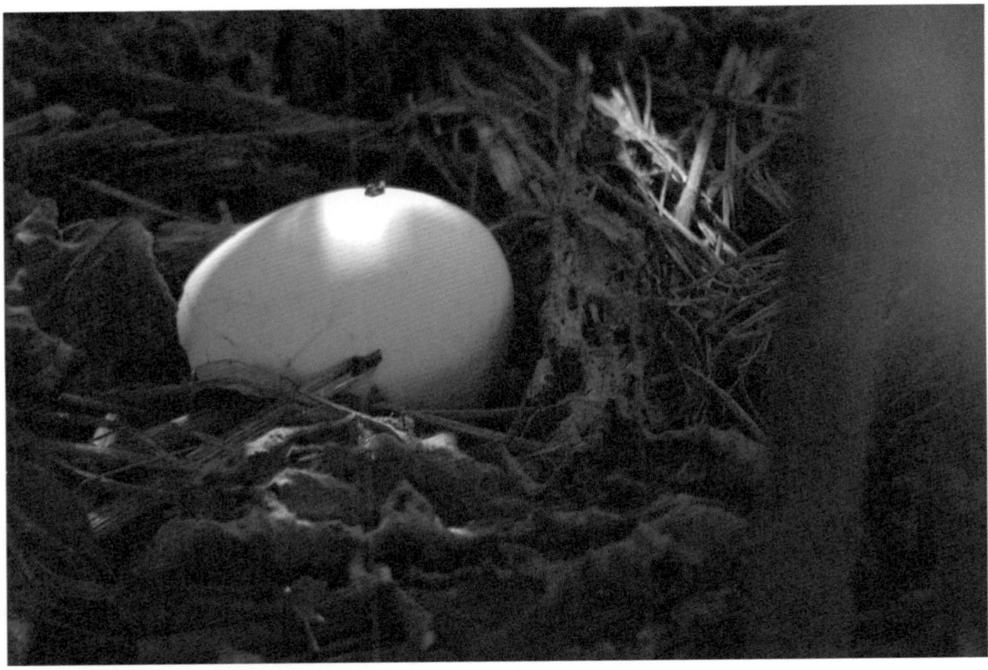

徹悟《道德經》，探究生命奧妙。

【第七章】

天地長久不自生，
聖人後人身先成；
安危榮辱置於次，
以其無私所作行。

後外其身

道德經偈言之七

天地長久不自生
聖人後人身先成
安危榮辱置於次
以其無私所作行

春雨軒鍾天送敬撰

【原文語譯】

我們喜歡拿「天長地久」，來形容永不衰敗的時空人事。以人類一生不到百年的歲月，和無垠的時空來比，宇宙天長地久，是不爭的事實。天地為什麼會那麼長久呢？答案該是：天無不蓋，天道無私親；地無不載，地利人共取，天地順應自然，隨緣任運，從來不為自己營生打算；萬物眾生，都要依托天地器界而生存。天地，也就當然長生不息了！所以，道家心中的聖人，先知先覺，深刻體會到天道大公，無私無我的精神，是以能先天下之憂而憂，後天下之樂而樂。先置個人安危苦樂於計度之外，把天下萬民的生息福祉，放在前頭。於是反而受到萬民百姓的愛戴與擁護，豈非無心插柳，柳樹成蔭，奮不顧身，反而因此保身立命，成全了大家，也成就了自己。

◎【龍宮驪珠君試探】學海聯珠之七

一、堯舜帝位，傳賢不傳子，千古傳為美談。寶島咱台灣，六七個天王，各個擁有信眾，互相攻訐詆譭，你爭我奪，恨不得敵對之方，打入十八層地獄，或各個身敗名裂。這種人品當官或當選總統，會是萬民之福嗎？

二、夏禹治水，在外十三年，三次經過家門口，卻沒有進去探看自己的親人，台灣的大禹，到哪兒去了呢？還是請假拚選舉去了！

三、三國時代，諸葛孔明輔佐愚庸的阿斗，三分天下，原可廢而自立。卻矢志「鞠躬盡瘁，死而後已」，五十出頭，便壯志未酬，身死五丈原，長使英雄淚滿襟。一生淡泊明志，寧靜致遠。留下「或為出師表，鬼神泣壯烈」的正氣英名。

四、「非洲之父」史懷哲博士，神學、醫學、音樂、哲學，在當代都出色當行，遠邁群英，足足可以養尊處優，享受國人、教會、世人尊養禮待。他卻拋棄這一切，遠到非洲內陸，深入剛果蠻荒。為罹病窮困的黑人，治病傳教，與世人聞之喪膽色變的瘟疫「黑死病」，纏鬥幾十年。其間驚險萬端，救人無數。逝世後，敬他愛他的黑人們，大家以頭頂其棺櫬，哀歌震野，跋山涉水，送到亞歷山大港，登船送回故國，情景感人。我們如尊他為「西方菩薩」，有何不可？

五、漢初三傑的張良，為什麼稱「留侯」？張良，字子房，父祖五世相韓。秦滅韓，子房家族死了三百多人，他沒有加以埋葬，矢志復仇。散盡家財，東見滄海君，募得一位能使動一百二十斤重大錐的大力士，在博浪沙的地方，伏擊秦始皇。可惜誤中副車（隨車），逃亡到下邳的地方，藏匿起來。在沂水橋上，巧遇圯上老人，贈送他「太公兵書」，憑此幫助漢高祖劉邦逐鹿中原。鴻門宴上，項莊舞劍，志殺劉邦，張良暗使項伯阻擋，因使高祖逃過一劫。垓下地方，韓信設下十面埋伏，楚霸王依然頑抗到底，張良乃在夜裏叫人四面吹起楚歌，攻破項羽心防，逼得虞姬自殺，一代霸王在烏江自刎而死。劉邦唱起〈大風歌〉（大風起兮雲飛揚，衣錦榮歸兮回故鄉！安得猛士兮守四方。）成為中國歷史上第一位平民皇帝。劉邦即帝位，大封功臣二十多位，張良當然在內，諸將卻諸多不平，抗議他沒有戰功。劉邦卻說：「若論運籌於帷幄之中，決勝於千里之外，我萬萬不如子房。」於是當眾要張良在富庶的齊國中，選三萬戶做為他的封地。此時此際，如果是我，一定趕快下跪高喊：「謝主隆恩！皇上萬歲！萬歲！萬萬歲！」張良卻回說：「臣起事下邳，投奔沛公（劉邦），與皇上在《留》那個地方第一次相會。從此皇上總能謙虛地聽從臣的獻策，臣也幸而不辱所託，往往切中關鍵，解決困難。皇上就把《留》封給臣吧！」這就是張良被封為「留侯」的來由。

六、有物先天地，無形本寂寥，能為萬物主，不逐四時凋。

這首詩遍傳佛教叢林與講座，是南朝梁武帝時，傅大士的詩。意思是：有一件物事，比天地先有，無影無形，寂寂寥寥，空虛廣大。祂是萬物的宗主，不隨四時轉換而凋零消逝。（筆者按：大士，就是菩薩的意思。）

【第八章】

上善若水

善利萬物而不爭，
能處眾惡幾於道；
事能動時政善治，
居善淵仁無爭尤。

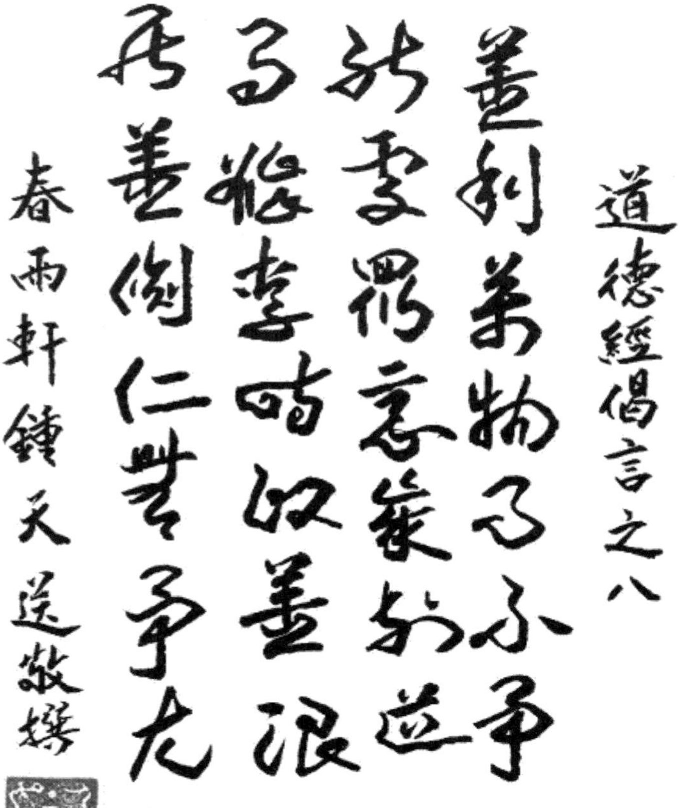
道德經偈言之八
善利萬物而不爭
能處眾惡幾於道
事能動時政善治
居善淵仁無爭尤
春雨軒鍾天送敬撰

【原文語譯】

上善的至人（道家理想中的聖人或領導人物），具備像水一樣完美的特性—聰明與智慧。水，善於利養萬物，滋潤大地，有君子無入而不自得的美德。能與萬物在任何狀況下和諧契合，沒有矛盾、不生抗爭。水，可以甘處卑下，順流、滯留在任何世道厭惡，髒臭汙穢的地方，無怨無尤。所以，拿水的特性與大道相比，差可接近。上善的聖賢，也是一樣。他避高處下，置身微妙境地，心思淵深沉靜，殊少偏私，喜歡親近善良純真的人。發言忠信，為政安泰，無為而治，做事周圓，善盡所長；行為舉措，掌握時宜，就是因為他能與世無爭，所以少遭怨尤，不生悔咎。

◎【龍宮驪珠君試探】學海聯珠之八

一、「水」，代表聰明與智慧，形而下為聰明，形而上為智慧。智慧必涵蓋聰明，聰明卻不代表智慧，甚至於還常常和智慧背道而馳。所以說：「智者樂水。」君子之德如水，能隨方圓、高下尊卑，淨穢而安處自在。造次必如是，顛沛必如是。

二、「水」，無言，無言勝於有言。潮來潮去，應時有驗，歷史上有很多美女、才女都嫁給有錢的商人，「商人重利輕別離」，往往一去不回家，連潮水都不如，所以說：「早知潮有信，嫁給弄潮兒。」其實，今天還不是一樣，電視天天正連續播著呢！「水」，有聲，聲聲美妙，滴答、轟隆、涓涓、湯湯、潺潺皆可入詩韻。紅樓夢一書總是提到：女人是水做成的，如果從聰明、美麗的觀點來看，滿有道理的，如果說到智慧，那就因人而異，有待商榷了。

三、戰國時代，趙國名將廉頗，年登七十歲，還能餐食斗米，因為嫉妒藺相如完璧歸趙，因功拜相。對他及其眷屬部眾，百般欺侮凌辱。相如，不動於衷，擺明不與抗爭，以免兩相纏鬥，損傷國力。路上相遇，總是避道相讓。廉頗知悉內情後，慚愧不已，負荊登門跪地請罪，相如處惡居下的忍辱休養功夫，令人敬佩。

四、禪宗六祖，「大鑑慧能」傳得黃梅衣法，為了躲避惡人的追迫，逃到曹溪的地方，避難山區十五年。前此五祖弘忍發現他悟性第一，私下把衣缽傳他，半夜親自渡他過江，臨別囑咐：「未悟，師傅渡你；悟了，你要盡渡眾生！」上岸便走上逃亡之路，在出租錄影帶上，我看到他孤單的形影，踽踽獨行，沒來由的淚雨滂沱，不能自已。修行的路途多麼坎坷難走啊！悠悠十五年後，在廣州法性寺的法會上，旗幡飛揚，僧眾為了到底是「風動」還是「幡動」？爭辯不休，慧能在旁說：「各位同參！不是風動，也不是幡動，是各位仁者的心在動呀！」這事驚動住持印宗法師，延至上席。後來為他剃度，自己退出住持之位，禮讓於他。上善至人的風範，於此可見。

五、前章提到留侯張良，他不是避難下邳嗎？有一天，走上沂水的橋樑，遇到一位古怪的老人家，一連三次把鞋子丟下橋去，要張良撿拾。張良不以為忤，三次都很謙恭地到橋下，為那老人（黃石公）撿取落鞋。老人非常滿意他的作為，讚美他：「孺子可教也！」授給他

「太公兵法」，終於能輔弼漢高祖亡秦興漢。他封侯不久，就把侯位讓給兒子不疑，自己跟隨隱士赤松子逍遙快遊去也！千古之下，讓人無限景仰追思！這又使我想到義大利建國三傑之一的加里波底，他帶領義兵南征北討，披星戴月，終於拿下了半個西西里，卻毫無條件地送給薩丁尼亞國王，促成了義大利的統一與建國。事後他飄然遠去，不知所蹤。

六、中國大陸有一位了不起的政治人物，就是故總理周恩來先生，連當時的美國總統尼克森先生，都對他敬畏有加，據說他們對談的時候，尼克森發言盈庭，滔滔不絕。周先生幾句話就把意義點明清楚；周先生幾句話說出來，尼克森卻要長考半天，才能回話，夠厲害吧！周先生，一生堅苦卓絕，跟隨毛澤東搞革命，是開國元勳。他當過黃埔軍校政治部主任，平生最被人欽佩讚美的是：生平不做「第一人」想，擺明不與毛澤東爭權。這一著，避開一場絕大的麻煩與鬥爭，加速了中共的強大，縮短了開國的期限，周先生也因此能全身而退，人生更為完美，人民更為欽佩。這種政治智慧，古今罕有。

七、「臥輪自覺有伎倆，善斷諸般百念想；對境無驚心不起，坐看菩提日月長。」臥輪和尚自詡：有常人所不及的本事，那就是，能將凡夫平日「似水涓涓、如火焰焰」的千思萬想、妄想雜念，慧劍一揮，全數斬斷。不會杞人憂天，也不會庸人自擾。面對紅塵境風，悲歡離合，顛倒錯亂的種種人間際遇，他都能八風不動，處變不驚，古井無波，心湖不起漣漪。每天在靜坐中參禪悟道，心光顯露，覺悟的智慧，日起有功，月月增長。「慧能自思沒伎倆，千思萬慮不斷想，看事對境心輒起，菩提卻是照樣長。」在這裡，慧能祖師提出另類的看法，他謙稱自己沒什麼本事，每天紛至沓來的念頭，也多得不可勝數，與常人沒有兩樣。每經一事，每對一境，總是拚命地去追根究柢，絲毫不肯放鬆，希望最後能尋得答案。儘管如此，奇怪的是：覺悟的智慧，卻也一樣日增月邁，天天有進步。

看誰輕撥細絲弦？
響徹大千達三千，
非是行者皆會意，
揮手羅袖起春煙。

春雨軒主人　鍾天送　敬賦

湛藍天、碧綠葉。

【第九章】

滿腹持盈不如已，
銳器重搥不保利；
金玉滿堂誰長守，
富貴驕人自貽戚。

毋持滿盈

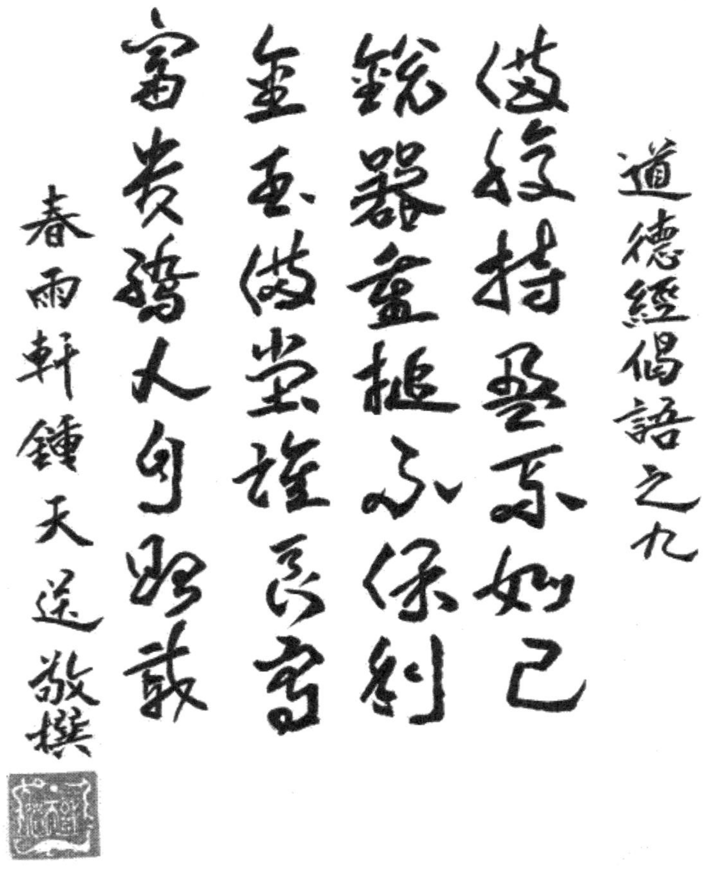
道德經偈語之九
滿腹持盈不如己
銳器重搥不保利
金玉滿堂誰長守
富貴驕人自貽戚
春雨軒鍾天送敬撰

【原文語譯】

事事堅執滿足到底，名利貪圖不厭；就像拿容器盛水，求滿必然外溢不如適可而止，還能保持相當的擁有與成就。處處逞強搶先，耀武揚威，凸顯自己風光，就像不停搥擊兵器，要讓它又尖又利，總有挫折裂斷之時，豈能長保鋒芒銳利。金玉寶貨，堆滿家室倉庫，也無法長久固守保有。富貴驕人，怎能避免有朝一日，自取禍害與悔咎？不如功成名就之際，抽身讓退，提攜後進，為國舉才，才合乎新陳代謝、持盈保泰的自然法則。

一、羅馬凱撒大帝，率軍攻打埃及，擄得艷后克麗絲・奧佩斯脫拉，凱旋歸國，把她當作戰利品，高車牽引，進入羅馬城道時，萬人空巷，極盡耀武揚威之能事。接受凱撒大帝之稱號，元老院議員敢怒不敢言。結果被自己最親信的部將，暗殺而死。大將安東尼，忘記前車之鑑，步其後塵，也貪戀豔后美色，拋妻娶她，使羅馬人極為失望氣怒。他為挽回聲望，窮兵黷武，四向征伐，還攜美共登戰艦，觀賞他指揮作戰，戰士鬥志全失，終於兵敗自殺身亡。這就是過持滿盈的下場。有一首古詩這樣寫道：「公毋渡河！公竟渡河，渡河而死，其奈公何？」有一位賢妻，眼看雨天河水暴漲，勸他丈夫不要冒險過河，他不聽良言，自恃精通水性，大膽渡河，結果淹死。這位勇敢的丈夫，聽得到愛妻撕裂心肺、痛斷肝腸的哭泣嗎？

二、李斯，秦朝名相，法家之流，才華洋溢，權高位重，自信滿滿，富貴耀眼，不自謙抑，終為趙高所陷害，被二世胡亥下令「腰斬」，齊腰斬殺，這是什麼世界？秦朝始皇還希望要三世、有四世、萬世、萬萬歲嗎？你知道臨刑時候，李斯對他兒子怎麼說嗎？他說：「兒子！真想再牽著黃狗，同你一起出上蔡東門，追逐野兔，飛禽走獸戲樂，如今哪還有那種光景呢？」言下神情慘然，潸然淚下如雨。這案子牽連三族，全數都被夷殺。

三、前章提過中國前總理周恩來，今天且來「外一章」—周先生畢生為黨為國為社會主義，獻身奮鬥，忠心耿耿，而且平生不做第一人想，臨終遺言：「不盼望留下遺體，供國人瞻拜，情願火化成灰，撒向心中所愛的祖國山河。」不知感動多少民眾，流下多少敬愛的熱淚，學子、工人成群結隊，蜂擁而出，敬獻出自己編製的花籃、花圈供拜他。也有嫉惱之士，存心阻撓，武力鎮壓，引發第一次天安門事件。上聖偉人的胸襟，永遠讓人無窮無限的懷思！

四、黃檗「自從大士傳心印，額有圓珠身七尺，掛錫十年棲蜀水，浮盃今日渡漳濱，千里龍象隨高蹈，萬里香花結勝因。」（見《碧巖集》百則公案第十一則「黃檗噇糟」）黃檗和尚，師承百丈大師，身高七尺，額上突起微塊，圓圓如珠，初見百丈，大師問他：「和尚，你高大魁梧，相貌堂堂，從那兒來啊？」檗答：「我，巍巍堂堂，從嶺中來。」百丈又問：「你為何而來呢？」檗答：「不為別事。」第二天起來，很有禮貌地向百丈辭行，百丈問：「要往何處去？」檗說：「要去參拜馬祖。」百丈說：「馬祖已經遷化（死）了。」檗問：「馬大師生前都跟你談些什麼？」百丈把兩次參見馬祖，挨打挨罵的糗事，都說了出來，黃檗聽了做出伸舌頭的動作。自此留下來，認真向百丈學禪。在蜀水的地方掛搭修行了十年，終於卓然有成。有一天坐船渡過漳水、濱水，仰慕他的高德和尚，個個具有龍象之姿，不遠千里都來朝見、禮拜。萬里行腳，信眾都奉上香草鮮花，紛紛要和大師結下殊勝的因緣。

五、易經乾卦「䷀」六條橫線，上下重疊，每條實線都屬「陽」，用「九」來代表，九月九日便叫做「重陽節」。最底下一條線叫做「初九」，往上算依次是「二九」、「三九」，上升到「五九」，卦卦都代表偉大、亨通、祥和、貞潔，尤其是「五九」，更是日麗中天，善變不測。皇帝便稱他為「九五之尊」，到最上第六條線「爻」，就不叫「六九」，而叫「上九」，卦名「亢龍有悔」。表示登峰造極、高亢到極點，必然產生悔悶、悔吝的後果與現象。當領導也不免，老百姓也是一樣。台灣當前社會，政局是不是到了「亢龍有悔」的地步了呢？選舉選瘋了！眼睛選紅了！令人憂心。

六、子路，孔子的學生，意氣豪強，力能搏虎。夫子常常擔心他會不得好死，果不其然，因為參與了衛國一場宮廷政變，長槍貫頸而死。

【另類存思】

群峰無爭自平和，萬壑不語能演歌；
含靈蠢動徒喧擾，青山綠水長快活。
茫茫人世何足追？為客鄉心日日催；
每嘆韶光虛空度，竊喜百劫夢初回。

春雨軒主人　鍾天送　敬賦

【第十章】

專氣致柔營魄一，
解知嬰兒絕思慮；
心門開闔無雄雌，
生蓄無為忘心機。

玄真大德

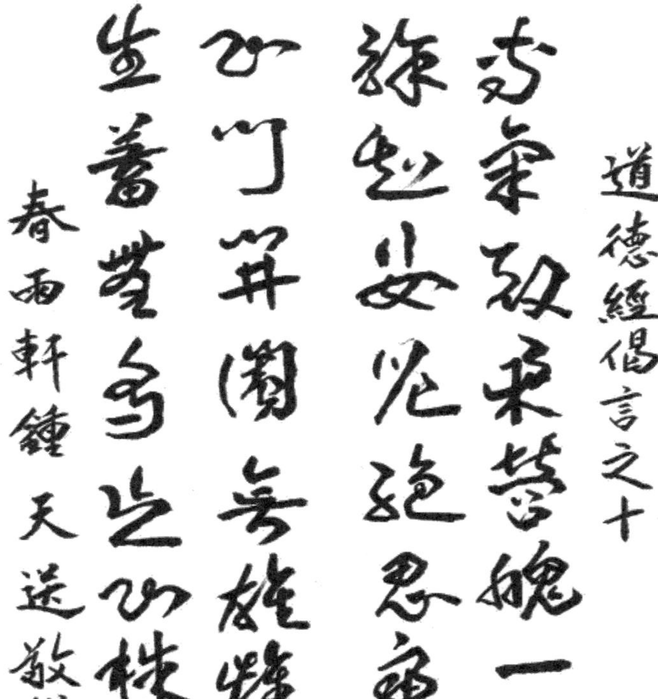
道德經偈言之十
專氣致柔營魄一
解知嬰兒絕思慮
心門開闔無雄雌
生蓄無為忘心機
春雨軒鍾天送敬撰

【原文語譯】

靈魂和體魄（陽神和陰神）是否兩相合一？精神與肉體是否內外統一？元神、元氣（谷神）是否能不散亂外溢而與本體脫離呢？（也就是「天樞不動」的意思）能夠心靈單純、少思少慮，甚至於無思絕慮嗎？能夠真性專一不失純真柔和，像初生的嬰兒，渾沌未開、天真未鑿嗎？能洗心滌慮、摒除妄念，使心靈回復原始靈明嗎？能像明鏡照物、毫無纖塵瑕疵嗎？攝身養性也好，治國愛民也好，能順應自然，以靜制動，以「看似無為」的態度，做到對人民「無有不為」的成就，來代替「窮出主意，擾民生事，倒行逆施，莽行蠢動」的「大有為」表現。居家出外、起心動念，舉止進退之間，能安閒和靜，自然適度嗎？靈明通達、智無不照，能夠放棄「自作聰明」、「濫用心機」嗎？能生長利養萬物，而不占為私有；英明通達、福利天下，也不驕矜自滿、誇示才能；化育群生也不自居萬能主宰。能做到以上的功德地步，可以說是：「至真至美」難以名狀的「玄真大德」了！

◎【龍宮驪珠君試探】學海聯珠之十

劫火來時大千壞，生成本來要毀敗，
各隨因果各路去，花落鳥啣全自在。
不到田地早晚壞，若是金剛自不敗，
千山迢迢走孤僧，萬里去來踽踽行，
夜深猶自禮龕燈，徘徊不勝月孤伶。

一、上文提到的「田地」，就是具有玄真大德的境界；「金剛」也是。《金剛經》裏面提到的「摩尼珠」，《楞嚴經》說的「首楞嚴」、「菴摩羅識」，《檀經》提到的「第一智」成所作智、妙觀察智、平等智、無分別智、大圓鏡智等等，都是在說明「道體」。道體是虛沖的、是真空的、是看不見的、是形而上的、是無極的。了解以上，看佛書、道書、老子、莊子、易經，就不會被名詞給混淆了。

二、敬愛的網友，中國學者把文章歸為三類（一）訓詁、（二）考證、（三）義理。老莊、佛學，比較接近義理。但也不完全是，王陽明先生的「心學」就更接近了！你看這些東西，一點也不要擔心看不看得懂？只要以您閒愉快的心情去看，慢慢必有所得，那「得」便是「悟」。謂余不信，請拭目以待！妙不可言，請大家告訴大家！陶淵明先生自稱：「好讀書而不求甚解」，就是這個意思。

三、世間的貨物財寶，不該任它棄藏地下，可是也不該想盡方法，占為己有，私藏在自己家裡。人們的精神、力量、血汗，不宜保留不用，可是也不該只為圖利自己而努力。（《禮記》禮運大同篇，所描述大同美好世界）

四、修道練氣，講究的是：神不外遊，意不散亂。將欲養性、陰神「魂」和陽神「魄」，陰陽協調，陽神、陰神互為室宅。魂（居）魄（住），城郭完全，人物乃安。乾（動）易進，將致「氣布精流」；坤（靜）而翕，反能守助性道廬舍。所以剛施如烈陽，道行反易退；柔化像春風，精氣轉滋榮。這樣叫作：情和乾坤，魂安魄定。像卵中黃白，各自獨居，清而無瑕，卻又融和無二，全安性體。

五、欲修性命無他說，算來總是精氣神，謹固牢藏休漏泄。（觀世音菩薩成道的關鍵法門「出流亡所」，應該可以作為上面一段話的註腳）就是心精元氣，不再有向外流失的機會或所在。「亡」（音義都是「無」）。摒除邪欲得清涼（主要還是心口意的清淨），丹台築好邀明月，月藏玉兔日藏烏，「內孕聖胎、內在結丹」，神龜靈蛇（真精元陽）相盤結，此時火裏種金蓮。不可思議的超靈異能，據說就是在這種過程中醞釀形成。

六、此精不是交感精（不是男歡女合時外溢之精），此氣不是呼吸氣（是使人精靈清明、身心健康愉悅、頭腦空靈的真氣），此神不是思慮神（是前述之「精」與「氣」充足帶來的奇蹟與異能，陽氣充盛的象徵。）君不見全真派修行真氣有成的道士，稱呼上都有一個「陽」字，如：呂純陽、王重陽、魏伯陽、鍾正陽、張紫陽等等。

七、心身為鼎天地爐，好向生命煉真神，隨處能靜是真訣，抱神以靜不勞形，抱元守一善養生。世人只知動能強身，往往忽略了靜能養生健身的功能。

【另類存思】

連宵大雨溢春寒，簾外柳絮又飛殘；
此去上界路途遠，相逢應在幾重天？
高樓望處盡雲煙，哪是河水哪是天？
沽名釣譽總是幻，佩玉鳴鸞也枉然。

春雨軒主人　鍾天送　敬賦

【第十一章】

車輪輻條留中虛，
中心不虛不成車；
拉坏全實難為器，
室家不空如何居？

虛中大用

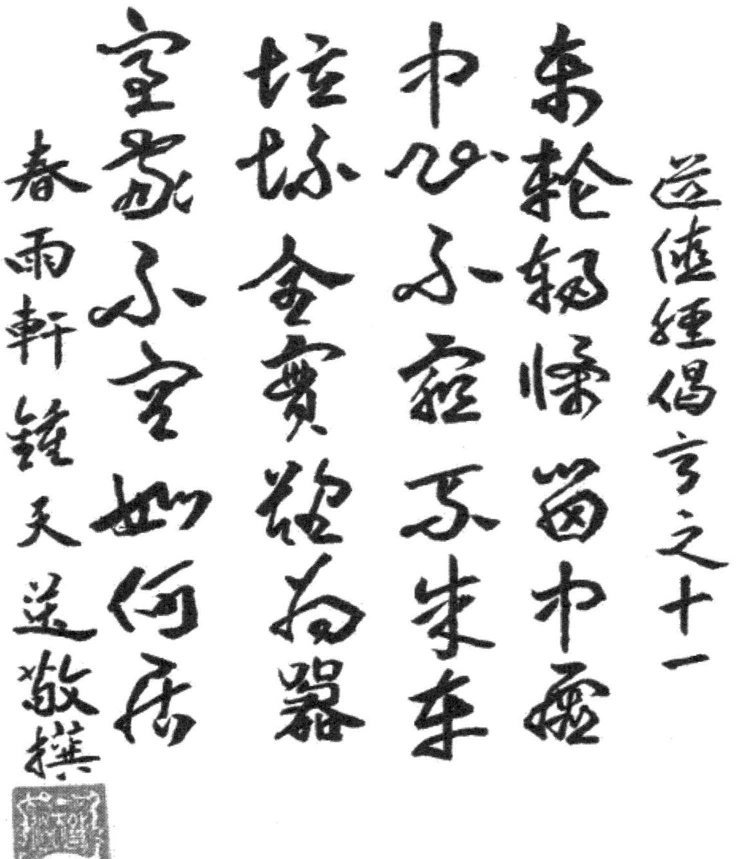
道德經倡言之十一
車輪輻條留中虛
中心不虛不成車
拉坏全實難為器
室家不空如何居
春雨軒 鍾天道敬撰

【原文語譯】

古代的車輪都有三十支木條或金屬條，由中心鑿孔的圓木向車輪外圍，成輻射狀等距離安插。有那鑿孔中空的地方，讓軸心活動，才能發揮轉輪行車的作用。調柔陶土製作容器，也要中間虛空，才能發揮容器的作用。造屋開窗，設門立戶以為家室，也要在適當隔間時，留下寬廣足夠的空間，才能宜室宜家，符合陽宅的要求，發揮居室的作用。所以，世界上外圍存在的有形器物，提供眾生各種設定的便利；而內在虛空無形的存在，則可以發揮無窮無盡、不受限制的妙用。

◎【龍宮驪珠君試探】學海聯珠之十一

殘雲飛盡本來空，明月清涼美玲瓏；
何處尋取如意珠，菩薩笑指琉璃中。

一、本來無一物，「無一物」就是空的，就是虛的，所以月能那麼明，那麼清涼、玲瓏、美麗。如果不是「無一物」，而是有雲、有雨、有風暴。那麼，哪來玲瓏美麗又清涼的明月呢？如意珠，就是摩尼珠，就是智慧之珠。琉璃裡面看得到什麼呢？虛虛空空，什麼也看不到、拿不到。菩薩為什麼笑說有如意珠藏在那兒呢？心也是一樣，如果滿心都是愁雲苦雨、榮華利祿、機關算計、世智聰辯，選舉、凍蒜，矛戟森然，哪還有摩尼珠容身的位子或空隙呢？

二、虛空無限，有容乃大。老子講的「虛無」是謙虛的「虛」，是虛懷若谷的「虛」；是無限大的「無」，是無窮無極的「無」。有些人國文很好，甚至於國學很高絕，卻無法看懂老子的原文，沒有眞正了解老子他老人家心中的想法，很久很久以來，都誤會他提倡「虛無縹緲、不切實際」的東西。各位親愛的朋友！如果你有繼續看我的詮釋，聽我的註解，你還認為老子講的，真的虛無縹緲、不切實際嗎？我是在：癡人說夢、妖言惑眾、嘩眾取寵嗎？

三、對老子誤會是可以理解、諒解的，第一、經文太深，查註解，一個頭變三個頭大，書也看不下去了！所以我跳過原文，直接譯解，但對原文每一個字的意義，我都斟酌再三，不輕易放過，不然，老子晚上是不會放過我的。儘管如此，還是有小姐對我抱怨說：幹嘛寫這麼深的東西？第二、自從漢武帝時，董仲舒向皇上建議「獨尊儒術，罷黜百家」，武帝欣然接受以後，儒家便一枝獨秀，深入民心，牢不可拔。其他學說便被邊緣化，束之高閣了！為此，民初胡適等一群學者，曾高唱：「打倒孔家店！」中國文革時代，也提倡過「批孔揚秦」，都沒有成功。（原因是可以諒解的）

四、孔孟思想，貴族氣息很重，尊君尊父，婦女地位被貶損，殊少民主觀念，要隨時代進步而改變。但是它維繫社會安定的力量與作用很大，功不可沒，也不能輕言揚棄。

五、孟子說過一句民主的話：「民為貴，社稷次之，君為輕。」講講而已，沒有配套，也沒有回響。帝王將相、諸侯士大夫，奴僕如雲，哪裡會贊成什麼民主呢？

六、飽食就苦悶脹，腹空才堪飲食。周公常常到鄉間探問民間疾苦，有客來訪，往往頭髮來不及擦洗乾淨，飯也來不及吃飽。急急忙忙趕著接待客人。謙沖自牧，風行草偃。毋怪奸人不能害，災危能避免。

七、驕矜自滿，苻堅敗死淝水之戰；聰明自大，曹操飲恨江東赤壁。

八、看到這裏，讀者早就會奇怪，老子講的道德，怎麼跟我平日掛在嘴上的道德不一樣呢?如果一樣，還能叫做《道德經》嗎?還能讓很多老外高明的學者著迷嗎?

【另類存思】

你知道嘛！

有一則統計報告說：世界上第二多讀者的著作是什麼嗎？

就是老子。

從那時起我沉潛研究他的思想精華。

希望與你同享。老子祝福你！

春雨軒主人　鍾天送　敬筆

眾生難信佛天然，人間興悲幾萬般，
請看黃花鬱古岸，白鷺閑閑立沙灘，
露滴庭草萋又長，行雲過盡溪月寒，
千差目對瞥爾去，逍遙月色自在泉。

春雨軒主人　鍾天送　讀《證道歌》有感

【第十二章】

五音亂耳五色盲，
五味爽口畋獵狂；
聖人為腹不為目，
貪愛寶貨虞行防。

聖人為腹

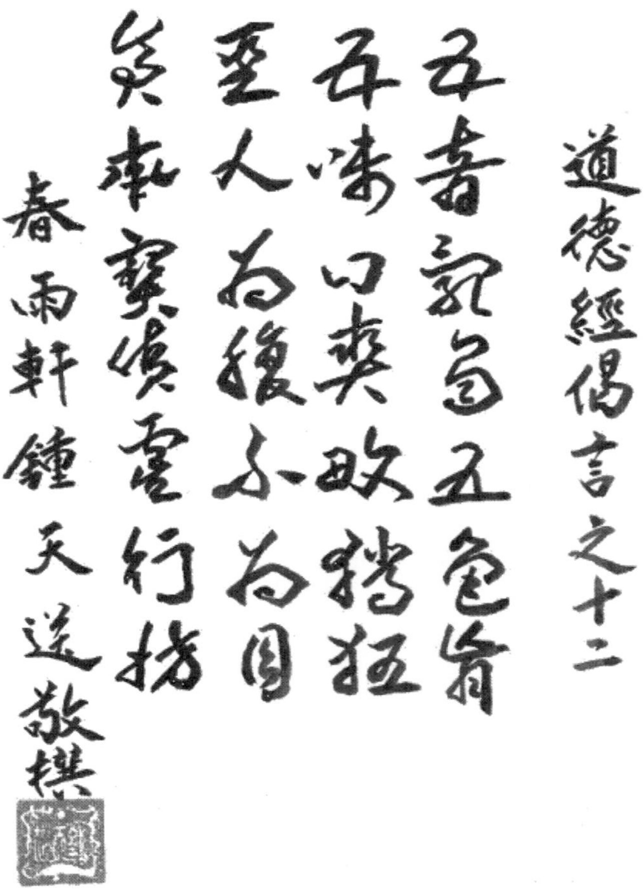
道德經偈言之十二
五音亂耳五色盲
五味爽口畋獵狂
聖人為腹不為目
貪愛寶貨虞行防
春雨軒鍾天送敬撰

【原文語譯】

五光十色的繽紛世界，會讓人眼花撩亂，任何人貪著它，就會有眼如盲，忽略此外有更多真善美的事物。五音諧奏的美妙音樂、歌曲、旋律，或刺激心神的敲擊鼓樂，再加上歌女明星的輕歌曼唱，或狂歌豔舞鐵定使人流連陶醉，熱情發狂，「somebody scream！」之聲，此起彼落，響徹雲霄，再不知此外還有什麼妙音天籟。五味雜陳的山珍海味，貪饞多吃，會使人味覺偏差，不知要把筷子放在哪裡？高車快馬，驅鷹喝馬，來回奔突，縱情獵殺飛禽走獸，會使人血脈賁張，心醉欲狂，迷失慈悲仁愛的本性。難得稀有的金石珠玉寶貨，會令人垂涎貪愛，罔顧節操，強取豪奪，偷盜詐騙，喪品失德。以道家的聖人，希望群生但求溫飽安腹，莫貪圖四向馳逐，徒然滿足眼耳鼻舌身意等五官外在的官能享受。寧願自自然然地擯棄外物、欲望的誘惑，追求身心的統一、和諧、自足與安適。

◎【龍宮驪珠君試探】學海聯珠之十二

一、酒醉最怕什麼？怕看太太的眼神。無論我怎樣叱吒風雲！我還是「怕老婆俱樂部」的忠實成員，但是我會辯解說：酒也是五穀精華，喝多是癲、喝少是神仙，不是嗎？五味令人口爽，真是有理，但是「爽」字在這裡應做「偏失」解釋。

二、有一天，一個學生，匆匆忙忙跑來問我：老師！你要不要吃香肉？我即刻回答：不！老師不吃香肉。我說：老弟！什麼事都可做，一定要殺狗嗎？他楞住了！從此不殺狗，到市場去賣煎餅，沒多久當廠長。現在他在社會上好風光，還娶了一位夜校美女做太太，豈不羨煞人也！他現在在苗栗頭份，滿知名的。是不是五味令人口爽？狗，只是不會說話、跟啞巴一樣，牠有罪嗎？

三、新竹，是我永遠熱愛的地方，街道古樸迷人，我可以一個人來回繞好幾圈，不覺得疲倦。有一次，我參加高等考試回家，我不急著回去，從新竹下車，此時已萬家燈火，一個人逛街一直逛街，逛到夜深迷路，好不容易才回到旅館睡覺。現在，我仍然愛一個人到新竹逛街，只是有點不太習慣，就是市街店面，好像在比賽音響，拉高分貝，震耳欲聾，商家要拚經濟，沒話說。不過，卻讓我體會到五音令人耳聾的感覺。二〇〇二年，我到上海，住中芯花園女婿家，早晚散步在園區通道，耳邊傳來低悠揚優美的樂音，飄飄緲緲，不知來自何方？這感覺就相當不錯。這使我想起在美國餐廳用餐，音樂也放得極端柔和，桌上一定擺有一叢當天的鮮花，真是異曲同工，都能製造很好的情調與氛圍。

中芯電子廠，自己內部就設有醫院、學校、露天劇場，幹部、工人都有宿舍住，人才比較不外流。除此，還在陝西辦「希望工程」學校，延請中外教師協助辦學，讓窮人小孩有機會受到良好的教育，我不熟悉整個細節，單就以上所知所聞，種種合於人性人道的作法，對主事者張汝京先生的人格成就，都無限景仰！我去的時候，正開始量產，大放煙火，我跟一位處長及幾位幹部和夫人，距離發射處，不到十公尺，砲聲隆隆！頂嚇人的，我很高興見證了這歷史的一刻，那位處長對我開玩笑說：「鍾先生！你來才有煙火呢！」不，我只是躬逢其盛而已。多年以來，中芯發展如何？有目共睹，捷報不斷，何必我贅述。這又使我想起一件大事，二〇〇七年三月二十六日，全球報導：中國浙江省書記習近平榮任上海市委書記，一九九四年，我偶遊福州，邂逅習先生，他當時還是福州市委書記，可是已經具有一位大人物的氣概，談吐親切溫和，了無富貴驕人的氣息，兩次在人民會堂，一桌款待，相知懇談，氣氛歡洽，席間還有英俊年輕的秘書—陳向先先生在旁相陪。每次暢談都在一小時以上，幾番辭席，他都溫婉懇留，感人至深，風範威儀之佳生平首見。此情此景，歷歷眼前，席後又安排市台辦陪同到福清一遊。時光輕易過，流水十幾年，他已榮升中共總書記，我在此海天一角，也遙遙向他祝賀，宦海順穩，繼續造福無數的中國人、世界人，為中國的富強，世界的和平，更締新猷！

※補充記下一筆：在往福清路上，汽車裡播放著優美的流行歌曲，趙科長特別對我介紹說：「鍾先生！這是市委書記夫人的錄音帶，她是北京的紅歌星呢！她是解放軍很敬愛的紅歌星。」歌聲悠揚流盪之中，我們緩緩駛近新興美麗的福清市。（當時台灣各大電視台都有介紹這位歌藝高超、儀態萬方的書記夫人，她就是彭麗媛小姐。）

我在前此十二章中提過好多位了不起的古今人物，從習近平先生身上可以看到很熟悉的影子，近二十年來，中國陸陸續續出現了一些有歷史分量的國家領導人物。進退有序，政治智慧被列為重要的考量；政經的穩定進步發展，成為首要的前提。漢唐盛世的重現，乃至超越，當在意料之中。可喜可賀！

四、孟子輕利重義，認為全國上下爭權奪利的社會，最為危險可怕，《孟子》梁惠王篇闡述，利，就是難得之貨，會歪曲妨害人們的作為。人民沒有恆產，就沒有恆心向善。景氣不好，事業不順，就會放蕩、怪癖、邪惡、寡廉鮮恥、作奸犯科，無所不為。所以本章末節說：「聖人為腹不為目」也就是：安定人民生活，填飽百姓肚子。「橄欖園，溫泉鄉，梅溪好地方。閩水清，在閩清，閩江蜿蜒行。山雞肥，鯰魚鮮，白沙映青天。路堂堂，繞長潭，風情好瀏覽。蕩輕舟，穿長橋，自在中逍遙。山水美，生機現，景寫閩東天。」記得當時，偶遊福建閩清，壯懷愉悅，留下此詩，以待回味。

明潭淨美飛鳧鷗，光景秀麗何勝收；
翠樓歌舞形同醉，醉醒難道就解愁。
中道不立偏兩端，醒錯有人比醉多，
酒醉方知追酒苦，醉醒依樣難解愁。

春雨軒主人　鍾天送　敬賦

追求生命和諧與安適。

【第十三章】

寵辱若驚

寵上辱下同震驚，
人之大患在有身，
能將天下寄何人，
愛貴天下如己身。

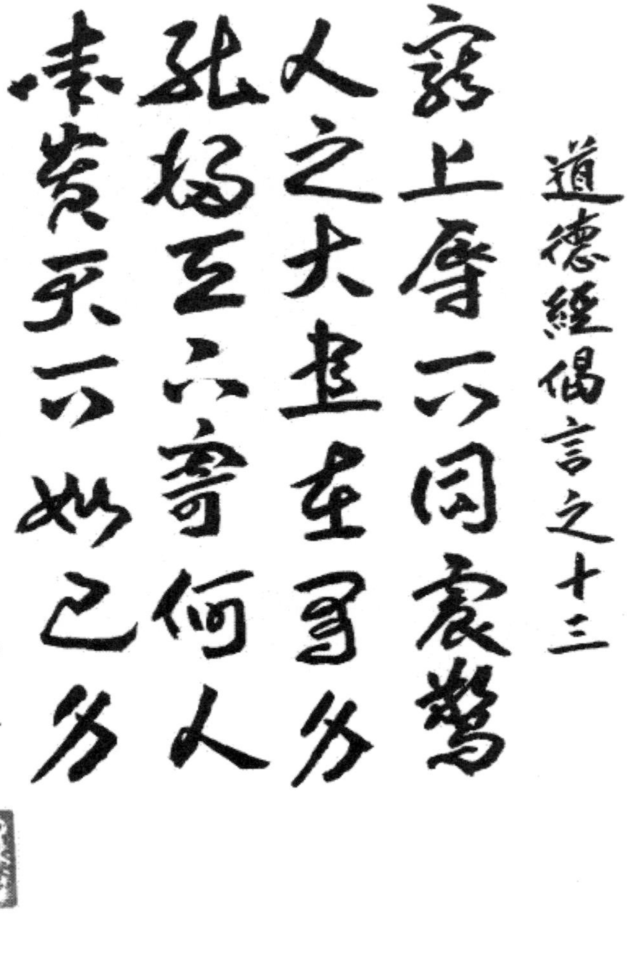
道德經偈言之十三
寵上辱下同震驚
人之大患在有身
能將天下寄何人
愛貴天下如己身
春雨軒鍾天送敬撰

【原文語譯】

世人無不貪愛己身，私戀自己，愛寵之來，不免驚奇愛寵從何而來？又恐來之不繼，又怕終將失去。羞辱之來，驚慌承擔不起，又恐羞辱不得而止，害怕應對失措。所以榮辱之來，得之失之都一樣驚慌而不自在。原因是：太寶貴保護自己，太私愛自己的身心。患得患失，都是大患，皆由貪愛此身「自私自愛之小我」而來。所以說：人類太貴重自己的身心福利，是不是就等於把大憂大患跟自己綁在一起一樣。為什麼說「寵辱若驚」呢？因為世人都把「被愛受寵」當作無上的尊榮，恨不得長久保有，當然驚怕來而又去。而「被人羞辱」則被視為非常卑下的待遇，恨不得揮之即去！應付之際，當然驚惶失措，樂寵就會全力「爭寵保寵」；畏辱就要全力避辱防辱。就這樣寵也驚，辱也驚，何時有安寧永樂的時候呢？這不是寵辱若驚嗎？又為什麼說：貴大患若身？理由為：從我們有身心開始，我們便患得患失，一心一意寶愛此身，不容稍有閃失，不容他人侵犯損害，用盡方法，私愛此身，滿足此身需求。不惜損人利己，乃至偷，搶，殺害，也在所不惜。人生所有大患，不都是他人或自己這點私心造成的嗎？如果沒有小我此身此心，大患從何而來呢？所以，貴為天下的領導人，應該要：「為天下」而貴此身，要以「貴此身」之心來貴「天下」「天下人」。要為國家人民而珍愛自己的生命與健康；要以「珍愛自己之生命與健康」，同樣的心情與心理，來珍愛天下的同胞人民。那麼，我們就可把選票投給他，把天下交付給他、寄託給他。目前台灣寶島，天天高喊民主！自由！進步！是不是自己把臉打腫了，勉強在冒充胖子呢？

◎【龍宮驪珠君試探】學海聯珠之十三

一、老子本章之精義，直追佛學大義，甚至不遑多讓。足見古代中國人之智慧，實在使我們羞愧，如果當代學人，有這種體認，我頂禮膜拜！打高爾夫去！不要這麼辛苦寫老子蠡測。《列子》云：東方有聖人出焉！西方有聖人出焉！此心同，此理同。正是！正是！春秋時代，有人到山東曲阜縣去問當地人：「此地有沒有叫作孔丘這樣的人呢？」當地人回答說：「沒有，不過有一個叫做東家丘的人，不知道是不是他？」到了才知道那人就是孔夫子。

二、春秋時代，楚國孫叔敖三次拜相，旁人都看不見他臉上有喜色，可謂「受寵不驚」，三次罷相下台，也沒有人看到他臉上有憂愁、頹喪之色，可見他處辱都不驚。能做到寵辱不驚，人格可謂非常高尚了。怎樣才能做到這種地步呢？便是因為他能夠：不貪愛此身，才能如此不患得患失。

三、「假使鐵輪頂上懸，定慧圓明終不失。」縱然有很大的鐵球在你的頭上來回擺動，就欲墜落砸來，由於修為到達靜定圓明的地步也會履險如夷，逃過劫難。相傳曾經有個魔王要逼害一位菩薩，讓祂退轉失位，就準備以一個燒熱的鐵球，飛旋砸碎他的身首。際此臨危關頭，長久以來修行的努力與堅毅，竟發出不可思議的神通力量對制，魔王始終無法得逞。

（以上見永嘉大師《證道歌》）

四、宋朝范仲淹先生，他曾經探求古代仁人志士的用心：他們不為境遇好而高興過頭，也不為境遇潦倒就悲傷過度。在朝為官當權，就憂心百姓生活不夠美好；在野廢放不做官的時候，就憂慮朝政失綱失當。做不做官，都以天下百姓為念。這種人，是不是就像本章末節所提到的「能為天下而貴此身，為天下而愛此身」的偉大人物呢？

《證道歌》「粉骨碎身未足酬，一句了然超百億」

讀老子，不必每個字都會念，不必每個字意思皆懂。只要其中一句話，兩句話，覺得有意思、有味道、有感應，就能使心靈淨化，人格提升。佛教未傳入中國，中土已經有這等高層次的智慧哲理，可惜世人不察，任黃鐘毀棄，隨瓦釜雷鳴，放棄家珍，四出尋寶。十分可惜。當年常啼菩薩，在香城向佛陀學習般若大法，法喜滿懷，卻遺憾沒有好禮物供養世尊，剛好有一位富豪長者，健康不好，需求人類骨髓合藥。常啼毅然敲骨出髓，換得金錢購買香花供養我佛。可知慈悲渡化之德，粉骨碎身也不足言報。一句適時的法語，兩句半首偈言，使世人開悟真理，價值遠超百億資財，遠超無量劫的生死修行，我看老莊佛學，基督教聖經，同樣能產生這種感恩的心理。

【第十四章】

視之不見名曰夷，
聽之不聞名曰希，
摶之不得名之微，
行而之上希夷微。

道紀象徵

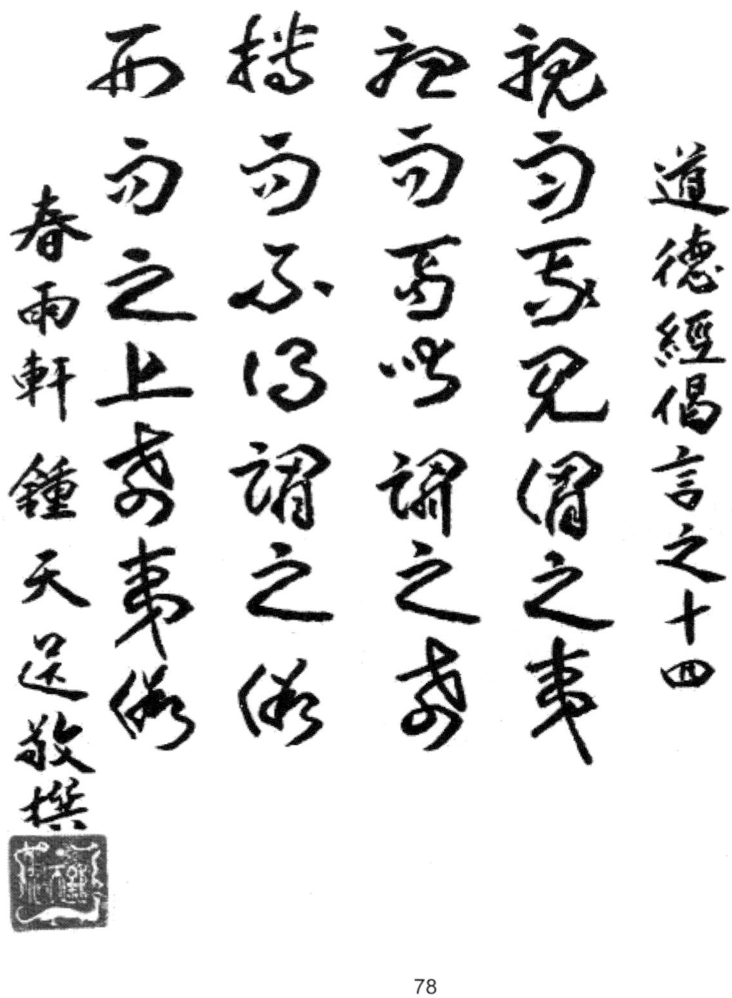

【原文語譯】

無象無狀恍惚樣，

執古御今證古道。

明明存在，卻看不到色、相、形、樣的事物，老子把它叫做「夷」；明明存在，卻聽不到聲音的事物，老子把它叫做「希」；想觸摸卻沒有體狀可觸摸的事物，把它叫做「微」。這三樣物事，很難追根究柢，卻渾然可以合成一個道體。往上追查真相，不明不顯；往下探討，卻有理路可循。整體言之，品類萬殊，綿綿不絕，難以一一名狀。由下（形而下）到上（形而上），由「已知」上推到「未知」，歸根復命，直到感官難查，無狀可狀，無象可識，只能用「恍惚」兩個字來描述祂的存在。從正面看，看不到祂的來頭；從後面也查不出祂的究竟。只有秉持遠古以來，古聖先賢，已經早有發明的現成道理，來處理當前世界的種種問題。鑑古知今，推陳出新，再以今證古，才能抓住大綱要領，見微知著，闡發印證這無形難名的大道。

◎【龍宮驪珠君試探】學海聯珠　之十四

一、陳摶，字希夷，唐朝的練氣士。顯然，他的名和字取自老子。他對老子一定有很深入、很透徹的瞭解。歷史上對他的生平事蹟，也像老子一樣，記述絕少，諱莫如深，傳說卻很神奇。說他一定四十九天，一睡千年，成仙去了。現在社會上很流行的「飛天十八星紫微斗數」，盛傳便是他所創作發明的。

二、「明夷」，應該也是取原於老子，寓意是：要努力去探討一般人理解所不及的道理。用「平地」或「夷狄」來解說「夷」字，是很不倫不類的。又拿易經「地火明夷」卦來說明，也不適合。「明夷」卦，不是好卦，火在地下，重重土障，離火無明，夕陽景色，鳳凰垂翼，出明入暗。有受傷誅滅之意。誰願拿來取名字？

三、呂洞賓，唐懿宗咸同元年舉進士，一說文宗開成元年中進士。時已六十二歲，全真派道士，道家別傳，王重陽、丘處機、即其嫡傳。以養生適性，歸真返璞，自隱無為為務。因涉及神仙之說，世多不傳。其詩曰：「一日清閒一日仙，六神和合自然安；丹田有寶休尋道，對境無心莫問禪。」遠世纏，隱終南，近地靈，六根淨，和合安，人清閒。安得不成仙？練氣入丹田，禪定視等閒，道體即丹體，丹道兩皆成，還尋什麼道，再問什麼禪？「春山花草陽明地，淡水如帶環抱裡；渡海駐此結瑞氣，指南宮裏孚佑帝。」木柵指南宮，宮門直指大陸終南山，裏面供祀的神，就是孚佑帝君呂洞賓。

四、今人讀經，尤其是讀道經、佛經，心裏差不多都沒有信心，沒有信心，便不可能發慈悲之大願，也無法依《了義經》而身體力行，當然更難以悟道、證道，開發本自具足的佛心、道心、與智慧。雖然在唸經，也不過姑妄唸之，姑妄聽之。精誠不到，難發感應。要不然就是：只相信看得見、聽得到、摸得著的事物，或者科學能證明的事物。其他的、謂之有的沒的，一概不信。或半信半疑，有的糊里糊塗得迷信亂信。不信鬼神、不信有靈魂的存在，不信有因果、輪迴的必然性。生平從未去思索「有」（形而下）以外的「無」（形而上）這一方面的事情。遇到問題，自然就束手無策，一問三不知，或答非所問，或急病亂投醫，不是被狡詐的神棍所蒙騙，就是被江湖術士、密醫所誤。很多還是高級知識分子呢！

五、最近為了「死而有知」要如何解釋？媒體、社會、學者、以及被訪問者，幾乎人仰馬翻，沸沸騰騰。可惜亦復可憐！關鍵是在「而」字，「而」有「假設」、「如果」的語意，因為不確知死後有知、還是無知？才說：「（假使）死後有知。」有分段生死，當然有知；有靈魂鬼神，當然有知；有因果輪迴，當然有知；有天堂地獄，怎會無知？有陽間、陰間，怎會無知？耶穌、阿拉、釋迦牟尼佛會騙人嗎？

六、「不問蒼天問鬼神」是在諷刺有些人，尤其是政客，不去關心人民死活，總是到處拜廟、賄賂神明，然後告訴國人千萬不要「迷信」！

七、佛學所提到的「性空」、「諸法空性」能因緣生出萬有萬象；也會因緣復歸「空性」，所以說佛有三身。應報來到人間，即身證道成佛的就稱「報身」，基於教化必要，偶爾顯現的是「化身」，證道成佛的真身本體稱「法身」。法身是看不見的，是永遠不敗壞的。

無縫之塔世間無，世間有塔皆化城；
無縫塔立塔無影，黃金充國杖山形；
湘南潭北找不到，千古萬古誰遭逢？
塔樣無縫建也難，澄潭幾時見龍蟠；
琉璃殿裡住無僧，層層塔影供長供。

春雨軒主人　鍾天送　敬賦

【第十五章】

豫獸渡河至小心，
猶獸行止顧四鄰；
儼然端謹如賓客，
如冰渙釋開顏色。

不盈日新

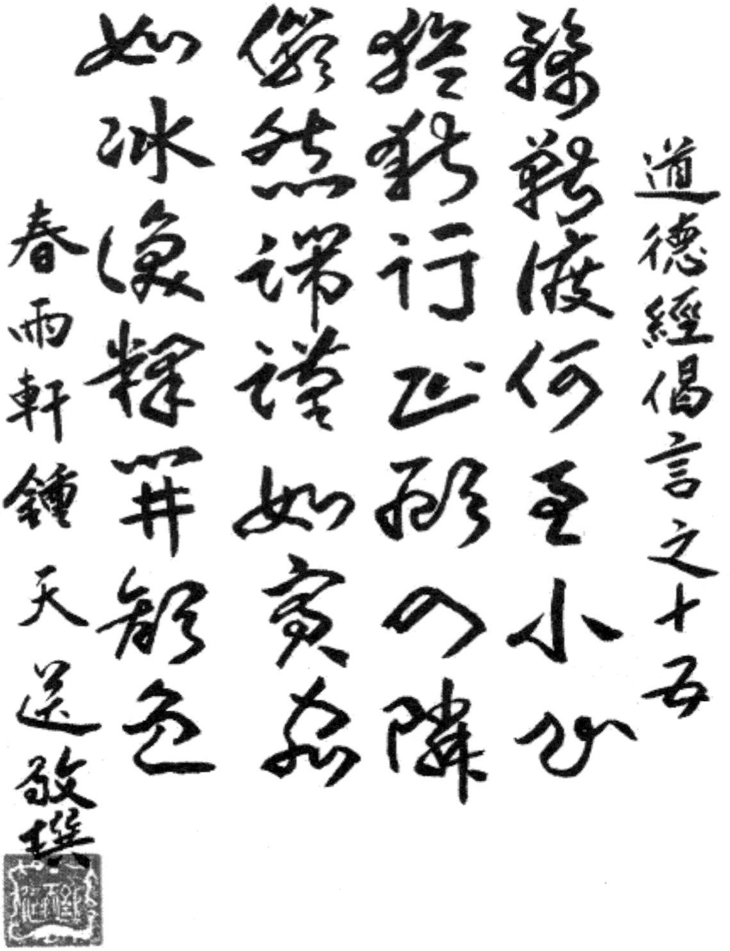

【原文語譯】

古代的達道之士，悟理通玄，妙入毫顛，學養靈明，深不可測。就是因為深不可測，所以，要形容他的風采氣度，就非常牽強，難以言傳盡致。這種達道之士，他做事前，沉凝遲疑，絕不毛躁倖進，就像小心的「豫獸」，在寒冬中涉河渡江一樣，小心翼翼，了事之後，依然謹慎警戒。如同很有戒心的「猶獸」，不敢妄動放肆，唯恐驚動四鄰，節外生枝，發生變故。（我們常說某人做事猶豫不決，語源於此，但意義已截然不同，變成進退難決的意思。）這種達道之士，他端謹嚴肅，時時好像在外作客，容色鬆弛親和，一似春冰解凍；淳厚的本色，一如未經雕琢的素材，胸襟度量之恢宏，就像空曠的幽谷，能包羅萬象。含藏內斂、藏拙若愚、不輕露鋒芒。沉靜恬淡時，如深廣寧靜的大海；才華洋溢處，卻又飄逸出塵，摸不出他的底限。從發動到沉靜的情境變化過程中，他從容舒緩、處變不驚；攻堅挫銳、旋乾轉坤。而由靜止狀態趨向動蕩的變化過程中，他又能安步應變，以靜制動、舉重若輕。這種真人賢士，他從不驕矜自滿。由於不驕傲自滿，也就能去弊翻新，在人生中、在生命裏，妙用不窮！（在這裏我感覺得到，好像老子在描寫他自己呢！）

◎**【龍宮驪珠君試探】學海聯珠之十五**

一、《史記會注考證》卷六十三，老子與韓非並列「列傳」第三，內容提到：

- 楚國苦縣、鄉厲、曲仁里人。姓李，名耳、字聃。周朝守藏室的官員。
- 孔子周遊列國時，曾去訪問過他，向他請教過「禮」方面的問題。老子好像有點不以為然，答非所問，他說：

「你所提到的一些人，屍骨都寒朽了！只留下一點言語的記載而已。而且都是道德的糟粕罷了！君子嘛！時運好逢到明君，就駕車服冕。否則就像無根的蓬草一般，隨風流轉棲止不定。你沒聽人說過嗎？擅長貿易百貨的商家，都善於隱藏寶貨；君子如有盛德，容貌也要謙遜自抑，好像愚魯之人。依我淺見，你還是在：去除『驕氣』、還有『過度的威儀容色』上多加努力，會更多獲益。老哥哥能給你的建議，如此而已！」

二、莊子《天運篇》之六，孔子造訪老聃的時候，也曾經談起「仁義」的道理。老聃回答說：「我們運簸篩米，揚起的糠粉，如果迷住了眼睛，一時之間，天地四方都會顛倒搞不清楚方向；我們的皮膚、如果被蚊虻叮咬到，整個晚上也甭想睡覺。說什麼也沒有比『高唱仁義』會憒亂人心更悽慘的事了！假使孔先生，您有辦法讓天下人，都不失去純樸天真的天性，豈不是風行草偃天下都聞風順化；也成就了您立德的大功嗎？又何必這樣急急忙忙、四處宣揚仁義的大道理呢？這跟背著大鼓，又敲又打，在找尋失蹤的孩子，有什麼差別呢？而且白鶴不用洗滌也是白的；烏鴉不用染色也是黑的，表面仁義的美好頭銜，值得那麼誇張去推廣嗎？泉水乾涸了，魚和魚拚命嘴對嘴、吸吮對方的些微水氣。有用嗎？倒不如放棄汲汲無謂的追求，像魚兒忘形地深潛江湖水底，悠游自在，不是更好嗎！」

※（寫到這裡忽然興起感恩的心理，想起竹南中學讀書時的國文老師，丁靜華女士。她外號「小丁」，全校最年輕又美麗，學生們也最敬愛。我當時又矮又醜，又患甲狀腺腫大，差一點像鐘樓怪人。可是她有教無類，每次上課都叫我站起來翻譯文言文。把我的作文張貼

到布告欄上，還把我叫進辦公室，當著許多老師面前，讀當天報紙副刊，還要發表評論。今天我有能力在此，把艱深的老莊哲學講解明白，讓大家分享，都是歸功於她的栽培。畢業後我考入師範學校，她攜女赴美與丈夫相會，同學都到松山機場送行，我沒有錢，只有默默在心中祝福，登機前她還在念我，並托松衛兄捎來一張我永遠懷念的相片。幾十年流光暗度，我不敢相信她仍健在人世，但小妹妹應該仍在壯年，如果有機緣通上消息，將是我畢生的榮幸。）

三、孔子拜見老子回來，三天沒有對此發表意見。有學生問道：「老師見到了老聃先生，對他有什麼規諫嗎？」孔子說：「我哪能有什麼規勸啊？我簡直像看到飛龍一樣，龍，全身看去，是活生生的一個整體；分開來看，又有各自優美動人的章表。乘著雲氣，翱翔在天地之間。聽他析理講道，我目瞪口呆，插嘴的機會都沒有，還能怎麼規諫呢？」孔子卒於魯哀公十六年，年七十三，也算長壽。外傳老子活到一百六十餘歲，夫子死後又活了一百二十九歲，所以有活了二百餘歲的說法。老子修道德，其學以自隱無名為務。

四、周易乾卦地三爻：《九三》寫道：「君子終日乾乾，夕惕若，厲，無咎。」意思是：君子要效法「乾卦」剛健正中的德性和精神，白天像龍遊高空，日麗中天，永恆乾乾不休的精進，完成大人君子的德業；到了晚上，還要像白天那樣恐懼戒慎，晝夜小心翼翼，才不會有過錯、禍患、悔咎。

曾思策馬長安道，會且躊躇升仙橋！
咸陽陌、邯鄲路，縱有長門為誰賦？征途滿塵霧。
天涯自我為騷客，光陰日日逐籬落；
伍相簫、子牙策，自古高賢志不酬，不削減我快活。

春雨軒主人　鍾天送　敬賦

乾乾不休的精進，如蜂之孜孜矻矻。

【第十六章】

虛極篤靜萬物作，
歸根致靜靜復命；
周而復始臻常明，
知常有容天道恆。

復命不殆

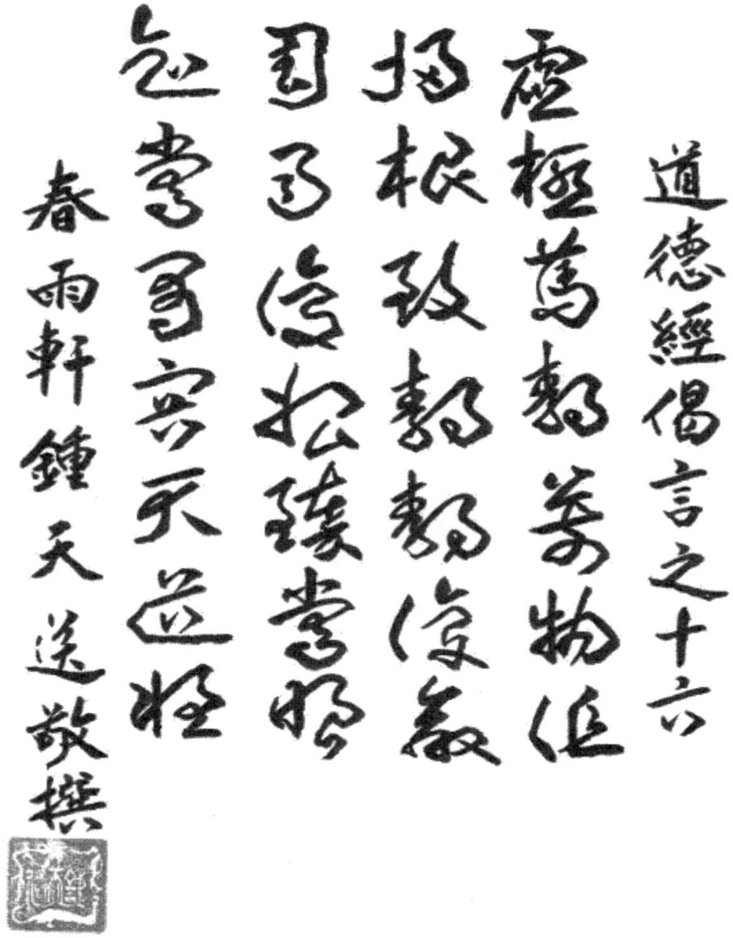
道德經偈言之十六
虛極篤靜萬物作
歸根致靜靜復命
周而復始臻常明
知常有容天道恆
春雨軒鍾天送敬撰

【原文語譯】

怎樣才算是了解「常道」的人呢？精神不死？終身比常人殊少瀕臨危殆？那應該是：「致虛」的功夫能做到極點，心靈能回復到原始空明的地步，點塵不染、無翳無障；「守靜」的功夫也做到最踏實的程度，心靈寧靜，井水無波。從萬物的蓬勃生成過程中，我觀察出其間「生、成、異、滅」的演化現象。周而復始、往復循環。品類雖多，但各個都有回復它本根的特性。回到它本來未生時的狀態，便是「靜」，也叫做「復命」。這命根、本性真常，原始完整，知道這「本性真常不變」的道理，便叫做「明」、內心靈明。不明白本性真常而輕舉妄動，往往就給自己帶來凶災。人類的顛倒錯亂，實由於此。內在靈明，遵守常道，當然就能心廣體胖，內心能包容天地萬物。有包容大千的胸襟，處事自能大公無私，大公無私的人，才有資格成聖成王，順天應人，合乎天道。做事合乎天道，了解常道，叫作「天人合一」。這樣，生命自然與道相終始。終身可望無咎，並免於危殆。做到這種程度，才可透過修行養生而「精神不死」，甚至於「長生久視」。

◎【龍宮驪珠君試探】學海聯珠之十六

一、「乾坤之內宇宙間，中有一寶祕形山。」（見《碧巖集》）在天地宇宙中間，有一件最寶貴、最寶貴的寶貝，「祂」祕密地藏在有形有體的人類身上，那就是佛心、佛性；也就是本章提到的「命根」、「真常本性」，你確切相信祂，就有可能內心靈明，邁向正確的修行道路，接近「天人合一」的大道。

二、「諸佛在心莫外求，不識自寶世世休。」（第六十二則）佛心佛性，就安藏在每一個人的心中。世人不認識自己心中的無價之寶，卻到處去拜佛尋佛，等而下之的，去貪求金銀珠寶、榮華富貴，這樣子，生生世世，經過無數的分段生死，也是白白地在生死河中，沉沉沒沒而已，有何意義呢？

三、「佛殿拈燈尋佛影，三藏豈藏燈籠裏，經行精進尊足下，清淨舌粲火蓮花。」信佛的佛子，夜夜青燈古佛前，唸經拜佛，就像提著燈籠在尋找佛的影子一般（經律論），三藏，會藏在燈籠裡嗎？應該是依照了解、明白的經義去修行，劍及履及，身體力行，精進再精進。功夫若到、火候若到，筆下會現般若，舌頭都會開出火蓮花來。（現代人每天忙得像陀螺一樣，那有時間研究深奧的佛道經典，有鑑於此，筆者才不揣愚昧，把學習心得公諸於世，方便有緣的人閱讀修行。）水蓮花，看得見，不稀奇，形而下（有）的物事；火蓮花，誰看見？太稀奇，就是形而上（無）的物事。可以「悟」會，難以言傳。若容易言傳，滿街充巷，都是阿彌陀佛了。

四、「明月蘆花古河岸，雲冉冉來水漫漫；別問誰人把釣竿，無人無塵露真元。」在古老的岸邊，月光下遠望一片一片白茫茫的蘆花，白雲無心冉冉地飄來飄去，何必計較有沒有誰在那兒悠然垂釣？常常去體會這種無人無塵的情境世界，佛心佛性，真常大道也許就會在你的心湖中顯露，同你幽幽相會。

五、呂洞賓《指玄篇》七律十六首之一──「堪嘆凡夫不悟空，迷花戀酒逞英雄；春宵縱永歡愉促，歲月雖長死限攻，弄巧常如貓捕鼠，光陰猶似箭離弓；不知使得精神盡，終把形骸瘞土中。」可嘆世間凡人，不能領悟「真空實有」的道理，居常迷花戀酒，在色鄉酒國當中，自逞英雄。夜夜春宵、縱情酒色，長夜歡娛永不滿足，只嫌時光短促。人壽再長，不覺死亡大限忽然攻近。健壯之時，天天耍弄機關智巧，占人便宜、逞強鬥狠、爭權奪利，過程一如貓捉老鼠，又陰又毒，哪裡曉得光陰就像離弓的快箭，霎時即逝？最後弄得精神體力、消耗殆盡，只留形骸埋入黃土之中。

【另類存思】

相思苦酒莫貪飲，愛河枯乾心鏡明，
金剛燄火摩尼劍，持將斷情最有情。

春雨軒主人　鍾天送　敬賦

「熟枕黃粱夢將闌闌，會須揮手劍光寒，迷情反虧真摯愛，情天不是逍遙天。」

我前面說過：菩薩不是沒有感情，是沒有迷情，沒有俗情。祂以覺悟後的慈悲與智慧，悲智雙運，引渡眾生，覺悟眾生，脫出「凡情與迷情」，因為：生世多憂患，命危於懸絲，因愛而生憂，因愛而生怖，若離於染著，無憂亦無怖。愛情沒有固定的公式，沒有必然的結果。緣起而相聚，緣續而戀愛到結婚；緣去而分離，緣難相續，最好慧劍斬斷情絲，忍痛割捨成全對方，也給自己留下更大的愛情空間；知難而退，轉換跑道，往往人生更為成功幸福。否則，把路走狹，甚至於把路走完，帶來永生的驚悸、怨悔、妒恨、情仇、報復，乃至於刀光劍影，鎗聲、哭聲，自殘傷人，或自殺殺人。君不見維吉尼爾黑堡理工學院，震驚全球的學生殺人事件，慘絕人寰，何等恐怖！世界，總不如我們預期那麼好，也不會永遠如我們一時突然遭遇之難堪與險惡。物極必反，盛極必衰，是人情之常，剝極得返，否極泰來，也絕對不是迷信或夢想，如能忍辱受苦，甘苦如飴，多能捱到柳暗花明的一天。

很多人的愛情、婚姻，總不免摻有些許苦澀、辛酸、與遺憾，只有包容、寬恕、知足，才能撫平心靈的傷痕。靈魂，保證不是只局限於今天、今年、今生，虛空無盡，生命與靈魂也無窮無盡，大錯已鑄，難挽回，我真希望看到這篇敘述的人，告訴年輕人，放眼無限的未來，當下很快就能得到安寧與幸福。轟轟烈烈，纏綿悱惻、感人肺腑的愛情，也許存在於人類社會，使青少年嚮往豔羨。事實上，往往都像狂風暴雨、地震火山暴發一樣，不能久久長長，其間總牽連著狂熱的性愛和強烈的自憐自愛，與蠻橫的占有欲。如果沒有友情、友愛，恩情恩愛相輔佐，一旦新鮮褪色，激情退燒，情海生變，總會由愛生恨，癡迷瘋狂，傷人害己，又殃及親人和無辜，實在無足可取。為何不能把對方視作骨肉親人，犧牲退讓，也讓其他愛你的人，有愛與被愛的機會，如此天下人，有誰不可親?有誰不可愛？

有詩為證：

【另類存思】

春宵激情歡娛促，耍巧可比貓捕鼠；流浪生死何從數，前生是貓今生鼠。
海枯石爛誇愛情，正是生死海溺因；菩薩難道恁絕情，只是情在覺有情。
醉眼狂花飄紅袖，癡心癲頑迷醇酒；何期魂夢出塵寰，那知人間有九還？
頻伸懶腰忘起床，虎歸深山龍絕響；好將粒粒紅相思，化作圓圓菩提子。

春雨軒主人　鍾天送　敬賦

【第十七章】

太上不知何善政，
其次親譽次畏侮；
無為悠悠無多言，
功成事遂俱自然。

知有善政

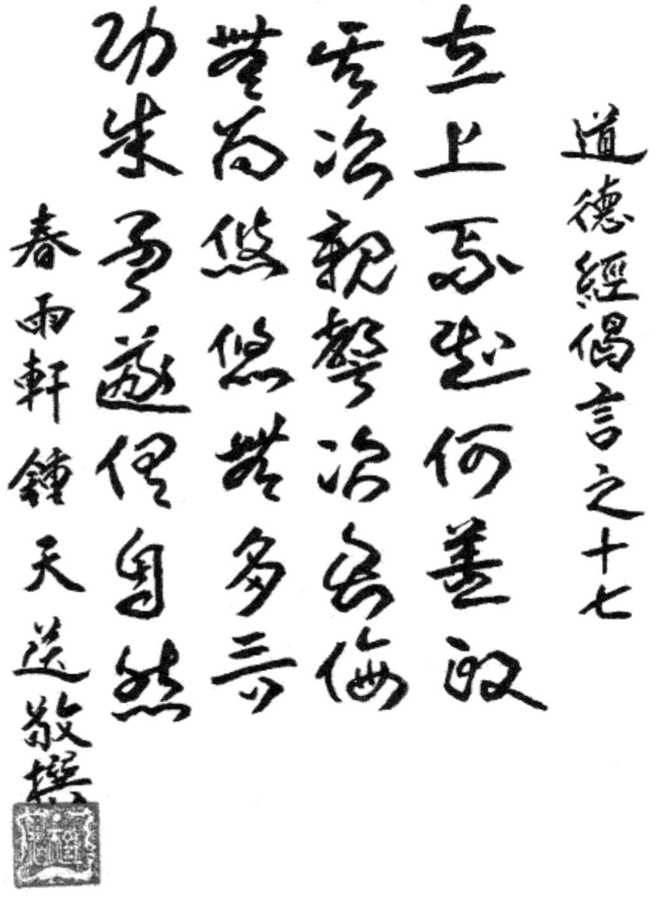
道德經偈言之十七
太上不知何善政
其次親譽次畏侮
無為悠悠無多言
功成事遂俱自然

【原文語譯】

最上最好的世代，施政以不擾民為主，人民「日出而作，日入而息」，不覺得有帝王力量的存在，或被統治的感覺。也就是說：當領袖的人，不耍弄威權，不炫耀軍警武力、威嚇欺壓百姓，不干涉人民的思想生活，不吹噓善政；次好的世代或領導模式是：人民因為感謝統治者「英明合理」的施政領導而「自發樂意」地親近他、讚美他；再其次的世代或施政是：人民因為政府的高壓統治、無理蠻幹而畏懼厭惡；再等而下之的世代或施政是：人民因為統治者的出爾反爾，朝令夕改，誠信不足而輕侮他、不再信任他了！理想的政治領袖，他絕不輕率地發號施令，他會採取「無為無不為」的態度來治理國家，不會蠻幹無理、大膽妄為。本身悠悠然不尚多言，不講究繁文縟節。大功告成，政事順遂，百姓也不覺得是什麼了不起的功勳，或者只淡淡地表示說：「理當如此嘛！我覺得再自然不過了！」面對人民這樣的冷漠寡情，領導者也能坦然處之，不以為忤，這便是老子心目中了不起的政治領袖了！

◎【龍宮驪珠君試探】學海聯珠之十七

一、古代不少學者以為：老子崇尚「虛無」，講求空虛幻想的事物，都是烏托邦的思想。再者又一再地強調「無為」，好像鼓勵人什麼事都不要做，是這樣嗎？可是老子一書整部內容，卻讓我覺得好多事情需要好好去做、努力去做。任性妄為，當然不可為；時機未到，當然要無為，他一生什麼事都沒做、都不做嗎？他的學問從何而來呢？沒看到他在做什麼事？卻留下這一部震古爍今的偉大著作。難道要背著大鼓、拚命到處敲敲打打、強迫讓人知道，才叫做「有為」嗎？再說這些批評老子「無為」的「有為」學者，又留下了什麼不得了的「有為」巨著呢？我的想法是：想對了，才想下去；講對了，才講下去；做對了，才做下去。佛書上說：「不怕念起，唯恐覺遲。」應該也是這樣立旨命意吧！

二、孟子說過：「得天下有道：得其民，斯得天下矣！得其民有道：得其心，斯得民矣！」意思是說：「要掌握天下，是有途逕可循的。誰能擁有天下的人民，便能掌握天下了。而想擁有天下的人民，也是有路途可循的。誰能得到人民的信心，便有可能擁有廣大的群眾。」問題是：掌有人心所用的方法手段，如果不對；或者得民之後，掌控、動用人民力量的方式、方向，如果又不對，其結果會怎樣呢？孟子當時沒有提到，現在卻成為要非常重視、探討的重要課題。如今且舉「作秀報假案」一例來印證本節後段筆者所提情節的重要性與嚴重性。

第一：肇事的人物，背後有沒有擁有一些民心呢？當然有，身為立委，職在立法，應該守法護法，怎麼可以越俎代庖，跳過行政院、司法院、警察機關報假作秀，主導指揮警察演練臺大的安全震撼教育呢？這國家還有組織、制度、和法律嗎？

第二：如果不是為選舉造勢而作秀，動機純在庇蔭子孫，應該強烈建議，推動主管權責的機關單位，努力去計畫、執行、考核才對呀！什麼時候立委的權限，竟然高出國家所有機關，而直接指揮執政呢？

第三：這樣有分量的人，用這樣手段贏取民心，甚至更多更大的民心之後，會做出怎樣驚天動地的荒唐錯事？大家想想吧！

第四：他們這麼做，聰明是有夠聰明了！你能肯定他們有智慧嗎！

第五：這整個事件就反映出台灣人的「聰明」、或者說老子提到的「機關智巧」，在台灣政治史上，已經空前絕後，在亞洲，應居四小龍之首，有時搞得某些超大國家也瞠目結舌，一個頭兩個大。大家看到這裏，可不要太高興呀！我日日為台灣的前途憂心、再憂心！這樣繼續惡搞下去，台灣的未來，將是一攤攤的「膿和血」、「血和膿」。謂余不信，請拭目以待！民主，在求最大多數人的最大幸福。請張開眼睛看，張開耳朵聽，打開心靈摸著良心說：台灣最大多數的台灣人，有得到起碼的幸福嗎？

異種蜻蜓隱蔽山區

【第十八章】

大道廢行有仁義，
競尚智巧出大偽；
六親不倫倡仁愛，
國政昏亂求忠臣。

四有非善

道德經偈言之十八
大道廢行有仁義
競尚智巧出大偽
六親不倫倡仁愛
國政昏亂求忠臣
春雨軒鍾天送敬撰

【原文語譯】

真常大道，在社會上不被看重，被輕忽揚棄，社會倫理蕩然無存，才有提倡仁義的必要；社會競尚陰謀巧智、設陷害人，虛偽詐騙的事兒，上施下效，便天天、處處發生，層出而不窮，六親不親和，不慈不孝、不友不愛、家庭糾紛不止，才有必要倡導孝行慈愛；國家失政、領導人舉措昏亂，才覺得忠貞良臣之可貴，需要他們受尊重舉用，以身作則，撥亂反正，使國家歸於大治。

◎【龍宮驪珠君試探】學海聯珠之十八

一、「雪山肥膩更無雜，純出醍醐我常納。」（語出《證道歌》）意思是：雪山有些地方，生長著一種名叫「忍辱」的肥膩之草，非常香美潔淨，稀世罕有。白牛吃了以後，所擠出的牛奶，是最上等的美味，簡直可以拿「醍醐灌頂」來形容喝飲時候的感覺。永嘉和尚學佛悟道、證道的感受，也如同經常啜飲這種牛奶，天天享受醍醐灌頂的歡喜快樂。他不忍心一人獨享，所以寫下《證道歌》，讓大家分享。筆者寫《老子，復活了》也基於同樣的心理。我不敢奢望像其他部落格一樣，湧進上千上萬的讀者，只要有一個人以上的讀者，認真讀下去，我就算賺翻天了！就算不虛此生了。看老子一書的人，固然不少，但是要看懂老子道理的人，可是鳳毛麟角哩！

二、「盡信書，不如無書。」從少年時代開始，筆者即抱持這種態度看書。不堅執一種觀念或信念去判斷事理，反而收穫良多，無所拘限。譬如說：熟讀四書五經的人，對其他學說，便不屑一顧，練了顏真卿的字，拿其他人的字帖來臨摹，寫出來的字，還是顏真卿的字。所以筆者建議大家看老子一書的時候，不要用孔子的觀點，去揣測老子的思想。尤其是：不要從文字表象去解釋義理。如把最前面的「譯解」有空就看幾遍，來日必有心得。後面舉說補述，採比較宗教學的方式，讓大家遊目儒釋道各派大師的可貴經驗與心得，有一天會達到融會貫通的地步。祝大家歡喜進步！

三、仁義本自符合人性，矯飾反而趨旁門；駢拇枝指逾本性，附贅懸疣異本形。意為：有真樸的本性「道德」，那裡還需要人提倡仁義？矯飾的仁義，必然為假仁假義，就像腳上多生拇指，手上多生手指，不但不雅觀、無實用，反而礙手礙腳，煩惱死了！也如人身多長肉瘤、生出垂疣，相貌自然走樣難看了！社會上一旦高唱「仁義」或者「自由」、「民主」、「本土」，大虛大偽的野心政客，馬上蜂擁而起，把敵對人士打成「不仁義」、「不自由」、「不民主」、「不本土」，是不是呢？那一國、那一黨、都是一樣。比賽誰的偽裝、誰的騙術比較高明？是非、公義、全失焦了！民主越不成熟的國家，越是如此。

四、世人競尚智巧，智巧奸佞者，必然精銳盡出，真正仁德君子，不屑相與為伍，紛紛退避三舍，社會上呈現爾虞我詐、以欺瞞詐騙，囂張猖狂、厚顏無恥為能事，選票出政權，劣幣逐良幣，如此世界，安有寧日？取得政權之後，政見、諾言放兩邊，謀占資源、財利放中間。擁有了資源、財富、權力，可以挾持別人的勇力，成就自己的威望強權；利用他人的智謀，變成自己的聰明妙察；憑藉別人的美德，製造自己的賢良形象；聲勢、美色、權勢的愛好，不待學習也會喜歡；不待模仿也會安然接受。天下人非議他又有何用呢？誰又能真正推辭靠攏他而帶來的富貴榮華呢？可憐的選民，也只好以他的榮華為榮華了！這能叫民主嗎！

五、田成子，齊國大夫，魯哀公十四年，弒殺齊簡公，奪取了齊國政權，這個史實叫做「田氏篡齊」。古人為了防偷防盜，總是拿繩索把箱櫃捆緊，加鎖鎖住。現代人更使用保險盒、保險箱、保險櫃，來收藏金錢寶貨。夠聰明、夠安全了吧！但是這對小偷小賊，也許有些作用，一旦碰到大盜，來個闖空門、大搬家，背起箱櫃；或用大布袋把錢包、寶盒一古腦兒投入捲走；或者乾脆謀財害命。那麼前此所用智巧、豈非白費心機了？齊國是千乘大國，方圓三千多里，建立了宗廟社稷，倡導仁義，講禮樂教化；內有衛隊、外有軍隊，保衛夠巧智、夠周全了！可是田成子依然殺了齊王，篡位自立。豈止篡位而已，一切仁義、禮樂教化、典章制度、衛士軍隊、國庫皇宮，還不是一齊都被篡奪。同樣道理，韓、趙、魏三家分晉的故事，也不都是一樣嗎？平常百姓偷了一個腰帶的環鉤，就要被判刑，田成子殺了齊王，不但沒有罪，還當了王侯。這就是莊子說的：「竊鉤者刑，竊國者侯」（語見莊子《南華經》第十章胠篋篇）的故事來源了！

【另類存思】

英雄無奈畫界忙，爭逐秦鹿搏一場；
無術把脈濫施藥，肝膽胡越壞肚腸。

【第十九章】

棄絕聖智民百利，
棄絕仁義孝慈育；
棄絕巧利盜賊稀，
欲歸樸素寡私慾。

三絕歸樸

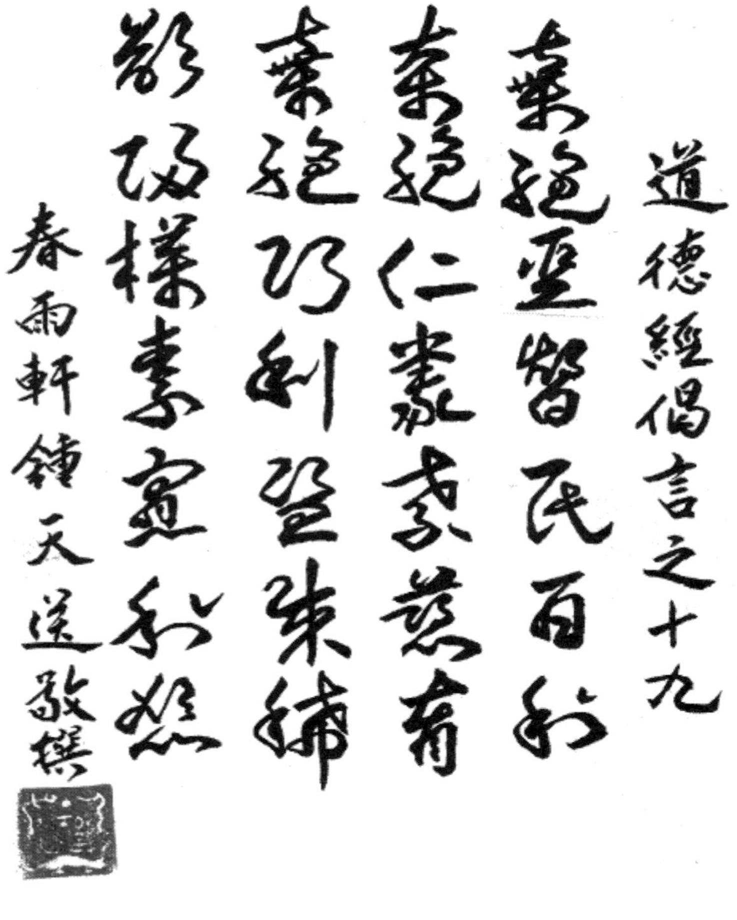
道德經倡言之十九
棄絕聖智民百利
棄絕仁義孝慈育
棄絕巧利盜賊稀
欲歸樸素寡私慾
春雨軒鍾天送敬撰

【原文語譯】

世人崇拜聖賢（偶像級人物），於是各形各色、巧裝偽飾、人工媒體、堆砌製造的、真真假假的聖聖賢賢，便像雨後春筍似的，從各處冒出來，以適應社會人情之需要。報紙電視，整版整版整版，天天都在報導他們的衣食住行、言行哭笑，其他人好像都在陰間幽界，不然就如隱形一般，沒人注意。否則呢！就要發瘋似的，哈他們、隨他們跑跳起舞，再不然就要犯重案，自殺殺人，怪病慘死，才能引人注意，真是瘋狂的世界。人情也崇尚「世智聰辯」，聰明善辯、信口雌黃的大聲公，便紛紛崛起，攻占媒體。抛舌頭、灑口水，所向披靡，哪裡還有一片淨土。攪舌暴目、日以繼夜、人民百無一利。廣大的社會大眾，只有根絕、揚棄這兩種人物帶來的負面作用、影響，或靠這些人物的自律、自省、自謙、自制，人們才能不受操縱擺布，可以舒服單純的過日子，享有百千倍的福利。假借仁義、推銷偽善的人，如能得逞，人民爭相仿效。親慈子孝的美德，便會式微，不復為人稱道了！偽善仁義，不能倡行其道，為害人世，人民自能恢復親慈子孝的純樸社會。人民如果深惡痛絕巧取豪奪、爭財奪利的世態現象，盜賊又從何而有呢？「聖智」、「假仁假義」、「巧詐牟利」，都經過深度的虛偽、包裝、設計、裝飾，真正的聖賢或領袖，應不會恃以治理天下人民。若要讓人民有所適從，知所歸屬，還是上上下下，回歸真樸的本性，減少私心作祟，降低欲望的奢求，社會國家才有希望清平和祥。

◎【龍宮驪珠君試探】學海聯珠之十九

一、《莊子外篇》第二章馬蹄篇：「馬逢伯樂千里駒，絡手絆腳削馬蹄，毛禦風寒蹄踐雪，籠頭勒口為下役。」以人類的觀點看，駿馬碰到伯樂是太幸運了。因為伯樂能把牠教練成千里馬，馳騁沙場，建立不世不朽的千秋功業。可是在莊子看來是太悲哀、太可憐了！那雄悍的駿馬，飛躍在高山曠野，多麼逍遙自在，毛皮足以抵禦風寒，踐飛白雪。高興時，跟相愛的雌馬交頸戲愛，生氣時，可以和其他雄馬相踢，比賽雄強。可是落在伯樂手裡，一身繩索絆住、籠頭勒口，削蹄安鐵，變成奴役。背上披上鞍甲，隨時以供騎坐。百般不願，幾經折衝才甘心馴服。所以說：「喜則交頸怒相踢，介甲加身憤折輗，脫軛阻勒如抗敵，幾經折騰始甘屈。」

二、「比干剖心龍逢斬，萇弘車裂子胥靡；暴君戮賢無敢抗，皆為聖法尊君義。」關龍逢，夏末賢臣，盡忠盡誠，卻被夏桀下令斬首；王子比干是商紂的叔父，因為向紂王提出忠言規勸，竟然被敕令挖出心肝；萇弘，春秋末期的賢臣，被周靈王五馬車裂而死；伍子胥也因為忠諫而被吳王夫差所殺，棄屍江中，屍體糜爛，不許有人前去收葬。古代暴君殺戮忠良也沒人敢抗議吭聲，都怪聖人立法皆特別強調「尊君第一」，君要臣死，臣不死便不是忠臣。老子和莊子對「死忠死孝」、「愚忠愚孝」，是深深不以為然的。（以上見莊子《人間世篇》及《胠篋篇》）

三、「盜亦有道有說乎？妄臆為聖入先勇；出後為義酌情智，分均是仁盜大成。」柳下惠，美女坐到他懷裡，也不會亂來，我很佩服。我也有信心，但沒有十分把握。柳下惠是有名的賢人，他的弟弟盜蹠卻是很讓人頭痛的大盜。他的門徒問他：「做強盜，要不要講究道理呢？」盜蹠回答道：「做那行，到哪裡也要講究道。例如：搶劫之前，誰能猜出屋主寶物藏在哪裡？這個人就是『聖』啊！敢帶頭先行的人，不就是『勇』嗎？殿後最慢出來的，就是『義』了。斟酌情形，判斷能否下手的人，就是『智』了！分配贓物很合理平均，就是『仁』。不具備這五項道德的人，能成為大盜嗎？」盜蹠這樣解說「道德」，不是可笑到要教人噴飯嗎？問題是：我們現實的社會中，有沒有人做了官、掌握了權勢，就離經叛道，而滿口「仁義」、「自由」、「民主」，像盜蹠一般，胡言亂扯，「盜亦有道」呢？（見莊子《胠篋篇》）

【第二十章】

棄聖絕智又何憂？
唯唯阿阿逐波流；
隨眾熙熙登春台，
唯我未兆如嬰孩。

獨貴食母

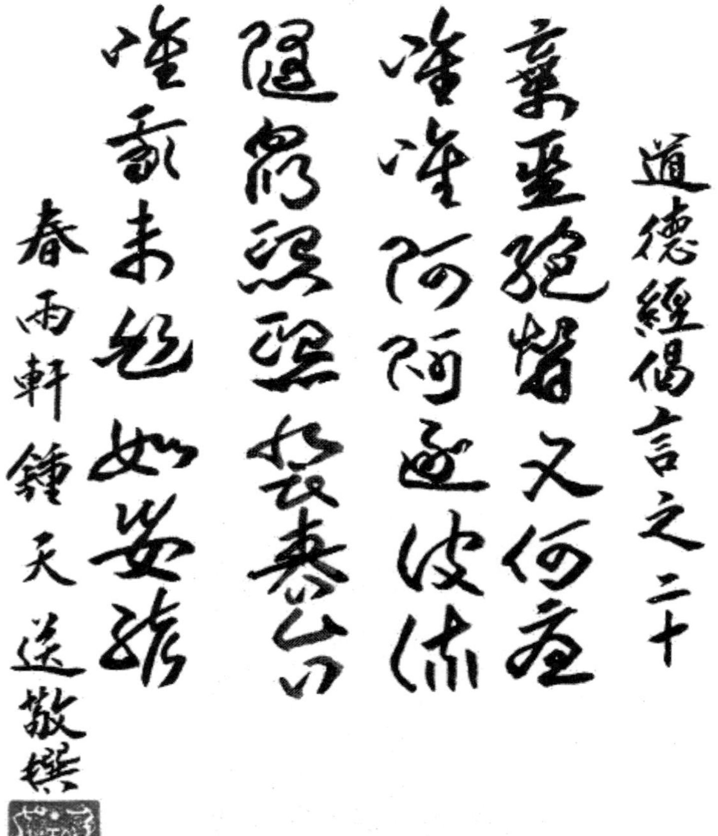
道德經偈言之二十
棄聖絕智又何憂
唯唯阿阿逐波流
隨眾熙熙登春台
唯我未兆如嬰孩
春雨軒鍾天送敬撰

【原文語譯】

棄絕前此所述的「尊聖」、「尚智」、「推仁」、「崇義」以及繁文褥節的世俗禮法，事實上對人類並無什麼大不了的憂害，人類社會，上下貴賤之間，「唯唯順應」的敬諾，和「阿阿違逆」的漫應，兩者之間，到底存在著多少的差別呢？人們口中心上的善善惡惡，其間又存在多少的差異呢？人人害怕討厭的事，我們都得隨其步趨，也同樣去擔心害怕嗎？我寧願一古腦兒，把以上所提到的煩人瑣事，全部拋開，拓展延伸我的精神領域，更遠、更大，到無何有之鄉！社會上的眾人，一個個興致勃勃的模樣，縱情恣欲、如貓捕鼠，興高采烈，像盛裝趕往喜宴，像陽春良辰、登高賞景玩樂。我寧願視若無睹，我寧願獨享恬靜，像初生嬰兒之天真未鑿，未悉嘻笑何來？看起來我比較懶散不振作，不熱中、不積極奮進，好像沒有理想、無所依歸。人人奔逐爭競，各個富足有餘，獨我懶於圖謀，處處缺乏不足。我的心肝肚腸就這麼糟糕愚昧嗎！一副渾沌未開的傻樣子！世俗之人，無不光鮮耀眼；唯獨我黯然無光。世俗之人各個精明機巧，只有我笨頭笨腦。其實我心思淡泊寧靜時，像無風無浪的深廣大海；而我的情思悸動飄逸時，卻像風揚高空，逍遙無際。表面看來，人人都大有作為，只有我冥頑不省，庸愚淺陋。誰曉得：我是別有懷抱，特立獨行，不願意隨波逐流，一心一意，只貴重能滋養天地、萬物的萬有之母（源泉）—玄德大道。（本篇等於老子的自述，值得我們深思！）

◎【龍宮驪珠君試探】學海聯珠之二十

一、《莊子外篇》第二章馬蹄篇

德盛之世與獸居，素樸為性德不離。不知行所居安為，鼓腹四遊口含食。汲汲為仁強推義，從此縱情逐樂逸。屈折禮樂匡眾形，人始奔忙角爭利。

在道德最美好的世代，人可以和野獸混居，也不會有什麼問題，人們天真樸素，道德圓滿完全，毫無離失。行無特別目標，安居沒有什麼必要作為，嘴巴咬著食物，挺著肚子四處遊玩。堯舜以後，忙著推動仁義，從此放縱情欲，追求逸樂，扭曲禮樂，改變人類形象，製造流行時尚，人類開始走向窮奢極欲，忙於角逐權勢，爭奪權利。（筆者解析老莊學說思想，並非意在復古，而是志在平衡現代人虛偽驕奢、巧取豪奪的強烈企圖心。希望在人的一生奮鬥中，長懷慈悲喜捨的精神，保持樸實無華的本性，不致造業作孽，給自己及家人此世來生，留下無法解除的後果禍患。）

二、「聖人不死盜不止，尊聖等如尊盜跖，擁有權勢急思盜，重賞斧鉞不能止。」（語見莊子《胠篋篇》）

老子、莊子口中的聖人，不是指真人、元人，是指有權有勢的帝王將相，或有偶像形象、假仁假義的假聖賢，這裡說「假」也不是指真假的「假」，是講「利用口號」，例如「愛黨愛國愛人民」或現在「愛台灣，愛本土」，將來又不知道要換什麼口號？反正是騙死人不賠錢的。這些人很容易騙到一群勇敢但貪圖小利、近利的信眾，一旦擁有權勢，便合縱連橫，分取掠奪國家社會的資源。百姓其奈他們何？人民看在眼裏，怨恨在心裡，不平心起，再加上生活所逼，偷盜詐騙都來。擁有權勢的聖聖賢賢，帶頭玩法犯法，尊崇他們跟尊崇盜匪有何差別呢?所以說：「聖人一出大盜起，越尊聖人盜越利，若是聖人也偷盜，百姓煎熬更苦厲。」

三、續莊子《胠篋篇》：「魚不脫淵絕聖智，國之重器毋耀世，屏棄仁義德性齊，德性內聚絕邪辟。」一個人要在選舉中脫穎而出，就要結黨結派，縱橫捭闔，耍手段弄心機，美其名叫做「運用智慧、整合派系，控制台灣大局，其實就是搶大餅，然後坐地分贓，其次就是大局底定，寶島美麗，台灣第一。」這樣的政客，大抵下場也沒多好。充其量就如魚兒離開深淵，游行淺灘，很難不為網羅捕殺。國之元首、國家重器，最好也不要太過炫耀，尊榮過分，否則野心政客，便會垂涎三尺，千方百計，卑鄙陰謀，也要謀奪大位，然後設計長久執政，永享榮華。只有去除駢拇枝指，巧飾的仁義名目，大家推誠相見，德性完足內聚，才能棄絕邪惡，遠離乖辟。

四、續《莊子外篇》第三章胠篋篇：「魯酒淡薄何相關?魯楚相爭圍邯鄲，谷若成墟川必竭，唇若反揭齒生寒。」人與人間、國與國間，應該要和平相待，人與人和、和氣生財；國與國和，國泰民安。魯國的酒淡薄，得罪誰了?趙國的酒濃，又關楚國什麼事了呢?結果楚國生氣，從趙國拿到魯國的淡酒，出兵攻打魯;梁惠王發現楚國忙著攻魯，無暇救援趙國，就出兵包圍趙國首都邯鄲。你看看!這是什麼亂七八糟的國際關係嘛!爾虞我詐，國家會風調雨順嗎?山谷若填平成墟，河川必然枯竭;兩唇如反向揭開，牙齒必然感受冷冽的風寒。治國者何不深思?

【第二十一章】

唯道是從孔德容，
道之為狀惟恍惚；
惚恍恍惚有象物，
杳冥精真有信孚。

實證從道

道德經偈言之二十一
唯道是從孔德容
道之為狀惟恍惚
惚恍恍惚有象物
杳冥精真為信孚
春雨軒 鍾天送敬撰

【原文語譯】

唯有一心一意、心心念念，跟從大道，隨著道體的運作變化去感覺轉移，我們才能逐漸體悟出「偉大道德」的盛極內容、特徵以及動靜不同的情態，無窮萬幻的多樣面目。「道體」，這千古最最神秘的物事，在最聰明的人類心中，也是恍恍惚惚的，似有若無，似無若有。說祂恍惚，但是在某個時空人事所在，也有形象、也有機緣可見；或「如實」甚至於「十分確實」感觸其存在。說祂深遠難測，但其中也確有可信可驗、非物質狀態存在的、無量精細的原質原能。祂隨時隨地能因緣發揮，顯示祂神奇莫測的作用力量，讓人驚嘆莫名。自古以來，「道」這個名稱一直被人類惦念不忘，關懷鑽探。只有真信祂、悟通祂，才能確切明白萬物的起源。老子之所以能洞悉宇宙萬物之間的關聯始末，也是從通道證道而來的。

◎【龍宮驪珠君試探】學海聯珠之二十一

一、「大道為精物為粗，貪而儲積心不足；柔弱謙下為型表，澹然獨與神明居。空虛不傷萬物實，其動如水靜若鏡；知白守黑天下谷，知雄守雌天下蹊。」（語見老子二十八章）

形而上的大道，內容是非常非常細緻精微的，越精進上達，越減少駁雜浪費、多餘煩惱的思緒念頭，腦中心裏，淨淨空空，一念不起，井水無波，靜安恬適，如老僧入定；一念若起，萬水千山，念念井然有序，思路清明，虛空猶如破碎，一無雲煙遮翳，這叫做「為道日損」，也像高僧出定。形而下，有形的物事、學理學術、技能科學，再深奧也比形而上的要來得粗雜，永遠使人貪於儲積爭逐，不會有滿足的時候，這叫做「為學日進」。老莊思想不以儲積為足，不以爭逐為能事，喜歡恬恬淡淡、寂寂獨默地與造化之靈妙共處。柔弱謙下是人格上典型的代表，虛懷若谷，不排斥萬物，為實質的精神態度。動的時候、如流水無所不至；靜的時候、如明鏡無所不照。深入認知光明之層面，卻能隨遇持守暗昧的層面，成為天下人的川谷；具有雄強心志，卻處處表現雌伏柔和的低姿態，成為天下人的溪澗。

二、佛教所追求的「無餘涅槃」、「無上三菩提」、「大佛頂首楞嚴」、「彈指超無學」、「正法眼藏」、「入、住、出金剛大定」、「金剛大手印」、「阿耨多羅三藐三菩提」、「大圓鏡智」、「明心見性」、「禪悟」、「摩尼」等等名稱不一，看得人眼花撩亂，不打瞌睡才怪！其實都是本章所云「大道」的不同面目，「形而上」哲學的最高造詣與成就，用四個字來總括，就是「達到究竟」了！

三、「諸法唯心，心包萬法」，「眾生」與「大千器界」都是因緣而起的果報，九界眾生是「正報」。大千世界，是眾生所寄托依托的「依報」。千心萬心、都非真心；正報依報、也非實有。去掉因果，絕掉因緣，還原本始「佛心佛性」，道家便稱之為「歸根復命」，萬法歸宗，殊途同歸。真人、至人，菩薩、佛陀，法門不同，階位有層次，道德會有差別嗎？

一無雲煙遮翳

【第二十二章】

抱一全真

屈全枉直窪則盈，
弊新少得多則惑，
不自愛現反彰明，
不自矜伐長保德。

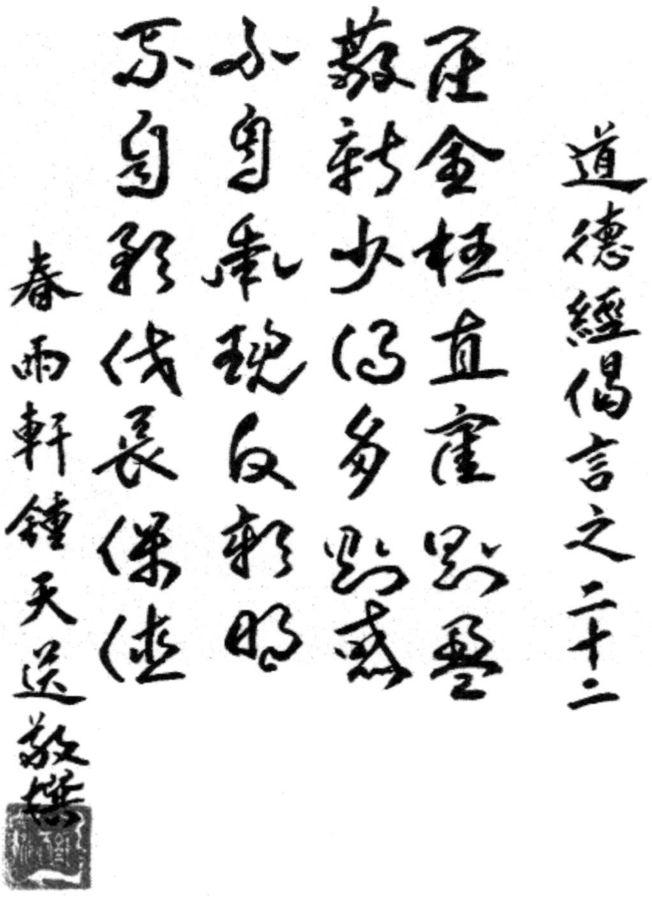
道德經偈言之二十二
屈全枉直窪則盈
弊新少得多則惑
不自愛現反彰明
不自矜伐長保德
春雨軒鍾天送敬

【原文語譯】

能彎曲摺折的東西，反而容易保全；做人也是一樣。有低窪的地方，才有空間可填滿東西。耐得住破舊的物件，反而有翻新的可能與機會。有所欠缺，表示有希望補充，貪多求滿，必然帶來煩惱困惑。所以道家的聖人、真人、至人，緊緊抱守唯一的「全真大道」，以身教代替言教，做天下人的師範。不刻意炫耀自己，不高抬自己，凸顯自己，反而使自己更顯得聰慧明敏，更卓然高明出眾。不自以為是，不師心自用，武斷是非，反而更能彰顯超人的道德；不吹噓自己的貢獻，反而容易成全不世的功德；不誇耀自己的本事才幹，反而更能成長自己的專長，長保無窮的美好。

◎【龍宮驪珠君試探】學海聯珠之二十二

一、川禪師佛語

蚌腹隱明珠，石中藏璧玉；

有麝自然香，何用當風立？

海蚌看來平凡無奇，腹中卻隱藏光潤美麗的明珠；粗糙醜陋的頑石，俗眼很難料想到，其中藏有價值連城的翡翠寶玉；麝香鹿本身自散奇香，無須外來薰染，但也不必老是搶立風頭，賣弄身上的麝香芬芳。

二、孟子說過：人之所以會擁有過人的道德、智慧、學問、才情，一定是從憂患的環境中磨練出來的，只有那些得不到明君知遇重用的賢臣，不討父母歡心的孩子，不被父母疼愛的孝子，他們時時操心自己處境的窘困，天下的安危，對禍患之將臨、生民之痛苦，憂慮感受比別人深切，所以能成為學養豐富、道德通達的聖賢。（見《孟子》盡心篇）

三、曲則全、窪則盈、少則多。大舜是從農夫身分、發跡起來成為英明天子的；傅說是從築牆的水泥工中、被發掘重用才成為賢相的；膠鬲是從賣魚賣鹽的商販中、被推舉而成為大臣的；孫叔敖曾經是海邊無名的隱士；百里奚曾經以五張羊皮的賤價、賣身為人牧牛。上天要把一個重責大任，付託某一個人的時候，一定先讓他吃盡千辛萬苦，來磨練他的意志；讓他工作勞苦，來強壯他的筋骨；讓他衣食不足、生活艱困，打擊他的所作所為，事事不讓他順心如意，用以激勵他堅強的心志，磨練他的性情毅力，讓他越挫越奮、增進他所欠缺的能力、道德，使一切的不可能、變為可能。（見《孟子》告子篇）

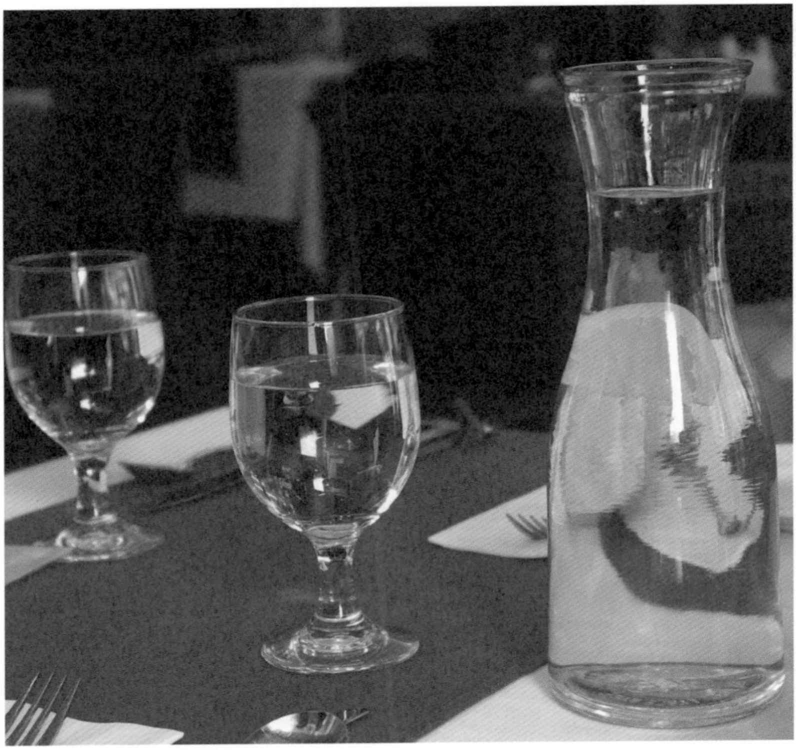

人生歷練，不可自滿。

【第二十三章】

希言自然合道德，
飄風驟雨不終朝；
同道同失各樂得，
天地不久人奚為？

同道同失

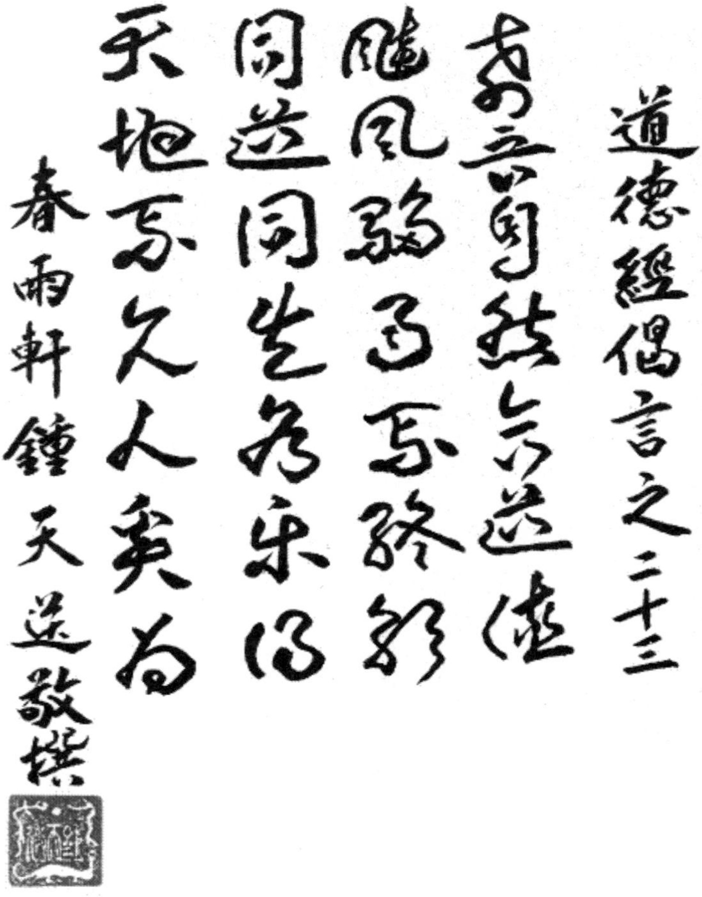
道德經偈言之二十三
希言自然合道德
飄風驟雨不終朝
同道同失各樂得
天地不久人奚為
春雨軒鍾天送敬撰

【原文語譯】

為政不尚多言，更不宜輕率發號司令。為人處世還不是一樣，行事做人，要能不任性自作主張，謀定後動、事豫始立，才諳合大自然的法則。君不見，狂風暴雨，會每天每天整日在吹打嗎！政治家怎麼可以天天大放厥辭，刻意挑起人民怨恨、憤怒、敏感的神經呢？窮呼口號可以治國嗎？不是該與人民同苦同樂共休息嗎！每天發明新口號，要人民隨口號起舞，是擾民還是治國呢？信服天道來行事的人、物以類聚，做人也都認同天道，擁有天德；反過來說，不信服天道天德的人，自然也是物以類聚，成黨成眾，在上者失道失德，在下者離經叛道。認同天道天德，道德自然樂得與之同在；而信心不足或根本就不信有天道天德存在的人，道德也樂得與之疏遠離失。求仁得仁，各同其道，各同其失，善由自修，咎由自取，問題是天地也不能讓飆風朝朝、驟雨經年，人間世界，又怎麼能允許失德不道的人事長久肆虐呢？

◎【龍宮驪珠君試探】學海聯珠之二十三

一、水流濕，火就燥，同類相感，同氣相求，近朱赤，近墨黑。老虎、獅子很少結黨，因為屬於強勢；狐狸和狗必然成群，由於站在弱勢地位。黨眾則強，弱勢者團結起來，便能保護或爭取到自己的權利。做官的掌控到人民團結的壯大力量，可以呼風喚雨，翻雲覆雨。但是不能過河拆橋，忘恩負義，罔顧百姓的付託與基本的民生需求，這也是政治家及元首，一定要被嚴格檢驗的課題。

二、筆者青少年時崇尚儒家，中壯年慕道學佛，究其實，無所偏好。只是因花結果，從青澀到成熟，順其自然而已！至今對任何宗教、學說、政黨派別，都以中道平等心看待。只希望做到，年四十而知三十九以前之錯誤、年五十能知四十九以前之錯誤……。

三、「吞車之獸患網罟，吞舟之魚螻蟻苦，魚鳥不厭高與深，全形不厭眇藏身。」能吞下一輛車子的大野獸，也擔心被羅網所捕；能吞得下一條船的大魚，也害怕困於淺灘、受螞蟻嚙咬之苦。所以魚兒不怕深潛，鳥兒不怕飛高，而吾人若想身心健康、快適長壽，就不要怕藏身隱居，在渺小不易為人察知的地方。（語見《莊子雜篇》第一章庚桑楚篇）

四、「全汝形來抱汝生，適可而止捨外求；無拘無束純無知，順物自然同波流。」人生貴在保有健全的形體，五官六識的清明功能，抱持護養天然昂旺的生命力；勿讓不必要的焦思憂慮、不知不覺的損毀形體和精神；不為外事、外物、外欲所迷惑，內心定靜純淨，內外都無拘無束，一似嬰兒之純真無思、無慮、無心機。凡事勿四外爭逐，太多分外的馳求，應該適可而止，隨緣任運、順應自然，並且與之同波共流。

續紐西蘭之行小記

其一、出發（二〇〇一年十月三日）

中秋剛過秋色晴，春森邀我紐澳行；十月初三十點整，泰航載我上青空。

其二、感觸

年來怏怏那堪言，將恐鬱鬱度殘年；夢違繁華仍是夢，且捨自憐樂悠閒。

其三、登奧克蘭天空高塔（十月四日，塔高二百五十公尺）

空天高塔高雲漢，俯身鳥瞰奧克蘭；市街房舍異鄉味，氛圍幸福好浪漫。
天空高塔景物鮮，尖尖直入白雲間；瀏覽遠近快遊目，雲動疑是塔身顛。

其四、螢洞探奇（十月五日，驅車往陶波湖途中）

幾曾黑洞泛舟行，乍見銀河滿天星；人人屏息無言語，萬點金光竟是螢。

其五、陶波湖乘噴射快艇，是時，天降傾盆大雨，艇過處，捲起浪花如雪，雨水、湖水，從頭頸流入背心，其寒無比，狼狽極了。

飛艇狂飆勢如箭，左右衝突似發癲；猛烈跩轉白浪湧，生死像在轉瞬間。

其六、雨遊毛利藝術村，兼賞天然溫泉與地氣。（十月六日）

地氣遮空霧騰騰，陰雨霏霏一朦朧；此去不遠陶波湖，快餐泰蝦不虛行。

其七、十月六日下午，前進威靈頓，途經一大片荒漠。

荒原無情無人煙，草色枯黃遠連天，直直大道奔海角，方始重新回人間。
僕僕風塵萬里行，醒來又睡睡還醒。黃花滿目看不厭，奇樹異草多罕見，
有草青青牛羊飼，有雲白白山山駐。偶見行車驚野兔，行近海邊勝他處。
停車空拋麵包屑，海鷗翩翩來赴宴，美妙光景頤養目。日中出發忽近暮，
流星趕月尋歸宿。

其八、十月七日，啟程赴紐西蘭南島，人車一齊登輪。

乘坐大輪渡海峽，狂風巨濤掀浪花；濛濛苦雨綿綿下，朦朧遠船傍山崖，

白浪滔天船身擺；是何因緣走天涯。過海驅車再進發，沿途順便買龍蝦，偶向海獅長招手，不理不睬狀優暇。

其九、十月八日，首登冰山賞冰河，為登冰山著重裝，遠望冰河白茫茫。

河床磊磊多奇石，五色斑爛心嚮往。瞻前顧後難抉擇，走前幾步忙退後。
撿罷又丟丟還撿，總有佳麗更前頭。冰河仰望腳生寒，鐵鞋壯膽步蹣跚。
專一心思忘俗慮，半座冰山蛙步攀。導姐多情邀攝影，紛紛眼光送妙傳。
撿食冰鑽啜冰砂，天然滋味甚美佳。際此冰天履雪地，堪嘆造化太神奇。

其十、十月九日，行向基督城途中，喜逢新春大瑞雪。遠山厚厚積雪未溶，雪枝不太瞭解白色如帽的山頭，是冰還是雪？惹得一車人鬨堂大笑，我連忙向她解說，說著說著，眼睛突然看不清楚前方景物，草樹變白了！馬路變白了！馬路上的一大群綿羊也消失了！不！是變白了！

一路春花送我行，遙望遠山雪未溶。雨敲車窗出音韻，寸心默默計歸程。
忽然眼前幻奇景，山石路樹全變形。漫天飄起雪花影，鋪天蓋地白熒熒。
下車攤手迎白雪，人世憂傷忽忘卻。白雪無心落大地，大化不時演傳奇。
自從亞城初邂逅，今日重逢雪君影。默解天地不言語，心路重新訂遠程。
（此時紐西蘭，正當初春時節）

編後語

辛巳年仲秋，時值紐澳初春，春花正燦，花紅欲流，春森君賢伉儷，邀雪枝與我並日本工程師森本夫婦，一行六人，相偕到紐西蘭，作十日快遊。途經香港、新加坡、雪梨。以上經過，以七言四句留下簡訊。

【第二十四章】

不處多餘

跂者不立跨不行，
自見自是不彰明；
自伐自衿無長功，
餘食贅肉道不通。

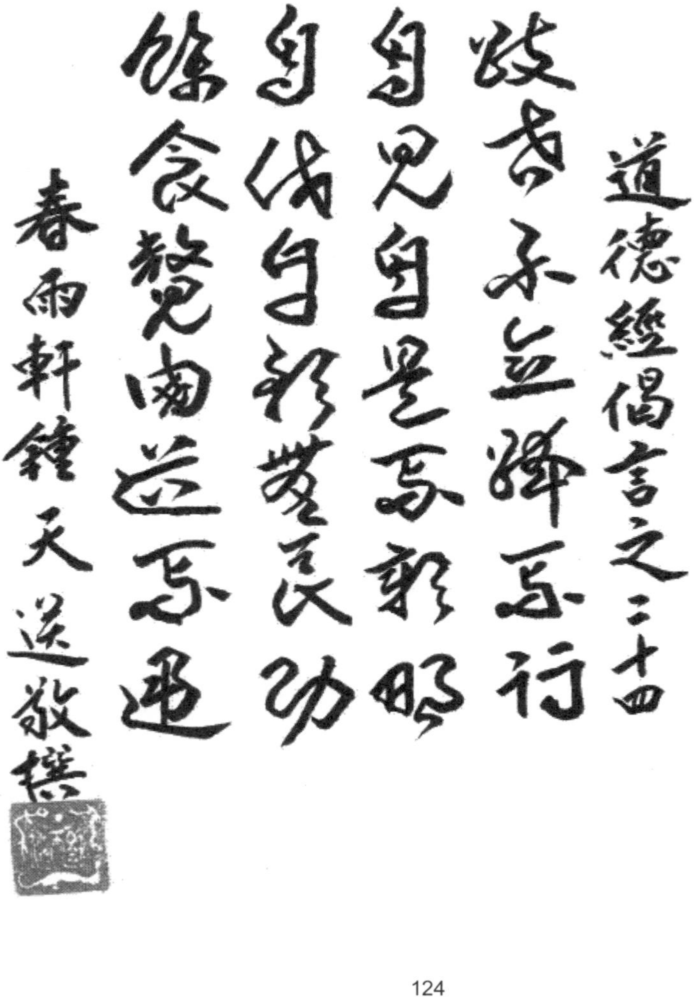
道德經偈言之二十四
跂者不立跨不行
自見自是不彰明
自伐自矜無長功
餘食贅肉道不通
春雨軒鍾天送敬撰

【原文語譯】

舉起腳踵，用腳尖站立，絕難持久，因為根基不穩固；跨大腳步，無法保持長途急走，因為會氣急慌亂。自恃己見的人，所見絕難高明；自以為是、師心自用的人，成就反難如願顯彰；自我膨脹、張揚自己功德者，必然徒費心思，師老無功；自我吹噓才德過人者，反而會自暴其短。以上行為，對修道養德，一無助益，純屬多餘。就像飽食後多餘的剩菜剩飯及湯餚，或者人身多餘出來的贅肉懸瘤，人情上看到，都會感覺不快、厭惡。達道的至人、真人，絕不會讓自己犯下這些錯誤。

◎【龍宮驪珠君試探】學海聯珠之二十四

一、《碧巖集》第三十六則—長沙遊山。（長沙，是指鹿苑、招賢大師）

「長沙一日遊山歸，僧問何處去又來？」答：「我隨芳草遊山去，今逐落花又回寺，芳草落花指春意，露滴荷花差可擬。」

「山河清淨兩無礙，解識心境絕塵埃；不會長沙無限意，萬山去來空徘徊；遊山豈真隨芳草，歸程哪在逐落花？遊山不保登極峰，春滿長沙卅六宮；大地絕塵天眼開，芳草落花幾回生？人人心有明月在，可惜心月不自在。」

【評析】招賢大師遊山，真個是隨芳草去、逐落花回來嗎？那該是文人雅士的專利。風花雪月，不過是諸塵、諸識、諸覺帶來十八道必須勘破的關口、夢幻泡影、閃電露水而已。透過山河花草、露滴芙蕖，大師所體會的，卻是明淨的心月；無限生生的春意（意指空明寂靜的光明佛心佛性），他身心絕塵無礙，全身舒暢快適、精神靈魂空明剔透。這種心境，正是證道、悟道的道德層次。

二、淝水之役

中國東晉時候，北方前秦的國王苻堅，重用賢相王猛，統一北方，威震天下，可惜驕矜自滿，意圖未足。國情未穩，軍心未定，便急急、念念南下攻打晉室江山。王猛雖在病中，仍然拚死力諫：為王為帝、當惜功業得之不易，要戰戰兢兢，如臨深淵，如履薄冰，朝惕夕厲，才能善始善終。東晉正當盛世，前秦諸將各懷鬼胎異謀，兵災凶險，怎麼可以輕易出兵，遠襲晉國呢？苻堅在王猛死後，不聽良諫，師心自用，自以為擁兵六十多萬，馬鞭投處，大江都會絕流，與晉軍隔淝水對峙。晉相謝安，帷幄運籌，穩如泰山，將軍謝石、謝玄、劉牢之，智勇雙全，將士用命，力抗前秦，苻堅被殺，身喪國亡，六十萬大軍死傷離散，潰不成軍，看到八公山上的風吹草動，都以為晉兵追來了。

三、長平之戰

趙奢，趙人，戰國名將。主治國賦，兼擅用兵。曾在閼與（今山西、和順）大敗強大的秦軍，晉封「馬服君」。有子趙括，聰明絕頂，博聞強記，讀書過目不忘。但自恃多能，驕矜自滿，少學兵法，無不嫻熟。曾與父討論兵事，舉證歷歷，雄辯滔滔，連趙奢也難他不倒，自此以為天下無敵。可是趙奢卻自有他的想法。他認為趙括「孺子不可也！」他說：「打仗，會死很多人，哪裡是這般簡單說說、輕鬆容易就了事的玩意兒。口上談兵，必將誤事。」一生前時時叮嚀其妻：「當我百年後，妳切記切記！不可讓括兒領命將兵，否則敗破趙軍的，一定不是敵軍，而是括兒。」周赧王五十五年，戰國時代聞名喪膽的秦國名將、武安君白起，領兵圍攻趙國長平。老將廉頗，經驗豐富，堅壁頑守，白起一時也莫可如何。趙王沒耐性，不合中了秦國的反間計，撤換廉頗，起用趙括為將。開城迎擊秦軍，結果趙括當場被射殺，趙軍大敗，兵卒四十萬人投降，全數被武安君坑殺，斬首四十五萬人，趙人為之破膽。一人輕敵，舉國傾城。是不是：跂者不立，跨者不行，自見自是者不明彰，自伐自矜者無長功？

四、王莽篡漢

西漢王莽，官拜大司馬。偽裝恭儉，欺世盜名，脅持上下，拔擢附順他的人升官，誅滅忤恨他的人。授意群臣上書爭頌王莽功德，逼皇帝賜號「安漢公」，我們看此公如何安漢？孝平帝元始五年，用毒酒毒弒平帝，先做假皇帝，那怎能過癮？接著假造丹書，篡漢自立為新朝。實行變法，什麼都叫新的。雷厲風行，改革很多。設立王田（土地國有），濫改幣制，徭役繁重，可惜食古不化。徒有新法，不切實際，法令苛細，再加上朝令夕改，造成經濟社會一片混亂，結果群雄起義，新朝覆滅。豈不是：自伐者無功，自矜者不長？餘食贅疣，人情惡之。

詠亞特蘭大我第二個故鄉（第一故鄉是南庄）

其一

亞特蘭大風情佳，條條大道通天涯；明湖木屋相掩映，深山處處幸福家。

其二

窗外紛紛細雪飄，此身離家萬里遙；粉妝玉琢奇世界，平生看雪第一遭。

春雨軒主人　鍾天送　敬賦

綠秧木屋相掩映，深山處處幸福家。

【第二十五章】

有物混成先天地，
寂聲寥影永不易；
天下之母名大道，
道天地人法自然。

渾然混成

道德經偈言之二十五
有物混成先天地
寂聲寥影永不易
天下之母名大道
道天地人法自然
春雨軒鍾天送敬撰

【原文語譯】

有一件物事，弘大廣闊，天地未生成前，已自然形成。祂以非物質的狀態存在，負陰抱陽、內魂外魄，內藏無可計數的神通力量，能發揮鬼神莫測的萬妙作用；這匪夷所思的原質原能，擁有無窮無限的能源、力量；能啟發無邊的妙思與哲理；能締造無限的文明與發明。祂，寂寂無聲空空無影，卓然獨立，永不變滅。祂，讓人感覺好古老、好遙遠。但是周流不息，又能反璞歸真，回歸本原。像大川之流行不息，如水流入海，海氣蒸騰，最後還是雲行雨布，匯成江流，回歸本源，也就是天地萬物的根源。我不知怎樣稱呼祂才好？勉強為祂命名，就稱祂為「道」好了。如果要勉強禮讚祂，就說祂偉「大」好了！因此說：道很偉大，天、地、人，三才也很偉大。道、天、地、人，四大之中，人類中有道德觀念者，得居其一，堪稱大幸。但追本溯源，還是要學習生長五穀、利養眾生，無私包容的大地；效法散發陽和，普降甘霖的昊天。遵循總包三才，圓融二極（無極、太極）諧和陰陽的大道。大道，純任自然、全真自然，生如未生，看似無為，其實無所不為。大道、與天地人三位渾然一體。人類至善的境界，是與天地同心，與萬物同流，與大自然生生不息的精神，契合無間。這樣來體會大道的真髓，雖不中，也不會太遠了！

◎【龍宮驪珠君試探】學海聯珠之二十五

一、「無為」，筆者的體會，就是「默默的耕耘」，因為成就未可，未能彰顯，外人看不出其作為，看不出其有作為，於是只好謙稱「無為」，外人則嘲笑諷刺他毫無作為。而社會上很多自命有作為的人，事實上往往是含靈蠢動，顛倒錯亂，把自己把別人都當「白老鼠」來實驗的人；或是身上背著鑼鼓，自己敲鑼打鼓，在尋找失蹤孩子的人。不但他的孩子迷失，他自己的心是不是也迷失了呢？這種有為，貽誤蒼生，害人害己，筆者實在不敢恭維。有人嘲笑老子「無為」，他寫下一部震古爍今的《道德經》，嘲笑他的人，如今安在？留下什麼千古不朽的巨著？

二、青青翠竹，無非般若；鬱鬱黃花，都是真如。般若是智慧，真如是自在。青青翠竹、隨風搖曳，隨緣任運，沒有眾生知見，中空有節，謙虛而有節操，正可用來比喻得道、智慧過人的君子或更高明的至人、真人。鬱鬱黃花、樸實無華，純潔自在，荒山古岸，照樣放光美麗，優遊安祥，正可用來比喻如來（如如而來、如如而去）的高超絕頂的精神。

三、「遠觀山有色，近聽水無聲；春去花猶在，人來鳥不驚。」

遠山色淡，本乏顏色，但眾生知見有色，故空中生色，即空即色。近水必聞水聲，何以不聞水響？若非心思旁騖，就是心靜入定。陶淵明詩云：「結廬在人境，不聞車馬聲，問君何能爾，心靜自然涼」，車馬聲都可以不聞，何況是水聲。能解花意春長在，春去還是藏花意。心平散發慈悲意，鳥心有感無驚懼，當然人來鳥不驚。如果一心以為鴻鵠之將至，有樹有鳥不敢棲。為什麼看山是山，看水是水？這是眾生知見，人情誰不如此？為什麼看山不是山，看水不是水？是因分別心起，分別心一起，父母都可以非父母，何況山水？為什麼悟道後，看山還是山，看水還是水？因為已具佛知見，山水是依報，人類是正報，天地與我本一體（之兩面）。所以山還是山，水還是水。

四、「虛空境界豈思量，大道清幽理更長，但得五湖風月在，春來依舊百花香。」

道倡虛，佛講空，清虛淨空，這境界幽深莫測，不是一般人，思量可及，請觀大自然生態，五湖風月，亙古長在。春天一來，哪裡不是百花怒放，吐芳競豔。地氣不暖，百花不香。花有花氣，人有人心，人氣如暖火候到，三十六宮總是春，隨時能開頃刻花。

（圖／葉麗真 提供）

【第二十六章】

重為輕根靜躁君，
欲行終日備輜尊；
位居尊榮輕燕樂，
輕失倚臣躁失君。

行尊輜重

道德經偈言之二十六
重為輕根靜躁君
欲行終日備輜尊
位居尊榮輕燕樂
輕失倚臣躁失君
春雨軒鍾天送敬撰

【原文語譯】

穩重可靠的人，才能做為輕浮者的仰賴依靠；定靜慮得的人，才能做為焦躁者的主宰。（國家元首的先決條件，是不是也要先用這一把尺來檢驗呢？）所以穩健的君子，出外行走辦事，都要有配套，工具、資料、資訊、配備，必須一應齊全，整天隨身攜帶或乘載。就像行軍作戰，糧草必須充足；輜重要機動隨行；表示鄭重其事，有重任在身。計畫周詳，行事穩重，有備無患。雖然有王者、至尊（今之政治元首、總統、總理），安居宮觀之內，榮華待遇，超越常人。但是身為擁有萬輛兵車的人主，任重道遠，怎麼可以不知自重？輕率浮躁、只圖眼前燕安嬉樂，忘掉治國重任。以致自輕、而為天下人所輕視。被天下人所輕，便不為人民所信賴倚重，因此動搖國本。焦躁，更會使自己中心失去主宰。揆之中外，有沒有政治人物犯下以上的錯誤呢？

◎【龍宮驪珠君試探】學海聯珠之二十六

一、紅顏巧笑草上露，芝蘭芬芳風拋絮；

花開花謝能幾時？十九笑我瘋言誤。

領悟勞生一夢間，快適須臾老愁顏；

何須臥待黃粱熟？合不合眼兩清閒。

花容月貌、沉魚落雁、閉月羞花、貴妃醉酒、飛燕掌舞，巧笑倩兮！傾城傾國、千嬌百媚，但是又何奈？瑪麗蓮夢露死了！奧德麗赫本不見了！梅姑在哪裡？張國榮今又何在呢？

人生一世，草木一生，是不是像風吹柳絮，一飛無蹤，歸塵歸土，或落花飄零呢？林志玲、蔡依林，會超過楊貴妃、西施嗎？超過又如何呢？花果飄零，誰能倖免？花開花謝，誰見百日長紅？國色天香，時來香銷玉殞，我說此話，肯定十有九人笑我瘋言亂語。做人最好領悟浮生若夢，為歡幾何？無論曾經如何爽樂適意，轉眼容顏老去，愁眉難展。不要像盧生一樣，在邯鄲道上，夢入華胥，黃粱未熟，繁華全褪。最好活在當前，無論是睡夢中，還是醒覺時，一樣自在清閒。

二、唐代新羅（今韓國）有一位出家和尚，法名調信。雖然出家，卻不守清規，眼看太守千金，月貌花容，竟然相思成癡，得了相思病。每天對著佛像，朝參夜拜，希望菩薩成全他的風流美事，祈求不得，就怨佛罵佛。有一天因貪著魔、因癡成夢。夢中情節是：有位金氏少女，投懷送抱，與他共效于飛之樂。數十年後，共生下五個子女，家徒四壁，衣不蔽體，雙雙淪為乞丐。長子餓死，小女被狗咬傷，夫妻相擁、牛衣對泣。最後同意分離，各分兩個子女，勞燕自此分飛。夢到這裡，突然嚇醒，一身冷汗，第二天才發現，滿頭全是白髮。從此斷去邪念，勤修淨業，老實念佛。

三、三國東吳君主孫皓，不信佛教，這也罷了，信仰本來就自由嘛！有一天隨從在後園挖到一尊佛像，孫皓把祂放在廁所一角。不久，適逢農曆四月八日，是浴佛節，孫皓要上廁所，笑對佛像說：「今日恭逢浴佛節，朕也好好為你沐浴一番吧！」說罷就對準佛像金身，痛快地灑尿，誰料事後下身紅腫，局部腫大疼痛、號叫不已，四處燒香拜佛，全然無效，直到侍女勸諫，把佛像請出，親自以香湯清洗乾淨，跪在床上哀哀懺悔告罪，腫痛居然慢慢痊癒。王者至尊，如此輕薄不恭，實在可恥荒唐可笑。又有一回，他令宮妃裸裎豔舞相陪，通宵達旦，大宴群臣，這也罷了，這是帝王的特權。當時宰相不勝酒力，推卻酣飲。孫皓命令衛士數人，合力制住宰相，擘開他嘴巴，大量灌下烈酒，當下昏迷不醒，眾人哈哈笑樂。第二天酒醒，宰相愧為人臣，羞愧自殺身亡。亡國昏君，就是這般嘴臉模樣，史鑑斑斑，可為本章註腳。

四、物必自腐而後蟲食之，人必自侮而後人侮之。任何物件，生物肉身，如果不是自己先腐敗，蟲也不會去啃蝕他們；為人如果不先自輕自棄，也就不會招來外人的輕辱。

五、倉頡造文字，天雨粟，鬼神夜哭。倉頡造文字，在文化上，是大大、大大的事情，所以歷史上有這段記載。你相信嗎？喂！天上掉下穀米呢！鬼哭神號呢！千萬莫作如是想，史家文筆，字字珠璣，絕不輕發，那意思就是說：造文字實在太偉大了，簡直就是像天上掉下米粟，鬼神夜裡都在哭泣一樣。（鬼神為之夜哭，再也無所藏行了。）

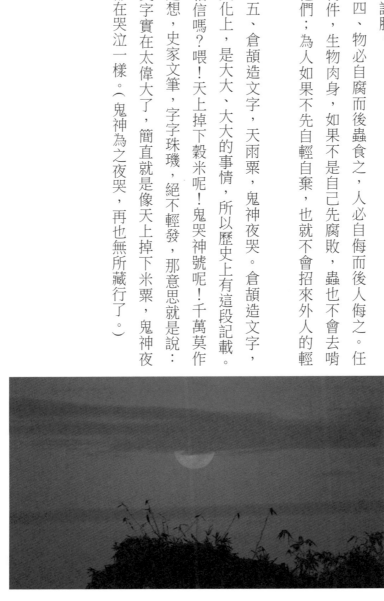

【第二十七章】

善言善行無轍讁，
善閉善計無鍵籌；
善結無繩誰能解？
善救人物為襲明。

傳襲明道

道德經偈言之二十七
善言善行無轍讁
善閉善計無鍵籌
善結無繩誰能解
善救人物為襲明
春雨軒鍾天送敬撰

【原文語譯】

慣行善事的人，無心讓人知道他的善行，所以絕少留下他行善的經過始末（好像行車經過，不留軌跡）；善於美言成全他人美事，或擅長不言而教的人，他總是時然後言，掌握適當時機，才說適當的話；或者以身作則，以身教代替言教，所以殊少言語缺失，讓人批評詬病。善於計算數字的人，可以不必借重計數的方便工具；善於保全固守門戶、保護自己或家人的人，很少假借栓梢、鐵門鋼鎖，別人也不容易撬開侵入他的門戶，洞察他的內在底細。善於管制約束人事者，何必利用有形的繩索、枷鎖、鐐銬，來使人就範。別人也無法脫離他的影響與無形的牽制。善於結繩的人，他不用真的繩子打結，別人又何從解開他無形、看不到的妙結呢？所謂至人、真人，天性樂於行善、救助他人，希望做到人盡其才，身邊沒有不可用的人才。他愛惜萬物，所以能做到物盡其用，身邊沒有器物、生物，會被拋棄、輕視。做到這種程度，可以說真正能承先啟後、傳襲古聖先覺的明德大道了！因此，能經常善行善言的人，自然便成為不知怎樣善行善言之人的導師。而不知善行善言的人，卻可以給能善行善言的人，獲得機會與資源。不要太貴重能當人導師，也不要得意他拙我巧，使我成聖成賢，巧獲機會與資源。雖然作聖作賢，聰明智巧過人，卻不會沉迷其中，機關算盡，好處盡得，這樣才能真正證入聖道之流，悟透最精最佳的萬妙之道。

◎【龍宮驪珠君試探】學海聯珠之二十七

一、聲名廣傳德外溢，春雨一來草萋萋；

盡出鋤具來修剪，鋤之未盡生過半。（語見《莊子雜篇》第四章外物）

人之有善言善行，也不宜刻意渲染，沽名釣譽，四外喧騰。人怕出名豬怕肥，盛名之下，必多牽拖麻煩。就像春雨一下，雜草叢生，萋萋蔓蔓。就算取出所有的鋤具來剷除，後面還沒剷完，前面又生出一大半了！

二、「有詩記頌儒盜墓，東方漸白事如何？裙襦未解口含珠，生不布施拿珠贖。」這也是一則很有趣的莊子寓言。

諷刺一些穿著儒服，但沒有儒行的讀書人，他們什麼事不好做？相約去偷挖墳墓，盜取死人陪葬的寶物。把風的說：「喂！老兄啊！東方漸白，天就要亮了！你的事辦得怎麼啦？」負責盜墓的回道：「再等一會兒啊！裙褲還沒脫下來，也不知藏有什麼寶物？嘴巴還銜有珠寶呢！」莊子嘆息道：「這死者也真是的，分明是活著的時候，捨不得布施財物行善，所以死後口含寶珠表示贖罪吧！」（這其實是在是諷刺許多儒者，談禮說樂、假仁假義，這禮樂仁義，均屬道德以外，多生出來的駢拇枝指，都是古人《死人》過時的玩意兒，時空已然改變，還能永遠適用嗎？不是像拿死人陪葬之物在現寶嗎？）這即是說：儒家思想深入民間，有它一定的價值與影響，但經過幾千年的考驗，有些不合時代潮流的地方，也可檢討改進，或讓它自然淘汰，不必食古不化，勉強要後人接受。

三、子曰：「人不知而不慍，不亦君子乎？」

意為：即使人家不知道你有才學，（亦可引伸為藝能優點，善言善行。）你也不會因此而生氣怨憤，這不是更能顯示出：你是一位名副其實有實才、實學，實德的君子嗎！

四、潑婦罵街，聞聲披靡，不能謂之「善言」；三姑六婆、談天說地，是人情之常，有時趣味十足。但如果隱善揚惡，便不是善言；電視論壇、名嘴發言，引經據典，滔滔不絕，有時義正辭嚴，使人敬佩應是善言。有的尖牙利嘴、鬼話連篇、侮辱聽眾；有的聽來頭頭是道，其實心懷叵測、動機不良，不公不義，令人惡心。不但不是善言，簡直可以說：惡言惡行、惡形惡狀，國人恥之。

《道德經》美言美行，如陳釀之沉香。

【第二十八章】

知雄守雌天下谿，
如嬰常德守不離；
知榮守辱返真樸，
知白守黑師無極。

不離常德

道德經偈言之二十八
知雄守雌天下谿
如嬰常德守不離
知榮守辱返真樸
知白守黑師無極
春雨軒鍾天送敬撰

【原文語譯】

有一種人，他有本事條件，可以志圖雄滿，奮發有為。但寧願安守雌柔，謙和忍讓。這種人，可以自處低下，容忍一切，如小澗小河，讓眾水流注。他的真常道德，永遠不離於身，居常存心，一如初生嬰兒之純真未鑿，毫無機心與遠慮。有一種人，他明知什麼叫做光明清白，足以讓天下人欣羨，當作模式，他卻自甘黯淡，與天下人和光同塵，不嫌他人庸俗。他的真常道德，永不生變，可以從有極進到太極，復歸最原始，最完美的無極境界。有一種人，他明知尊榮的地位與禮遇，多麼受歡迎、崇拜，他卻寧願退居不受尊崇的處境身分，不惜被世俗誤會、輕辱，這種人虛懷若谷，能包容天地。可說是常德完全充足，歸真返璞，可成真人、至人（不是假仁假義假君子的天王或偶像、聖人）。以上三種人都登真樸的境界。等而下之、退一層次的，才是可堪重用的良材良器，聖王賢侯可以起用他們為百官的首長，幫忙治國安民。真正的至人、真人，他們的道德智慧，已達天人合一的地步，遠非良才、良器，聖王、賢侯可比。本章的主旨是在鼓勵世人，不要以做為良材、良器，可以爭逐世間榮華而自滿自足。良材、良器，只堪一偏之用、一器只一用，與妙用無方之全樸天道、天德，截然不能相比。應該迴小向大，努力上窺天道、不離常德。這也是筆者辛苦編寫《老子，復活了》的良苦用心。

◎【龍宮驪珠君試探】學海聯珠之二十八

一、君子不器。有一天，孔夫子連連讚美了好幾個好學生，就是沒有提到子貢。子貢心毛毛、牙癢癢地衝口便問道：「老師！那我怎麼樣呢？」孔子回答：「你啊！是個良器。」

子貢聽了很高興地追問：「老師！能不能說詳細一點，是哪一種良器？」孔子解釋道：「就是宗廟大祭的時候，供桌上必須擺置的，瑚啦！璉啦、簠啦！之類的寶器。」子貢聽了！想到老師把他比作那些上面嵌有珠玉、金光燦爛的寶器（瑚璉），一時又興奮，又感激！一副躊躇滿志的樣子。可是，孔子卻說：「君子不器。士君子不能成為只供固定使用的器具，能盛裝什麼，也就只能裝什麼，應該要做一個才德兼備，無入而不自得的超絕人物才是。」

子貢一聽，恍然若失，如潑冷水，不免失望慚愧，這也刺激他努力奮進，更上層樓。他又善於經商，出門隨車總在五十輛以上，所到之處與各國國王分庭抗禮，有些還讚美他比孔子還有學問。子貢連忙辯解說：「不，我啊！門兒都沒有。你們看到的我，就像一座宏巍的宮殿外觀，夫子的學問，是宮廷內的宮室、畫棟雕梁，其內在之尊榮優美，學養門牆之高，像天階一樣，難以攀登。」子貢謙沖自牧，富而多禮的風範，千載之下，依然令人悠然神往。

二、「渾沌」（莊子寓言）。古時候，中國南海有一位帝王，名叫「儵」，北海有一個帝王名叫「忽」，他們都很聰明有為，武勇矯健。而當時位於中央的帝王，名叫「渾沌」，他生性純樸厚道，奇怪就是沒有眼耳鼻口等七竅，日子卻過得極為優遊快樂。儵和忽經常到渾沌的地方，盤桓遊樂。渾沌對待他們，非常禮遇周到。兩人感謝渾沌的厚意，無以為報。便相約幫渾沌開竅（等於今天流行的整容術），每天給他鑿開一個竅，七天以後渾沌便死了！先前，渾沌就是守其「雌」、「黑」、「辱」，所以渾然快樂，儵和忽就是守其「雄」、「榮」、「白」，所以把渾沌給害死了！莊子可說是善言的人了。我們歷來的元首哪個是「儵」、「忽」？哪個是「渾沌」呢？

三、莊子又一寓言：有一天，莊子行走在山中，見一株參天大樹，枝繁葉茂。伐木工人停在一旁，看也不看一眼。莊子問他：「先生為何不伐此樹？」伐木工人說：「這棵樹，不是什麼好料子，一點用處也沒有。」莊子於是領悟到：這棵樹就是不符合社會上選用的標準，「雄」、「榮」、「白」。它之所以能存活至今，完全因為守其「雌」、「黑」、「辱」。

【另類存思】（廈門之行）

其一、行腳廈門首一遭，日近黃昏路迢迢；
五里砲台向東海，無明野火暗暗燒。

其二、五里砲台風波連，鼓浪嶼前浪花掀；
古人來者失交臂，為全視野登嶼巔。

其三、廈門飛往武夷山，六人同行心六般；
安心之道千萬種，不急安心心始安。

其四、了知人生無奈何，坦然樂對心平和；
時不我與書空咄，英雄不免淚蹉跎。

春雨軒主人　鍾天送　敬賦

廈門之行，同行有春森偕友、春雄賢伉儷及筆者、雪枝，共六人。

【第二十九章】

聖人去泰去甚奢，
行隨喣吹或載隳；
為者執之敗隨之，
強取天下哪可師。

自然・去甚！

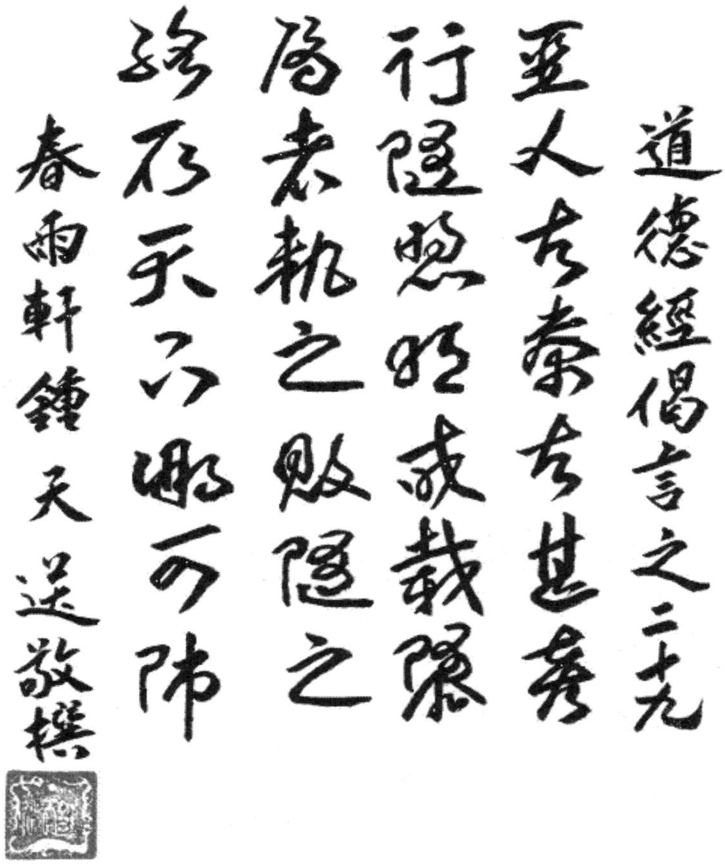
道德經偈言之二十九
聖人去泰去甚奢
行隨喣吹或載隳
為者執之敗隨之
強取天下哪可師
春雨軒鍾天送敬撰

【原文語譯】

想要以強取、巧奪、有為的方式，占有天下。依老子之見，是無法如願得逞的。天下，就像神聖貴重的寶物那樣，要很有功德福報的人，才能享有保存。絕不能靠強取豪奪而占為己有。強取豪奪者，必遭失敗；堅執霸占者，難逃得而復失之命運。所以世上人情，在恃強爭奪、你死我活的過程中，赤裸裸地呈現在國人前面，穿著國王的新衣，不以赤裸為恥。有人同他競爭搶先，爭鬥不息；也有人樂意追隨，鞠躬盡瘁，甘效犬馬之勞；有人給他噓寒問暖；有人對他雪上加霜，恨不得置他於死地；有人助長他強盛壯大；有人挖他牆腳，讓他氣勢損喪；有人扶他、助他、承載他，讓他青雲直上；有人攻擊他、設計他，要他敗亡覆滅。所以至人、真人，他放棄偏走極端、沒有彈性的為人作風；放棄奢侈浮華的生活模式；放棄堅執求滿、苛求過度的施政或行為態度。

◎【龍宮驪珠君試探】學海聯珠之二十九

一、本章所敘，簡直把今日的世界，我們的社會複雜情狀，解析得淋漓盡致，巨細靡遺。真可以稱他為「神鬼哲學家」，說他是真人、至人，當之無愧。當前的世界，因不同的政治主張、主義理念，分成不同的世界、社會，為爭奪生活空間而爭強鬥狠，哪有停息的一天？過去的美蘇對抗；武器競賽、兩岸矛盾；兩伊戰爭、台海風雲，國與國之間如此，各國之內也是一樣。為爭奪權位，有的內戰頻仍，有的選戰衝突，文攻武嚇、黑白對立、藍綠廝殺；悲情不斷、仇恨糾結，觸目驚心。不禁令人想到孟子說的話「率獸食人，人與人相食。」（不是講真的食人，是講許多不該發生在人類身上的暴行）計將安出？是希望所有的宗教宗師，不要徒然在表面儀式上作功夫，而是要真真實實讓信眾瞭解經意；按了義經修行及做人，特別是在因果及輪迴上用心講解，嚴肅說明。不要因為政經供養而嘴軟，或和稀泥，變成宗教也在空轉，蒼生何辜？更要影響政治人物、社會賢達，發揮佛家慈悲喜捨的心腸；擁有道家的曠達心胸，藉著高靈的暗中護持引導，天父、基督的垂愛，再加上社會上有志之士的智慧影響，自發永續的努力，才能慢慢移風易俗，撥亂反正，使世界、國家、人類蒙受高度文明帶來的福利，而不是受到高明科技帶來的負面危害。

二、「甚」，就是過分、過頭、過火的意思，凡是自自然然最好。放棄做過分的事情，就是「去甚」。像夏桀、商紂、新莽、東吳孫皓，就是太過分了！

三、兩則「去甚」的史實

其一、《莊子讓王篇》屠羊說（悅）。屠羊說，殺羊賣羊的屠夫。吳王伐楚，楚國敗亡，楚昭王出走到隨國，一路上衣食住行，全由屠羊說打點照顧，昭王復國後，最感激他。一定要給他官做，屠羊說道：「楚國敗亡，非我之錯；楚能復國，也不是我的功勞。我照顧國王是私事，國王要封官，是國家大事。我只會殺羊賣羊肉，我做官能做什麼呢！我為什麼要害國王蒙受濫行封賞的臭名呢！」始終堅決、拒絕作官。

其二、我早年崇儒，所以對近代史上赫赫有名的曾國藩特別崇敬。他是中國最後的儒者，其他人都不是，我也不是。我現在更崇敬他，因為他表面是儒家，事實上他深得老莊的精髓。清朝中興名臣，他首居第一，用人唯才，內舉不避親，外舉不避仇。他用胡林翼、左宗棠、李鴻章，精準成功。太平天國之亂他重用弟弟曾國荃，苦戰幾個月，幾乎剩下皮包骨，臉肉全部下陷，打到南京城崩塌，才攻下南京城。洪秀全，城陷前一天，上弔自殺，忠王李秀成身縛洪秀全兒子，浴血突圍，奮勇作戰，東奔西突，不幸寡不敵眾，兵敗被縛，曾國荃臉紅耳赤，咬牙切齒，對李秀成破口大罵，拿起鐵鑽，往李秀成大腿猛刺、猛刺、再三猛刺，一時血流如注。李秀成面不改色，笑對曾國荃說：「何必如此呢！你我也不過各為其主罷了！」曾國藩在旁邊看不過去，連忙說：「老九！（曾國荃排行第九）千萬不要這樣！」曾國荃才停止繼續猛刺的動作。

【續武夷山之行】

廈門、武夷山之旅六人同行心六般，不知各個在想什麼？

其一

一飛沖天武夷行，鷺江珠田一埕埕；
行雲底下機影現，水盡山窮續鵬程。

其二

萬水飛過越千山，浮雲遊子共流連；
江山如畫話江山，九霄雲外我參禪。（飛機上打坐）

其三

九曲彎流飄竹筏，仙師度我遠榮華；
武夷勝景另眼看，心心繫念法王家。（法王即佛之代稱）

其四

住宿酒家號玉女，客家風味圓樓居；
桃竹疏落青草地，風雨晴陽都美麗。

其五

彭祖有子名武夷，模擬黃山造化奇；（有小黃山之譽）
一線通天步步險，偉哉人間宋朱熹。（朱熹曾講學於此）

其六

天梯難登手攀爬，步步驚魂臨斷崖；
長嘯一聲四谷應，博取一笑古仙家。（傳說武夷多仙人）

其七

展望前程哪可期？此去南平心遊疑；
可喜清晨秋尚好，送我輕舟離武夷。

其八

閩北之美何勝收？化城華樓新建甌；

群山環抱小盆地，彎流點點是漁舟。

其九

重陽溪流閩江頭，溪中處處有浮洲；

水明山清人樸素，忙建新居遠哀愁。（新款現代屋舍）

其十

平湖一路到建甌，重陽溪水慢慢流；

兩岸青山不言語，默對人間萬古愁。

春雨軒主人　鍾天送　敬賦

【第三十章】不道乃衰

善者致果莫取強，
大兵之後來凶年；
師之所至荊棘生，
兵強天下事好還。

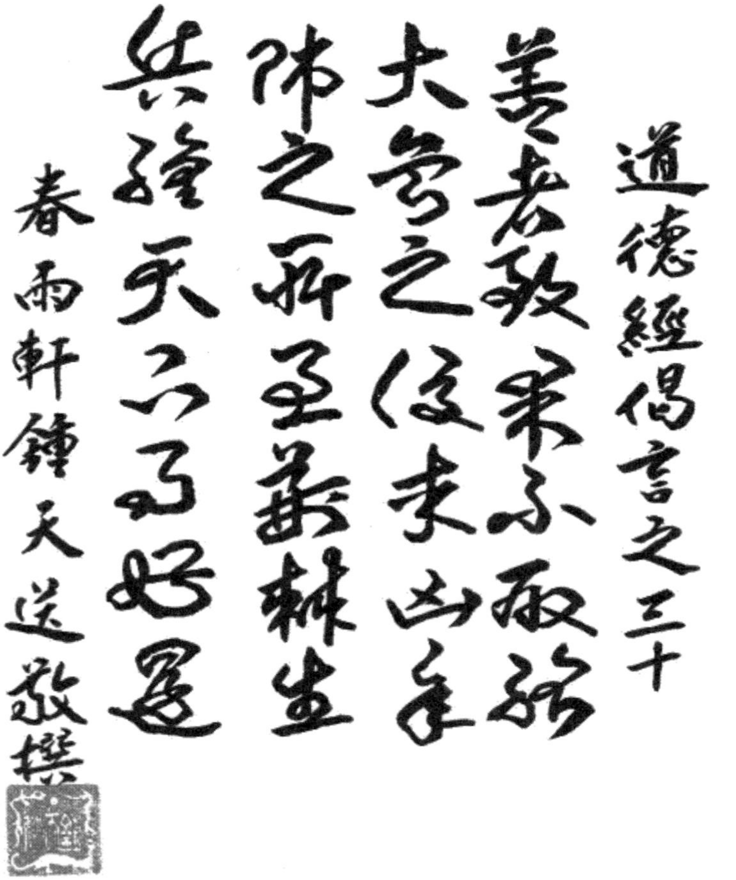
道德經偈言之三十
善者致果莫取強
大兵之後來凶年
師之所至荊棘生
兵強天下事好還
春雨軒鍾天送敬撰

【原文語譯】

善用「真常大道」輔政的良臣武將，一定不會鼓勵當道窮兵黷武，動用優勢武力，任意挑起戰爭。不是助長仇恨，引起報復，便是帶來不測的報應。兵威所至，城市淪為廢墟，人民流離失所，荒草叢生，荊棘遍地，災荒連年，不知要多少年才能復興重建。善於用兵者，兵不血刃，講求效果，不戰便能屈人之兵。有時為了保家衛國，救民於水火，不得不用兵，也是以「止戈」為目的，以戰迫和，目的達到，馬上偃兵息鼓，整頓文治，與民休息，不敢事事逞強，輕動干戈。克敵致果，情非得已，萬萬不可誇耀戰力、戰功、戰果，躍武揚威，炫耀雄強。大凡天地萬物，人情世態，總是壯盛之後，必趨衰老。恃強出兵，爭戰不止，是不合天道的事。狂風暴雨，尚且不會連朝連夕，連續幾天，不合天道的凶險兵事，又哪能持久不衰呢？（不僅出兵打仗如此，要人民長久仇恨別國也是一樣。）

◎【龍宮驪珠君試探】學海聯珠之三十

一、古代的近東，波斯灣一帶，幼發拉底河、與底格里斯河之間的地區，古巴比倫帝國所在，和非洲埃及相接相連。閃族與印歐民族，在此纏鬥不休、起起落落，兵連禍結；直到現在，以色列與巴勒斯坦、美英與伊拉克、兩伊之間，近年來，也是烽火連天，紛爭不息，是不是以兵強天下，其事好還？會不會戰爭與仇恨，也像佛教所謂的輪迴一樣，如果不能在當下、當代和平落幕解決，便要世世代代，輪迴下去，仇恨下去，兩敗雙輸，誰是贏家？兩岸問題，本土非本土的問題，是不是也是一樣呢？令人憂心啊！

二、以美國、蘇聯之精進科技、軍事武力超強，仍然不得不從越南、阿富汗撤軍。死者白死，傷又何辜？日本侵華，中國內戰，動輒死亡百萬、千萬，事後回顧，都是野心家一念之差，權力、武力，膨脹過度，引發衝突的結果。可憐戰爭一起，戰士路死路埋，溝死溝葬，無定河邊的枯骨，都是春閨夢裡的情人。死則死矣！意義何在？本章有合理解答。

三、「鐵血宰相」俾斯麥，是德意志人的民族英雄，為了德國人民的生存與統一，不得不發動三次戰爭，承天眷助，都能如願戰勝。從那以後，便急流勇退、偃兵息武、改弦易轍，振興工商，提高人民生活水準，使德國躍居世界強國之林，名垂千古。反之，希特勒崛起，行險倖進，建立空前強大的德意志帝國，成為德人心目之英雄偶像，但是雄圖志滿東侵西掠，肆無忌憚，視天下人如牲畜，最後落得戰敗自焚的悲慘下場。兩者差異何在？令人深思，老子有標準答案。是不是有道乃興，不道乃衰？

四、周朝未統一天下前，密國無端侵犯阮國，文王一怒整頓兵馬，阻擋了密國的侵略，也增厚了岐周的福祉。孟子讚為「這是周文王的大勇」；商紂暴虐無道、穢亂宮廷、百姓如投水火。武王認為是國家之恥，一怒而率軍攻滅商紂。弔民伐罪，安定天下，奠定了八百多年的周室江山。孟子讚為：「這是周武王的大勇」。（見《孟子》梁惠王篇）

【海角天涯走一回】

一、二〇〇六年，六月十五日，麗揚董事長王長富先生招待到福清參加十年廠慶。（十點十分七四七，昂首直入白雲裏；目標福州往福清，途經香港忙轉機。）

二、香港飄雨福州晴，下機急急趨福清；物去人非緣已斷，何必嘆息舊孤影。

三、六月十六日，台商王銘文董事長，派車接我到泉州，車程兩百多公里。

何時何地我心安，欲往泉州經惠安；北管南音怎分別？天福品茗始了然。

台灣天仁茶行，在大陸改為天福茶行，銘文先生飯後攜我及雪枝到茶行品茗。席間談到泉州有名的南音（南管），我隨機問他南音、北管，怎樣區別？他答：「北管使用樂器，多為管簫；南音使用樂器，多為大鑼、嗩吶等如台灣之八音。」他懇邀我留宿一天兩夜，觀賞南音擂台比賽，可惜我行程早訂，有違厚意，非常抱歉。

四、六月十六日，在泉州。遊清真寺、文武廟。（清真寺在文武旁，穆斯林廟歷盡滄桑；銘文一一詳道始末，惠安美女石雕像。）三義以木雕成名，惠安卻以石雕與美女著稱。回教清真寺、與孔廟、關廟並排而立，足證泉州人大肚能容，不排斥外人及外來文化。台商在此，因為語言一樣，非常容易打成一片。台語、台灣人的原鄉，就是泉州。奇怪！很多台灣人卻數典忘祖，視原鄉中國人為寇讎。這是哪門子的邏輯？政治人物這樣顛倒錯亂，顛倒是非，這樣領導人民，可憐的百姓，情何以堪呢？看著泉州街上，整排林列的阿拉伯式的店面建築，我為台灣人感到悲哀！

五、六月十七日，麗揚公司、高登達休閒運動服裝公司十年大慶登場。

其一、長富事業仰堅強，高登達道品牌香；十有一年成大願，進軍世界達殊方。（王長富先生，是我忘年之交，情如兄弟。他在福清有三家大規模成衣公司，窮苦出身與我相同，都是台灣人。只是他是河洛人，我是客家人，怎麼樣？有差別、有問題嗎？）

其二、十周年廠慶高歌一曲千眾前，王總有獎猜我年；舉手約說五十許，也有猜成四十邊。如許少壯已過去，縱是謊言也歡顏；獎金可惜無得主，女輩粉絲圍四邊。（這是趣味，不是吹牛。這場廠慶，精彩極了！俊男美女，載歌載舞，服裝表演，穿著都是公司產品，不輸電視表演，都由小喆編導。小喆，正當妙齡，大學藝術系畢業女生，愛穿迷彩軍裝。迷死人了！王總也要我上台致詞，並高歌一曲。還懸賞四百人民幣、讓員工猜我年齡，都猜得太年輕。沒人得獎。）

六、六月十八日，王總真的很忙，他抛不開身邊日理萬機的事物，富宇、麗揚、高登達，三廠決策，都要他裁決，不得已，他只好叫小馬陪我、雪枝、秀明，四人上武夷山。可是，看他的臉色，也知道不是很滿意，劉總經裡聽到，抗議說：不行，王董怎麼可不去？五夷山，我爬過十七次，鍾先生來，我跟小賈（特戰隊退伍）理應帶隊當地陪，小喆也一起去。事情就這樣敲定，我的天涯遊旅，忽然又豐富、精彩起來了！

無人之境

【第三十一章】

佳兵不祥道不處，
君子貴左用兵右；
勝而美之樂殺人，
樂殺不可得天下。

有道貴左

道德經偈言之三十一
佳兵不祥道不處
君子貴左用兵右
勝而美之樂殺人
樂殺不可得天下
春雨軒鍾天送敬撰

【原文語譯】

精良、銳利、殺傷力強的兵器，像古代的刀劍、弓矢等等十八般武器，或現代的新型戰機、戰艦、火箭、飛彈，甚至於生化、核能武器，都是凶險（不祥之物）。人情都深深害怕、厭惡它們，所以有道德的人，都要永遠記住：萬萬不可輕易動用它們。按照中國古代的說法，「左方」代表光明有生氣的「陽面」，「右方」則代表凶喪有殺氣的「陰面」。兵器，是不祥的東西，不是君子樂意使用的器物。萬不得已而使用它們，內心也會覺得很凝重感傷冷淡。憑它們克敵致勝，不足稱美。若當它為美樂之事，等於以殺人為樂，以殺人為樂想擁有天下，絕難如願以償，就算得償，報應更大。是以，中國人在辦理喜慶好事的時候，視左方為尊貴之位；如辦理凶喪不吉的事時，把右方當上位。這不是秩序顛倒，這是軍中禮儀，和世俗辦理喪葬事務同等看待。上將帶兵多，殺人也越多，死人越多，其事越慘。所以當喪事看待，應居右位。因此偏將列居左位，便可以理解。一場大戰下來，生靈塗炭，勝利者怎能得意洋洋？所以慶祝勝利，反而要以處理喪禮的方式禮儀來進行。

◎【龍宮驪珠君試探】學海聯珠之三十一

一、陰，通常指低窪、陰暗、不明的所在。例如：暗計傷害人叫做「陰謀」；陽光照不到之處叫「陰暗」；女性性器稱為「陰器」。八卦的「陰」卦，以（⚋）一條實線中間有斷缺，來代表天地的「地」或陰性的女人；縱然是男人，做人做事鬼祟、陰謀陷害人，也會被稱為「陰人」；人死後進入黑暗地府，稱「陰間」；烏雲遮日，叫「陰天」；月亮不能如太陽一般獨自發光，便稱為「太陰」。人生在世，未能修練悟道，被五陰（五蘊）所迷，不能照見（五蘊皆空）。有一段時間，徘徊在今生與來世之間的幽冥地帶，稱之為「中陰身」；準備再歷一段生死輪迴，通常我們都不忍心稱呼他（她）們為「鬼」。而形式上埋葬或存放骨灰缸的小型陵墓，便稱為「陰宅」。

二、陽，一切凸顯光明、吉祥之人、事、物，都以「陽」稱之、喻之。日，便是「太陽」；日光，叫「陽光」；活著的世間，叫「陽間」；男性的性器，稱「陽器」；知陰向陽，負陰抱陽，妙解陰陽，便是達道之士。像呂洞賓、悟道了，就號稱「呂純陽」；何仙姑，得道成仙，雖為女子，也稱為「何一陽」，不能稱她為「何一陰」。我們的住家，無論住在裏面的人，是男是女，都叫「陽宅」，不叫做「陰宅」。八卦中的「陽」卦，用一條實線（—）中間相連沒有斷缺，代表天地的「天」，或陽性的男人。

三、七月七日，有一位美麗的女性新聞播報員說：「戀愛中的男女，最好不要去指南宮參拜，參拜之後，便會拆散分手。原因是孚佑帝君呂洞賓，當初追求何仙姑不成，所以嫉妒別人雙雙對對、相親相愛，常常蓄意拆散熱戀中的情侶。」真是胡說八道，知之為知之，不知為不知。不知道的事情，隨便亂報，就是當今媒體人的通病。我建議那位美麗小姐到大書店，翻翻「呂祖全書」，便知錯得多厲害。「春山花草陽明地，淡水如帶環抱裏；渡海駐此結瑞氣，指南宮裏孚佑帝。」指南宮，為何不指東、指西、或指北？「南」，是指「終南山」，呂祖得道後，棲隱終南山，曾在木柵現址，顯示聖靈、集結瑞氣，才有指南宮之建立。但凡考生學子考前，都喜歡到此參拜，祈求好運，野史傳言，他也是文曲星轉世。至少他是進士出身，唐詩中就錄有他的詩幾百首。因為涉及神仙之說，士林都視為迷信，隱密不傳。他和何仙姑是精神上的道友，儷影雙雙，那裡需要追求？參拜指南宮而使情人賦離分散，干呂祖何事？廟宇香火鼎盛之地，五行火旺所在，農曆四、五、六、九月生人，正是五行火旺，本來就不適合長時到南方或駐足廟宇，再加上運途未佳，流年不利，男女因此分離。跟指南宮、廟宇、神明，有何關聯？

四、過去美蘇對峙，海陸空各擁佳兵（精良、高科技、至精至密的強大殺傷力武器），互相角力競賽不已，最後以談判裁減軍隊、銷毀飛彈數量落幕，前此開銷，豈非浪費？蘇聯還落得經濟衰退、國力減弱，國家因此解體，蘇維埃政府、在歷史的洪流中除名。證明：飄風不終朝，驟雨不終日；「佳兵」確是不祥之物。其間美國恃強陳兵越南；蘇聯悍然用兵阿富汗，勇則勇矣！也都鎩羽而歸。在在證明老子之智慧高明驚人。

五、一九九〇年，民國七十九年，是我畢生第n次的慘淡歲月，落難的日子。我跟我妻及四個還在就學的女兒商量，決定離開我任教的高中。女兒們錯愕中也顯示堅強的臉色。我妻潸然淚下，從此每個月要失去六萬元左右的薪水收入，同時也失去四年後唾手可得的五百多萬退休金。阿晶、阿仁、阿凡，都還在上大學，馬上面臨要繳納九萬多元的註冊費。（這可不是楊宗保被三十萬大軍包圍的歷史故事）而我儲蓄簿只剩下四萬多元的存款。怎麼辦？自作自受！還能怎麼辦？只有接受現實而已。外面在紛紛耳語：這位老師「頭殼」有問題。雪枝娘家紛傳我跟上司有矛盾；跟同事相處也不和。我忽然失去了從來一向戴有「模範教師」「模範男生」的光環。我懷疑，也有一點失憶，那段時光我是否還有歡笑？是否依然幽默？九萬多元的註冊費，接下來的日子怎麼過？失去我畢生最愛的教育工作，再也沒有天下可愛的英才，相聚一堂，弦歌不斷。日子過得比開水還淡，太陽底下看不到半點新鮮的事。每往日課堂上、校園裏、河岸邊，師生相得相悅的回憶，如過往雲煙，像前生上輩子的事。每天閒著，看貓狗打架。就這樣！就這樣！永別了！我專長的國文、歷史的教學工作，揮一揮手，沒帶走一片雲彩。沒有退休金、沒有退職金。這年的冬天去得快，立春比往年來得早。離開教壇兩個月後，發生兩件事，前途亮出一點微微的曙光。一是學生月娥小姐，一直拜託我教作文班。條件很好，她招生、我教學，錢，兩人平分。二是美國喬治亞州、亞特蘭大市、享譽美東十三州十六年的萬國超市，老闆娘陳蘭美小姐，銘傳畢業，慕名我對易經研究有心得，有意高薪禮聘我到她超市服務。底薪每月台幣八萬元（十七年前），如有超過，兩人平分。看到這裏，親愛的讀者！一定會為我鬆了口氣。錯了，這其實是另外新的災難的開始。

讀者如不嫌麻煩，筆者樂意為諸君再續貂尾。

【另類存思】

楞嚴神變，蓮苞初綻，東方微白。雞鳴音聲漸杳。

心如琉璃，性天初交。從此迴脫根塵泥汙；從此情離牽絆束縛。

心光所洩，十方大千照澈。山河大地，應念化成知覺。

華藏清淨世界，就這樣一一顯露。凝露流珠，甘雨輕注，怎樣個清淨和合？至此渾成氣候。您瞧她！

擎舉如蓋，歡承清風雨露；

您瞧她！

輕盈自在，不讓黃英翠竹。

更向何處尋取智慧？解悟當時如如。

出發是緣起，交通成聯繫，歸宿是破碎？還是圓寂？造化魔棒揚起！美妙音樂飄起；

空間都是旋律。驚奇、美麗、甜蜜？

時間劃下回憶。歡聚、別離，再歡聚、又別離！生命存在何種意義？

笑語、嘆息、失意、用何填滿人生旅遊的行李？

於是乎星位暗中日日推移；

於是乎熟悉逐漸淡忘離去；

我早非妳過去眼中的我；

妳也不復是往日我心中的妳。

【第三十二章】

常無天下不敢臣，
侯王能守萬物賓；
天地相合降甘露，
人莫之令而自均。

始制知止

道德經偈言之三十二
常無天下不敢臣
侯王能守萬物賓
天地相合降甘露
人莫之令而自均
春雨軒 鍾天送敬撰

【原文語譯】

「大道」，真常不變，無形質可見，可稱呼祂為「樸」。樸，是未經穿鑿破壞的美質良材，本章用來比喻原始天真、本自具足的大道玄德。「樸」、「大道」，可以說祂小、小到肉眼完全不能見；也可說祂大、大到絕思絕議、不可思議。所以天下再廣再大，也沒有什麼人、物、權、能、威勢，可以支配祂、或使祂臣服。諸侯、帝王，如果能遵循參考這個大道來治國施政，萬物都會自動自發得向祂歸順賓服。天地之間，陰氣和陽氣一交接（常人說成天雷勾動地火），便雷雨交加，降下雨水甘霖，滋養萬物。不需要人力去左右、支配、指令、調度、推波助瀾，就自自然然，分布均勻，風調雨順，使天下國家為之和和泰泰，人民因此安居樂業。成為一個國家，為了方便管理政事，必須制器利用，制禮作樂，創設許多名目。像百官組織職司、法律、制度，但也要夠用即好、適可即止。以免多事擾民，引起更多紛爭。避免物極必反，反速亂亡。遵守大道的精神，來治國施政，做人、行事，自然會風行草偃，眾望所歸。就像先有川澗深谷、收納眾多細小水流，才能匯成大江大海。

◎【龍宮驪珠君試探】學海聯珠之三十二

一、書經上說：「如果能對父母孝敬；對兄弟友愛，一家必然和順安樂，再能把這孝悌的精神，推行到國家施政上去，一定能齊家、治國，甚至於讓天下太平。」（語見《論語》為政篇）

二、漢朝文帝、景帝，不講究雄才大略，沒野心四向征伐，嚮往老子無為而治的思想、觀念、治國精神，恭儉無為，與民同樂，與民休息。所以國泰民安，締造了史上有名的「文景之治」。

三、唐朝從太宗貞觀年間，到開元初期，精簡制度，實行「租庸調法」納稅、服役、調布，都比前幾朝減輕四分之一到一半，這叫做「輕傜薄賦」，讓人民有能力置產，安居樂業，締造了「貞觀之治」、「開元之治」，兩個盛世。杜甫有詩為證：「憶昔開元全盛日，小邑猶藏萬室室；稻米流脂粟米白，公私倉廩俱豐實。」這就是老子說的：「名亦既有，夫亦將知止。」

四、「宓子賤治單父」，宓子賤，孔子的學生，比子貢年輕十八歲，夫子卻經常讚美他的德行和智慧。宓子賤曾擔任魯國單父縣的縣長，他每天經常在堂上彈琴作樂，絕少出外巡視，或嚴格監督各部門單位的政事，單父縣居然井然有序，政通人和。前任縣長巫馬期，每天早上，大清早出門上班，星星都還掛在天上，晚上做到滿天星斗都出來了！才下班。一干部屬也因此忙得像走馬燈一樣，單父還是沒有能夠治好。為此，巫馬期也曾經請教過子賤：「到底秘訣何在?」子賤回答道：「這其實也沒有什麼?我只是平日廣結善緣，多親近君子，其中我以父禮相待的，就有三位；以兄長看待的，就有五位；當朋友結交的，有十二位；當老師尊敬的有一位。我非常禮敬他們，居常向他們虛心求教；接納他們的高見。提拔重用人，分層負責，信賴他們。驗收他們努力的成果就行了。」子賤就這樣知人善任，留下「鳴琴不下堂，而單父大治」的美名，連孔子也不禁讚嘆他說：「君子哉！若人（這個人）」

【賞析交流】

各位親愛的網友！謝謝觀閱《老子蠡測》的部落格，我希望大家先看「譯解」，這是我生平心血結晶。這是整本老子《道德經》的全文意譯，用黃金比喻（不是黃金、只是比喻）成色十足，毋庸置疑。今日不解，來日方知。如能耐心看下去，向各位道賀！未來好處妙不可言，不是我的關係，是老子《道德經》的真理之故。「譯解」看完，再看「原文大意」，「原文大意」看完，再看原文。坊間書店老子的書很多，買一本和筆者「譯解」相對研讀，必有收穫。其他「另類存思」、「龍宮驪珠君試探」，只是像坐上飛機一樣，我送給讀者的點心而已。水準不怎麼樣，不成敬意。老子《道德經》真的很深很澀，但是其中真理，會讓人受用無窮，老子同莊子是一玄，易經是一玄，佛經是一玄，共號「三玄」，你知道嗎？在翻閱這個部落格的時候，不是與我相逢，是與「三玄」邂逅，希望不要只是擦身而過。「斯斯」有兩種，《道德經》有千千種，歡迎因緣巧合，遭遇了這 SOME THING SPECIAL 的一種。

【續海角天涯走一回】

「大道直如髮」，駕車馳騁在這新建的高速公路上，小馬哥面有得色，我套問他夫妻的感情，它毫不遲疑地細訴與往日是同學、也是愛人，共譜的戀曲。聲聲都在告訴我們，海枯石爛，他依然愛戀他的妻子。生有一對雙胞胎的女兒、還有一個讀初中的兒子。父母都是龍岩的客家人。被這幸福氛圍的影響，秀明與娃娃不禁輕聲哼起她們共同熟悉的流行歌曲。我卻想起古代的宋詞：「古道、西風、瘦馬；小橋、流水、人家，夕陽西下，斷腸人在天涯。」

「喂！你有沒有搞錯？」我問自己：「車到南平（外號小重慶），確實太陽逐漸西下，夜幕將臨。這是在高速公路上，哪來古道、西風、瘦馬？（小馬）倒有一匹，外面南風在吹拂，裏面是空調的冷氣氤氳。右側閩江上游的溪水，緩緩漂流著，閩清河岸的金白沙灘，依稀在望，南平就快到了！南平是6633的故鄉，到了南平，我們就要向右拐入國道，乘夜直奔武夷山。估計應該還要三個半鐘頭，我乘便補充介紹6633，他身高一七八公分，爸爸到他兩代人，都是國術專家，他姓劉名寶雲，長得肯定比劉德華漂亮，可以說帥勁十足。奇怪的是：小喆這姑娘，斯文秀氣的，跟她主修的藝術設計很相符。可是你相信嗎？她選修三年，學什麼你知道嗎？「搏擊！」

【插播】

剛剛看到一則新聞。某一位政治家說：「我如果沒選上總統，台灣就會消失，不復存在！」你相信嗎？他有很多信眾，聽了作何感想？有多數好的台灣人，才有好的台灣。某一個人有沒有選上總統，跟台灣的前途，有什麼不得了的關係？政治人物的自我膨風就是全台灣致命之癌。有人對居禮夫人說：「如果沒有居禮夫人伉儷，世界上就沒有人發明雷射」，居禮夫人聽了說：「錯！我們沒有發明雷射，一定也會有他人發明雷射。」

【夜奔武夷山】

六月十八日下午五點過十分，麗揚公司寬闊的鐵門，從中間向兩旁打開，閩 H6633 前導，裏面坐有王總、小賈、著迷彩裝的小喆、劉總領軍坐司機位。閩 W1599 由小馬哥駕駛、裏面坐有王總、小賈、著迷彩裝的小喆、劉總領軍坐司機位。閩 W1599 由小馬哥駕駛、載著美麗的秀明、娃娃、雪枝和我，緊隨銜尾而出。駛向直通北京的高速公路。守衛行禮注目的影像還在我腦海中盤旋，6633已經在一百多公尺外急馳。駛上高速公路，他早就無影無蹤了！娃娃，今年台大法律系碩士班畢業，個子不高，左看右看，就像蔡依林，非常謙虛可愛。小馬哥是灌籃高手，但外型上完全看不出來，他冷靜得嚇人，駕駛技術一流的，坐他的車，我應該放一百個心?裏理兼王總貼身司機，忠心耿耿，誠實可靠，給我印象深刻。秀明歌喉像黃鶯一樣，我常以為是CD放出來的音樂。

【第三十三章】

知人者智自知明，
勝人者力自勝強；
知足者富有志行，
不知其所者久壽。

生命盡己

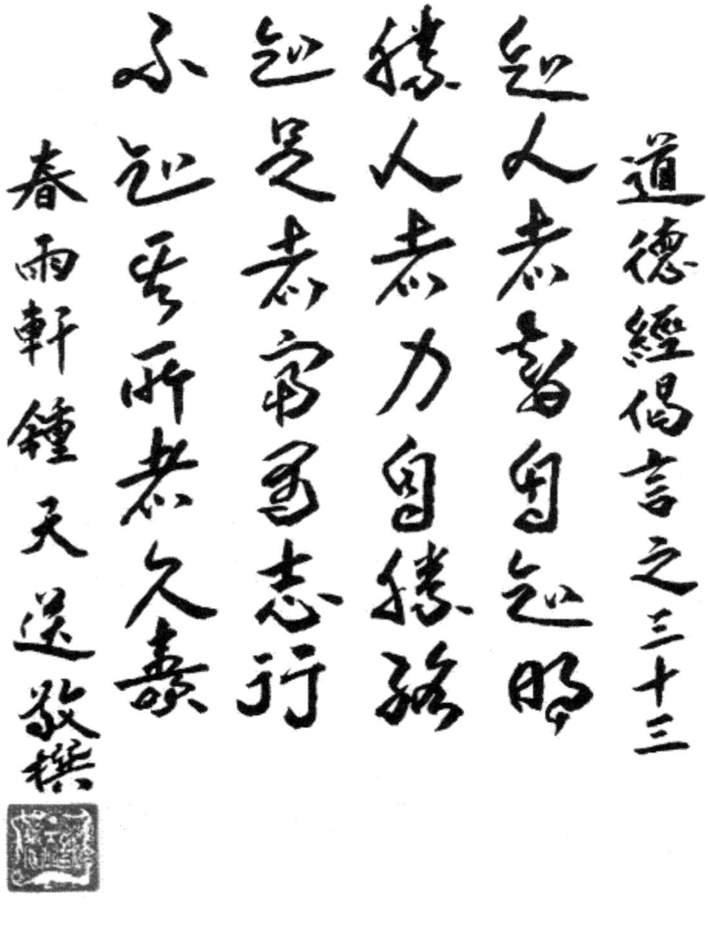
道德經偈言之三十三
知人者智自知明
勝人者力自勝強
知足者富有志行
不知其所者久壽
春雨軒 鍾天送敬撰

【原文語譯】

善於察言觀色，洞然了解各種不同形色的人，能察知甚至於預知他人的行為模式。具此本事、能力的人，可以說是一個智者了。能夠自我反省、了解，有自知之明；碰到問題，知道怎樣進退取從，量力而行的人，可以算是一個聰明的人了。能戰勝別人，當然算勇敢有力；能戰勝自己，更是果敢強毅。能拿捏得當、適時知足、不躐等倖進，堅定守成待時的人，當下便已富足。當行難行，還是暗中精進勤行，以求能行有所成的人，通常都是有志竟成的人。能進退有據，固守根本的人，作為造詣，越能持久躍進。生命形骸，雖然有時而盡，但卻能福慧雙修、功德法財以及所持以尊奉的大道，卻永生不朽。這種人才是真正長壽的人。（徒然活久，筆者從來不以為是長壽。）

◎【龍宮驪珠君試探（形而上部分）】【學海聯珠（形而下部分）】

一、有人問我解何宗？報道摩訶般若力。（永嘉大師《證道歌》）

【筆者譯解】有人問過我（永嘉大師），到底我通解那一宗門？我回答說：「我只通解做人要心量廣大、言行思想、有智慧相應，那就是大乘一乘正宗那就是因『戒』生『定』。因『定』生『慧』，『戒、定、慧』三學精勤，直破貪、嗔、癡，三毒的般若大智慧；不可思議的偉大解脫力。試問：善惡之徑誰引導？昏迷暗室誰為燈？生死之海誰為舟？煩惱之病誰來醫？意識型態誰喚醒？沃渴誰來賜甘露？這一連六問，人間聰辯無解答。是：般若大智慧、醒世大圓鏡、清淨清涼月、真空如來藏、佛頂首楞嚴、髻上大明珠、宇宙萬有源，就是最最圓滿波羅蜜，最殊勝解脫門，也就是老子《道德經》一直反復比喻解說的玄德大道。」

二、呂洞賓的《百字碑》登天梯

【筆者譯解】養氣之道，在守住「忘言」的道理，不要徒騖多言。以「無言、少言、謹言」代替譊譊不休之贅言。降服難以把持的心猿意馬，放棄向外挺險、強狠爭逐圖謀的妄心妄念。動靜、舉止、進退之間，當知：「無」為「有」的根本，一心為宗，萬變不離。不逐是爭非，即是妙道，更向何處尋取長生不老的妙藥仙方？待人接物，自在圓通之中，有真常大道存在。重點在：應物之間，不迷本性。本性不迷，由靜入定，啟動藏在人身莫可知處的原質原能，循經絡自然運轉活動。如行長河之車，陽暖之氣上升，陰冷之氣下降，結丹三處。長此以往，陰陽迴旋反復，時機成熟，一聲春雷響處，腦頂如結祥雲，滿身降下甘霖雨露。如飲長生美酒；此時身心之逍遙美快、有誰體會得知？靜坐能聞素琴音；無琴能奏清妙樂；心明靈通歸天真；造化機微藏袖裡，疑似步上登天梯。能悟以上絃外語，便解洞賓百字碑。

【另類存思】向晚絃歌

星空初現，夜於風中啜泣！攬一懷落寞孤寂。渾然於此永恆之天地。
彈不盡遊子哀歌，月光下觸目迷離，這淒清夜色，怎生溫慰離人胸臆？
途窮於日暮，風鼓滿單衣，慌對茫茫歸途，理還亂深心紛歧。
明日之天涯，將又是尋尋覓覓！多少幽憾無依？
在此霜寒月夕，且讓我心底絃歌。隨那晚風飄逸！

春雨軒主人　鍾天送　敬賦

【禪詩淺釋】（這是筆者的成名作，當時的經濟狀況，只允許印四千冊，兩個禮拜賣掉一半以上。我送一百萬元給台北輝聯出版社老闆鄧友白先生，他大吃一驚，說：「老哥！你的書全省書局同步發售，十年才能賣完，你怎麼可能兩個禮拜多，賣出兩千多本？還有你這麼快拿錢給我幹嘛？」我知道佛學書難有賣點，定價一千兩百元的書，誰買啊！結果四個多月，全書售罄。我有何說？我將說何？除了佛菩薩保佑！還有什麼可能？我何德何能？我只有繼續努力、以報鴻恩一途而已。）

例一「寒山詩」：寒山道，無人到。若能到，稱十號。有蟬鳴，無鴉噪。黃葉落，白雲掃。石磊磊，山奧奧。我獨居、名善導。仔細看，何相好？

【春雨軒主人　譯解】

佛相卅二何相好？（十號）只為方便叫。獨居山奧其介如石絕憂惱，黃葉飄飄雲逍遙。山寒心曠、無心無為誰做到？修到（慧定）禪思美妙，竟日蟬鳴耳邊繞，風塵不到，不聞鴉雀噪。

【續一九九〇年記事簿】

人生起起伏伏，生命隱藏無數的陷阱，與前途時時可能爆發的驚奇。有人說：人生過了四十歲還不成功，便永遠沒成功的機會。啊！真會安慰人！那不就是在說我嗎！到亞特蘭大華人區服務，對我來說有挑戰性，我喜歡。但是成則英雄、敗則寇，可以冒險嗎？而且離家萬里，搭乘飛機就要花二十小時以上的旅程，舉目無親，前途一片茫然！想到要離開可愛的妻子、女兒、關懷我的親朋好友，我已經感到「風蕭蕭兮易水寒，壯士一去兮不復返！」的味道了。到幼稚園教作文，是我本行，駕輕就熟。一星期上兩堂課，一個月下來，也有兩萬多元，比沒有總好一點了！想當年是偶像名師，家喻戶曉，教出來的學生，都是大專院校的校刊編輯，語文比賽的優勝者，還有兩位是苗栗夢花文學獎的得主。現在淪為作文班老師，不是頭殼壞去是什麼？各位親愛的讀者！權衡兩者，我該選擇哪一邊好呢？

合作

【第三十四章】無欲成大

大道流行任左右，
生而不辭功不有；
萬物歸之不居主，
聖人捨大成其大。

道德經偈言之三十四
大道流行任左右
生而不辭功不有
萬物歸之不居主
聖人捨大成其大
春雨軒鍾天送敬撰

【原文語譯】

大道像大水一樣，四向無阻的奔流。流行在天地間，任意東西，可左可右，沛然無所不在。宇宙萬物仰賴祂生育長大，祂卻不自居老大。寧為賓從，不做主人。放棄人間種種貪念，守住心中一點真常（永恆未被汙染的真樸本性），這不是「捨大就小」了嗎！萬物全歸附祂，祂卻「捨高就低」，這種胸襟氣度，真是偉大。是以道家心目中的聖賢，始終不妄自尊大，祂越不自尊自大，也就越成就了祂更真實的偉大。

◎【龍宮驪珠君試探】學海聯珠之三十四

一、關於如來藏：如來藏，就是「種識」、「第八意識」、「心王」，不同部佛書，使用不同名辭，講的卻是同一物事。摩尼珠、人不識，如來藏裡親收得。（見永嘉《證道歌》）。「去後來先作主公」，人死，第八意識最後離開；嬰兒出生，第八意識卻最先進入母體，所以也稱為「心王」，佛心佛性人人皆有，「如來藏」當然也是。第八意識，包藏眼、耳、鼻、舌、身、意六識，及第七、末那識，因為淨染夾纏，須待前七識煩惱完全清淨，第八意識才脫纏去染，完完全全淨空了！那才叫做「空如來藏」或第九「庵摩羅識」。（以上請見《楞嚴經》）

二、世人無不想當家作主，政客一心就想當立委、選總統、搶資源，於是紛爭仇怨便起。名利權勢榮華，羣生視之為「大」；戰爭、仇殺，都是野心家滿足自私貪欲的手段與後遺症。聖人可不作如是想，祂們把「當家作主」視為牛馬身上的轡頭、韁繩，都是身外累贅之物，微不足道，所以當做是「小」。祂們寧可放棄「當家作主」，為賓為從，這等於牛馬脫掉加在身上的轡頭、韁繩，於人而言，放棄名韁、利鎖，何等自由自在？沒有名位榮華，群生當做是「小」，難以接受。聖人則通達天道、普濟萬物；了悟地道，愛養萬物。所以棄羣生之大，取眾民之小。結果，反而樂天知命，使萬民景仰歸附，成就了天地的大德大道；也實現了自己人格的偉大。

三、天地、世界，很大；原子、核能，比毫毛還小。核能爆炸卻能毀天滅地，破壞大千器界。人身原質原能啟動修成的氣功，及野生藥草的天然成分，有時能超過科學藥品醫術，神奇無比地治好醫生束手無策的疑難雜症，療人沉痾、肉人白骨。大小的分別、對立，那裡都如俗人想像那麼絕對呢？

四、講一個故事，你不會相信的，我當時也難以置信！那天，美國、亞特蘭大、華人街慈惠堂中藥店，來了一對黑人夫婦，女的長得很胖矮，扶著又高又黑的丈夫，真的有夠黑，可以用木炭來形容。他走路顛危危的，兩手不停地上下抖動。蘭美走前扶他就座，轉頭對我說：「唉！鍾先生！你幫我救救他、好不好？」我覺得很好笑，醫生是她不是我，我說：「要我怎樣幫妳救他？」她說：「麻煩你排出他的星盤，告訴我他需要的元素。」排好，我看了看，回答說：「太冷！需要暖、需要熱。」蘭美拿出耳針，很小心地在那位先生兩隻耳朵相應的穴道部位，貼上耳針，不一會兒，不可思議的事情發生了！那位先生瞪大兩眼，兩手不抖了！兩腳不蹎了！那位太太熱淚盈眶，向前抱住蘭美，然後轉身指著我，連說兩句：「耶穌！耶穌！」應該不是指我是耶穌吧！耶穌？還阿彌陀佛呢！美國看醫生，貴得嚇人，蘭美發下悲願，全心全力醫療窮苦的黑人同胞，大概因為這樣，才產生這個奇蹟吧！她精湛的醫術，應該也是原因之一。「那位先生患柏金氏的痼疾，十年以上了！」蘭美補充對我說。從那以後，我每次重回亞城，只要看到那位木炭先生賢伉儷相偕到萬國超市（慈惠堂也歸屬超市）買貨，迎面相遇，做太太的總會搶先招呼道：「hi！Chung！I knew you I knew you。」

【續海角天涯走一回】

進入南平山區國道，奇怪！怎麼都沒有路燈？6633劉，像幽靈一樣，出沒不定，出現時候也只能看到兩個後座燈，就像噴射機的噴氣孔一樣。1599小馬對我說：「鍾先生，我們不要勉強追劉先生，追不到的了；上回我們四輛車一齊出遊，也是他作前導，那有在作前導？無影無蹤！我們後面三輛車，一路猛追狂追，那裡追得上？三位司機追得膽戰心驚，累得好像生一場大病。」他嘴巴這樣說，腳、手、油門好像並不十分聽話，車子如飛向前急馳，超過好多前行車輛。這不算追、應該叫什麼？我轉頭偷瞄一下儀表，哇塞！120上下，雙腳不由自已地用力頂住車子底盤，好像我在開車、我在踩煞車一樣。轉身看看小馬哥，臉上飄過一絲得色。「鍾先生！你知道寶雲平常怎麼飆嗎？平平常常160，最高飆到200。」謝謝老天！保佑我沒坐上那輛霹靂幽靈車。十一點過五分，我們抵達武夷賓館，分配臥房，打點休息。

【另類存思】

山水美麗世途險，世途何如人心險？
人心若然如山水，自然常見水底天（本心）。

春雨軒主人　鍾天送　戲賦

人心若然如山水，自然常見水底天。

【第三十五章】

大道語出淡無味，
視不見兮聽無聞；
不若樂餌止過客，
用往無窮安平泰。

大道之象

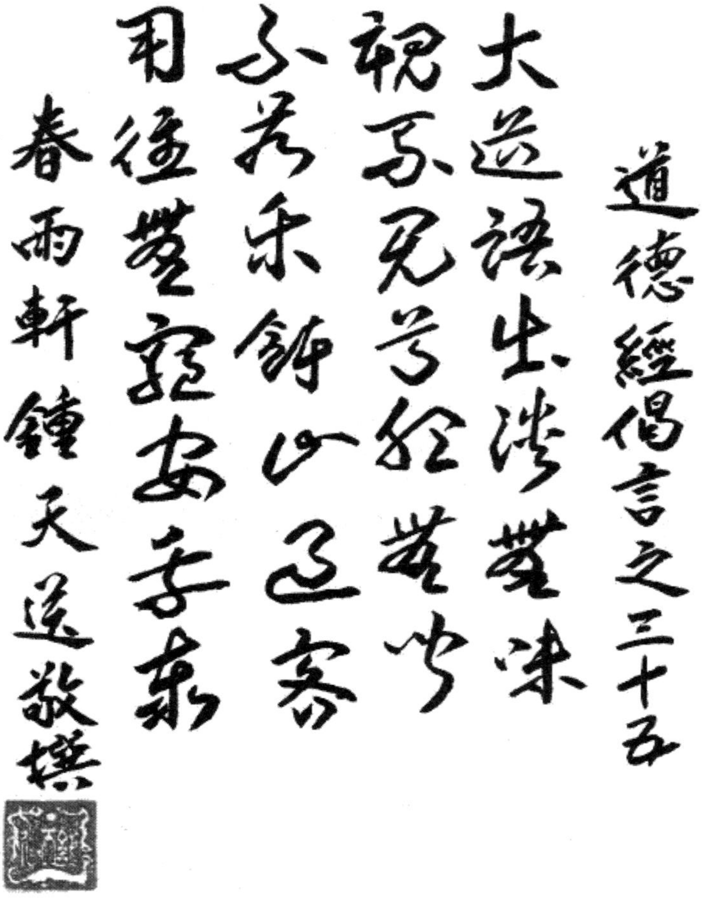
道德經偈言之三十五
大道語出淡無味
視不見兮聽無聞
不若樂餌止過客
用往無窮安平泰
春雨軒 鍾天道敬撰

【原文語譯】

掌握大千萬象的根本大道，天下人都會樂意景從歸附。這種歸附，順應天心，所以安泰平和順利，不會有阻逆傷害，不會有衝突矛盾。不像悅耳的音樂、誘人的美食，總是會使行人流連、過客駐足；賞樂徘徊、聞香下馬。不僅口耳如此，其他感官的滿足享受，何嘗不是一樣，使人牽腸掛肚。像美女、美色之滿足人身觸感、養眼滋歡；美名之滿足人的意感；芬芳之怡人嗅覺，六根、六塵、六識（修行人難以通過的十八道關卡），無不誘人貪愛，戀戀滿足快爽。大德大道、出口言說，平淡無味；目、不能隨時當場看見；耳、不能隨時馬上聽見；但是信悟之後，應用起來，卻是受用無窮，快適滿足永恆不滅。不會有：滿足五官六根的官能享受，所帶來的災禍、紛爭與麻煩。可是沒有堅強的信心，沒有長遠的精進心、猛利心，便無法長久與祂結下善緣與淨緣。

◎【龍宮驪珠君試探】學海聯珠之三十五

一、南郭子綦，靠著几案，靜坐調息，一似老僧入定。學生顏成子隨侍旁邊，驚訝得不得了。事後問道：「老師！人的形體也許可以經由靜坐修練，而像木石般定靜穩固；難道心靈的寧靜，也能使臉容呈現那麼和祥！寂靜得好像熄滅的煙灰餘燼嗎？」子綦溫文地回答道：「問得好啊！放棄偏執，守住本來真常，你也可以做到這種地步。你只聽過人籟、地籟，你聽過天籟嗎？要不要讓老師為你介紹、解說一番呢？」顏成子求之不得，一臉迫切的表情，要求老師繼續講下去。於是，南郭子綦繼續說：「什麼叫做人籟呢？就是竹簫管絃演奏出來的妙音了！」現代的交響樂、配合重金屬敲擊的滾石搖滾樂都是，好不好聽？迷死人了。人間歌星的又演又唱，什麼五月天啦！星光大道的歌手啦！江蕙啦！鄧麗君啦…等等，唱起歌來，舉手投足，風華絕代，讓觀眾如癡如狂，搖首舞蹈，吶喊尖叫，崇愛膜拜，這就是「人籟」了。那麼地籟又是什麼呢！宇宙之間，非由人為、純屬自然，那裡有孔、有穴，都會發出妙音，但也要有特別機緣，才能一飽耳福；松濤音、水流聲、海潮音，很多人喜歡欣賞，這全都是「地籟」。至於天籟呢？那可大不相同了！此音只應天上有，人間那得幾回聞？只有知天道、愛地德，能與萬物合為一體的人，才有機會聆聽享受。這玄妙之音，像幽泉嗽玉、像輕罄搖空、像秋蟬曳緒，但也只是比喻而已，並非本來妙音，修行到某一階段，自然縈繞耳邊，日日、永生不絕，寧靜、安詳、平和、美妙，賜你安逸，賜你覺慧，賜你幸福，不須攀緣外求，這就是所謂的「天籟」了！

二、若有人耳唯聽泉，泉聲入耳長涓涓；穿林出澗譜天樂，終古不斷冰絲絃。此聲不來耳不往，中自寂然遺外響；青燈照壁夜沉沉，獨倚軒窗月東上。（明、宗泐）涼夜沉沉，青燈照壁，何來音響亂人耳聞聽？此時傳來泉聲涓涓，入耳清爽。一似不斷之冰絲細絃，聲聲悅耳。這地籟妙音，會牽引你寧靜的妙心，度過天橋，品聽天籟。此時人倚東窗，心隨清涼之明月；人心、月心、天心，渾然一體，無明盡去，妄念全熄。這就是南郭子綦的心靈世界，也是老莊，真人、至人的心靈世界，難道不也是諸佛、菩薩的一心世界。春雨軒主人鍾天送譯解（原詩見筆者所編《禪詩淺釋》第八十一頁）

三、佛之禮讚

佛，是心靈的一朵奇花。

無色無相，聖賢迷祂。啟發智慧，不分你他。

慈悲心土，是祂本家。功德法水，資生長大。

您若敬祂，就生您家。永不凋謝，謎樣空花。

近在咫尺，遠在空涯。若欲採擷，從速出發。

莫怕路遠，精進乃達。勿急！慢採，迴小向大。

靈山會上，您也拈他。奇花空花，萬佛是祂。

菩提明月，妙法蓮花。如來自在，步步生祂。

四、《碧巖錄》詩文：「枯木龍吟血脈連，髑髏乾消識猶在。」樹木乾枯，只要山河世界還在，它早在枯死以前，把生命寄託花粉或種子，延續血脈。人死，縱然髑髏乾消、火焚成灰，只要虛空未破碎，他（她）的種識（第八意識）卻寄託「中陰身」，帶著前世的善業、惡業，進入母胎轉生。在西方基督教的說法，稱為「原罪」。

【續一九九〇年災難記事簿】

一九九〇年，冬，「明天就是我決定後半生命運的日子。」我在心裡對自己說：「明天，月娥和蘭美，誰先打電話給我？我就到那兒上班。」第二天，誰打電話來？是月娥。好啦！決定啦！去什麼亞特蘭大？還是到慈育幼稚園作文班上課吧！Bye bye！亞特蘭大！我還是乖乖上作文班終此一生吧！第一天上作文班，多少有一點喪氣，甚至於啞然失笑。學生不到二十位，從幼稚園小班、大班，小一到小六，通通都有，世界上有這樣的作文班嗎？我差一點哈哈大笑，不！應該是仰天長嘯，壯懷激烈！後來發現其中還有一對雙包胎的過動兒，有幾個分不出「梨」和「李」的孩子，這些家長實在太高估我了！或者當我是安親班的保母吧！月娥是不是把我當作白老鼠來實驗呢？

徜徉大地，悠然自得。

【第三十六章】

將欲歙之必張之，
將欲弱物必強之；
將欲廢奪反興舉，
利器宜藏如淵魚。

洞燭微明

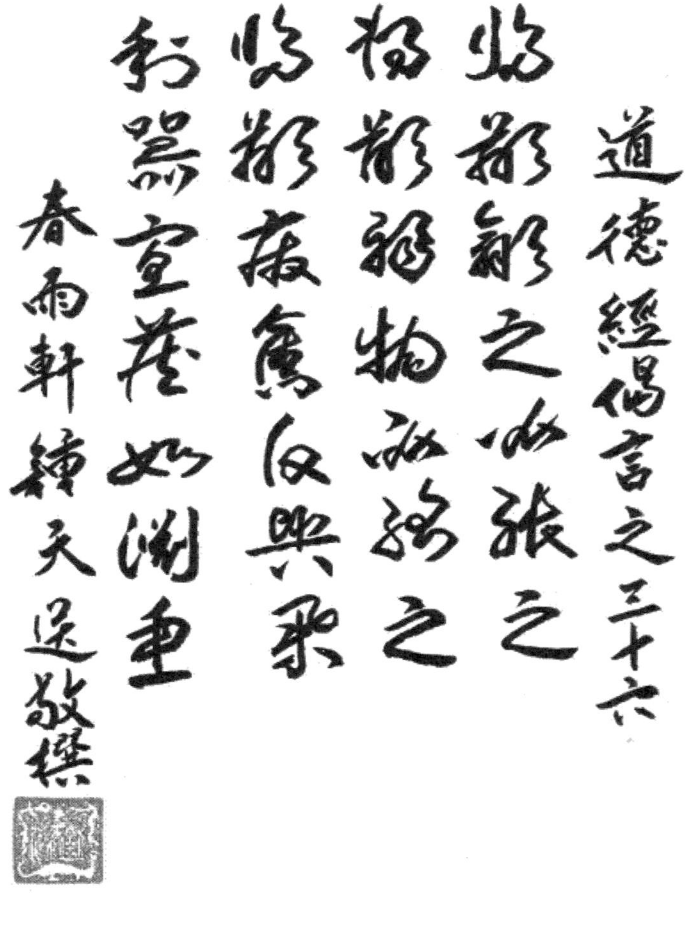
道德經偈言之三十六
將欲歙之必張之
將欲弱物必強之
將欲廢奪反興舉
利器宜藏如淵重
春雨軒鍾天送敬撰

【原文語譯】

很快便要關閉、終結的事物，一定會先表現出擴張開展的現象；行將削弱滅亡的事物，也會表現出勉強頑強的姿態；就將毀廢的事物，必將出現拚命張舉的現象；能預先察覺這些跡象道理的人，可以說是：能洞燭機先的高人了。外表柔弱的人，往往能勝過表面剛強的人；藏身隱微的人，總是比到處誇張、炫耀自己的人來得安全。魚沉深淵，無憂無慮，一浮出水面，便暴露形跡，難逃鉤網捕殺。國家的權勢禁令或軍事武力，都是凶厲之器，不宜向外誇示炫耀，以免引起軍備競賽，造成人我猜忌敵視。容易挑起戰爭，禍生不測。

◎【龍宮驪珠君試探】學海聯珠之三十六

一、人或有些動物，死前會有迴光返照的現象，可以證明「將欲弱物必強之」，我曾養過一隻小狗，因為生病而奄奄一息，我用衣物包妥、置於毯上，自己回到樓上悶坐感傷，不知何時，突然發覺牠趴在我腳下嗚嗚叫了幾聲，就不再動了！從此我不敢再養狗。因為我不會養狗、沒資格養狗。

二、過去美蘇對立，互相炫耀武力，分別對越南、伊拉克、阿富汗用兵，結果如何？兩敗俱傷。蘇聯在歷史除名，是不是「國之利器，不可以示人？」埃及總統舉行國慶閱兵，戰機呼嘯橫空，總統薩達特，當場被亂鎗射殺。某一年某一國閱兵，總統剛剛走過旗手，旗桿當場折為兩段，保證真有其事，從此聲望直直落。你知道閱兵是為什麼嗎？是要誓師打仗，哈珊舉行閱兵，軍容之強，舉世震驚，如今安在？蔣介石，馬廠誓師，北伐成功，統一中國，現在罵他的人，有沒有估量一下，自己算什麼？是不是「國之利器，不可以示人？」結果不一樣，是因為動機不同。

三、春秋時代，晉是大國，虞、虢，是小國。晉國拿垂棘出產的寶玉、和屈地所產的四匹良馬，向虞國借路攻打虢國，虞國大夫宮子奇知道晉國不懷好意，顯然在使用一石兩鳥的計策，力諫虞君不可上當中計。虞君不肯聽從，晉國滅了虢國，回軍順便把虞國也滅掉了，宮子奇也同時遇害。（將欲奪之，必固與之。）這個典故，可為佐證。在此之前，同朝輔政的百里奚，也知機看出虞國的危機，力勸宮子奇一起逃亡他國，宮子奇不聽。百里奚毅然以七十高齡，出走秦國，他風聞秦穆公重賢愛才，他用五張羊皮的價錢，賤賣自己，為人牧牛。他辦事，人人放心；他牧牛，牛牛肥壯；名聲鵲起，穆公舉他為相，稱霸天下。孟子也特別推崇他：可行則行，當捨則捨。顯君揚道，留名千古。他的洞燭微明，比起宮子奇，是不是又更高一籌呢？

四、魏國君主專斷輕率，草菅人命，死人屍骨、堆山填壑。顏回認為：國家危亂，當有賢臣扶正，就像病人太多，要有良醫拯救。所以發心到衛國去，一抒懷抱、一展雄圖。孔夫子知道，急忙阻止說：不可，他認為有兩種原因，會使道德失真，一是：巧智外露。是：爭賢好名。當時衛君外露才智，逞強鬥勝。顏回的德行信譽，還沒有被天下人肯定。貿然投靠，不展示賢能，不足以有為；一展示賢能，等於揭發衛君的暴亂無道，不會遭到迫殺陷害嗎？夏桀殺關龍逢、商紂殺比干，就是前例。孔子也可以說是洞燭「微明」了。

【續一九九〇年記事簿】

途經日本結（美）緣，落日東京照成田；
萬里西行不辭遠，渡海如今是何仙？
再見夕陽底特律，四顧茫然無所依；
西北航飛九霄外，雲海蒼茫落照裡。
亞特蘭大風情佳，條條大道通天涯；
明湖木屋相掩映，深山桃源好人家。

教育就是生活，學校就是社會，一個月下來，我使盡渾身解數，陪孩子們遊戲、唱歌、說故事、分析作文題目、引起他們寫作的動機與興趣，也要他們勇敢地說出與文題相關的事實或故事。有課的傍晚，夕陽西下，我隨司機去接學生上學，他（她）們一個個天真無邪，可愛快樂，又有禮貌，觀看他們不同年齡的樣子、表情、思想語言、動作，真是一件極為有趣的事情。也使我想起我在那些不同年齡的幼年、童年往事：美國飛機空襲新竹機場，炸彈就落在我家不遠的馬路上，留下一個大窟窿。那時我還未上學，不知道害怕，只是耳朵足足聾了一個多月。父親（養父），一看苗頭不對，速速打點重要家當，連夜向芎林逃亡，家當由父親肩挑，我還好，兩腳負責走路就是。路上有一段現代人難以理解的故事，就是：途中經過村莊，純樸的村人，居然殺雞殺鴨，款待逃亡的人，在那個時代，不要說吃雞肉、鴨肉，就是雞蛋、鴨蛋，都沒得吃的了，只許是孵不出雞鴨的蛋，才煎來吃，那有殺雞殺鴨請不認識的人這回事呢？我想原因不外兩個：一、是同情可憐的逃命人；二、是同是天涯淪落人，他們也擔心戰火燃燒到他們，朝不保夕，如果空襲來臨，人命也不保了，雞鴨又如何呢！這只是我的揣測之詞，不是標準答案。後來母親補述：她三次從南庄步行到香山，便無法前進，但見滿天烽火，並且有交通管制，只好流淚折返南庄。作文班進行順利，家長風評不錯，口碑甚佳，這時候美國蘭美突然來電，希望我趕緊赴美，她說已經有五十多人排隊等待我去服務，我把情形告知月娥，她說：「老師！您安心到亞特蘭大去吧！我會暫停作文班，等待您回來。」峰迴路轉，柳暗花明，我奔向美東十三州的傳奇旅程好像箭在弦上，勢在必行的樣子了。

深山桃源好人家

【第三十七章】

道常無為無不為，
王侯守之萬物化；
化而欲作鎮以靜，
無欲心靜天下正。

無為鎮作

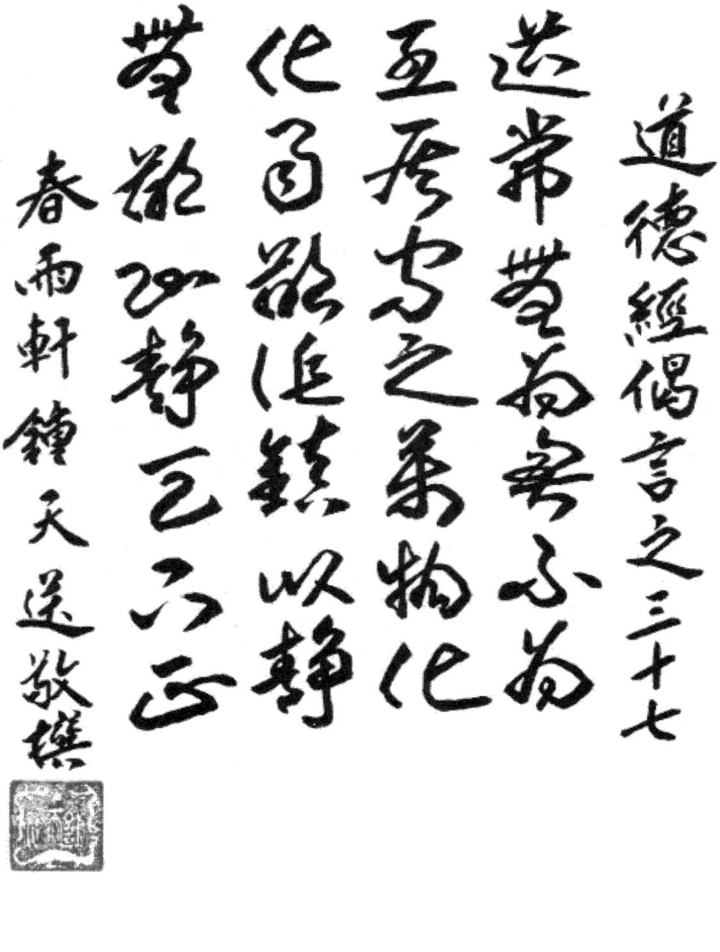
道德經偈言之三十七
道常無為無不為
王侯守之萬物化
化而欲作鎮以靜
無欲心靜天下正
春雨軒鍾天送敬撰

【原文語譯】

大道，總是順應天地、自然的「環境」與「變化」的，祂不會盲目妄為蠢動，像水，流到哪裡，流到哪一個角落空間，它本身並沒有意志企圖。「共業善處，明湖天池清泉；共業惡處，水潦土石崩流。」動物、植物、人體、荒山野地、城市溝渠，哪裡沒有「水」的流動、存在呢？大道，也是一樣的，祂本身何嘗有什麼私願意圖？但是，哪裡？何時？何人？該成就什麼？祂都不費吹灰之力，一一成就、成全他（她、它、牠）們。祂，就像宇宙的大幻師（類似哈利波特故事中的大魔法師，但是層次要高很多很多），祂無形的魔棒，輕輕一揮，萬事、萬物、人類，繽繽紛紛、自自然然地展現在大千綺麗的世界，讓人目不暇給、嘆為觀止；令人拍案驚奇叫絕。諸侯帝王（今之總統、總理、總書記）如能抉擇抱守這唯一的玄真大道，用以治國施政，萬物都會欣欣向榮，群生都會自我造化。其間有些領袖人物，因為用人不當，或權力作祟而腐化，會心思起了分別與偏執，而昨是今非、爭權奪利的欲望與需求日益提升，欲罷不能。紛爭與與亂象也就愈演愈烈，層出不窮。（台灣的現狀、不正是如此嗎？）怎麼來防止、杜絕、矯正這人欲橫流帶來的災禍與麻煩呢？只有正本清源，歸真返璞。用這難以言說名狀的真樸大道，教化、開導眾生。才能鎮住權勢欲望、漫無限制的猖狂發展，使人民回歸純樸、寧靜，生活安樂無爭。樸實無華，少貪少欲，天下萬民自然清正安泰，幸福快樂。

◎【龍宮驪珠君試探】學海聯珠之三十七

一、君不見！絕學無為閒道人，不除妄想不求真。（語出永嘉大師《證道歌》首聯）

【譯解】

你是不是有所發現呢？那些悟道、見道的行者、道人。表面看來一副閒閒無所作為的樣子，也看不出他在修學佛道；也不強調要去除妄想、追求道理。是不是很奇怪，不合人情常理呢？眾生長夢不醒，以假當真，認賊（家賊、王陽明講的心中賊；眾生錯誤的知見）作子。見臣（世上的榮華、利祿、權勢）不見君（本心佛性、真樸大道）忘失能自我主宰，也能主宰宇宙萬有的原始心君，流浪在生死苦海中，無有了期。這道理，君可曾發見？君或實未發見，君若如實發見，便是見道；便是證道、悟道；便是悟得出世間「上上禪」，便有希望「入、住、出」金剛大定。一位修學（無為法）成功悟道的人，祂已經證得「本來智、無智亦無得、涅槃妙心」超脫斷絕了「凡夫」、「外道」的戲論之學；超脫斷絕了「聲聞」、「緣覺」的二乘之學；他內守幽閒，外應虛緣，目對千差，心閒一境；高高山頂立，深深海底行；道通天地有形外，思入風雲變態中。外表看起來，清清閒閒，悠然無為。事實上卻潛行密用，化身變相，默轉法輪，不拘道場，弘範三界。妄念早已度化，何須刻意斷除？天然本真，早已反本歸原，哪須刻意再去追求？說是修學高絕也可，說是超脫修學也可。

二、「南泉指花」（語見《碧巖集》第四十則），南泉大師與陸亙大夫相對談話，談著談著，大夫忽然問道：「肇法師父說過一句話：天地與我同根，萬物與我同體。這句話，你不覺得很奇特難解嗎？」南泉指著庭前的花說：「一般人看到這一株花，跟夢中看到的花，似乎也沒有兩樣。你作何感想？」

【以下筆者詮釋】

「大地與我正與依，萬物與我二而一」萬法唯心，大地萬物都因為人類的心識（我），緣起來報。我是「正報」；大地是「依報」。依報，依他「正報」而起、而有。看似相對，其實是一體之兩面，像硬幣有正反兩面，你拿正面、或反面去買東西，物值都是一樣。如果地球爆裂破碎，還有我和大地嗎？「我繡鴛鴦隨君看，金針在手度有緣。」我把鴛鴦繡好掛在堂上，隨你自由賞看。但我提醒你，不要只在羨賞鴛鴦，忽略了我的金針手藝，我希望我的一片錦繡心思靈感，能傳授給有緣的人。「引得黃鸝飛下來，踟躕來回不敢前」知音的有緣人還未出現，卻引來幾隻調皮的黃鸝兒，從柳樹上飛下來，因為不能確認鴛鴦是真是假，所以徘徊觀望、不敢向前。（行者面對無法確認的法師或善知識，其心情也會像黃鸝一樣）「花在君前觀如夢，鏡裡山河似朦朧。」夢中看花、和醒來觀賞眼前的庭花，也只是相像罷了！從鏡中看山河世界，只是朦朦朧朧相似而已。「可憐霜天月將落，潭前孤影誰與共？」多可愛憐呀！下霜的清晨，月兒行將西落，我孤單站在澄潭前面的單薄身影，有誰相伴與共呢？「世尊拈花迦葉笑，南泉指花誰悟道。」想當年，釋迦牟尼手拈鮮花，僧眾無人會意，只有迦葉一人含笑以對。世尊對迦葉說：「我有正法眼藏、涅槃妙心，今賜予你。教外別傳，不立文字見性成佛。」當時南泉手指庭花，陸亙大夫有頓悟嗎？霧中看花花非花，花從何來問方家。

【續一九九〇年記事簿】

國曆十二月二十八日，星期五，台灣新生報、新竹新聞，刊出一篇對我的報導，滿大幅的。直的標題：「精研『易經命理』有成，威名傳頌美國僑界。下月獲聘赴美『命相』」橫的標題是：「五十多位華僑在等著」。在此前幾天，有一位留美的電腦工程師，陳志強先生，慕名來訪，發現我不是虛張聲勢，於是相約半月後在亞特蘭大相逢，研發命理電腦程式。他就是現在全美連鎖的大華超市總經理，和董事長陳河源，在台大就讀時，是很要好的同學。「啊！亞特蘭大、我來了！」這個擁有兩座國際機場的美麗城市，這個迭創每日上下飛機旅客紀錄最多的城市；這個著名小說《飄》的發源地、黑人的甜蜜故鄉、世界經典名片《亂世佳人》就是在此拍攝。奧斯卡最佳金像獎、最佳女主角費雯麗、最佳男主角克拉克蓋博，很帥、留著海盜常有的鬍子。這些羅曼蒂克的故事，都在這裡發生。我夢魂也想不到，我會來到這裡，交了這麼多的好朋友，發生這麼多動人美麗的故事。我這個出生在以前窮鄉僻壤的、苗栗南庄的窮孩子，怎麼想像也想像不出來的。

展翅翔飛

【第三十八章】

不以為德是上德，
形象立德是下德；
上仁為之無以為，
失仁後義失義禮。

處厚不薄

道德經偈言之三十八

不以為德是上德
形象立德是下德
上仁為之無以為
失仁後義失義禮

春雨軒鍾天送敬撰

【原文語譯】

至善有德的人，並不自以為有德，也不裝模作樣，故示飾造有德者的外表形象，就因為如此真實無華，才是真正有德者。假冒為善的「有德者」，滿口道德，發言句句不離道德，外表也躊躇滿志，自認是道德的代表與象徵，以為所作所為，都不失於德。就是這樣習常偽善，所以沒有道德。「上德」的人，順任自然而做善事，根本不認為自己是存心，有目的的在行善。「下德」的人，倒行逆施，橫行蠻幹，也會想辦法，穿著道德的外衣，掩飾他的偽善。長此以往，他也自以為：所行無非善事。有德君子，捨我其誰？（有些人，天天背著大鼓、聲聲喊：愛台灣！我常懷疑就是這種人。）「上仁」的人，雖有圖為，也能自謙沒有什麼作為。上「義」的人，勇猛圖為，每每不顧一切，快意所為。有一些強調繁文縟節之「上禮」的人，總愛強行推動自以為是的禮節、制度，得不到回應，便惱羞成怒，以權威勢力，國家機器，強加人民身上。這是社會忠信不足產生的現象，也是他道德不足，不能取信於人民的象徵。禍亂、災變，會發生，這是最大的原因。這些「下德」、「上義」、「執禮」，自以為先知先覺，其實他們所擁有的道德，只是道德的皮毛、表象而已！就像不能結果的狂花，失心者、累贅的言行。民眾會被愚弄，從此開始。所以大丈夫要以真道實德，做人、行事、治國施政。不要注重虛薄的道德外表、皮毛。抱持實道實德，放棄狂花澀果，放棄虛華，便能返璞歸真，去澆薄歸渾厚，讓道德全真全美。

◎【龍宮驪珠君試探】學海聯珠之三十八

一、林回逃亡的故事（語出《莊子》山木篇）。有一回，孔夫子對隱士桑雽說：「桑先生！我兩次被魯國放逐，一直不得志於殷商、衛、宋諸國之間，亡亡如喪家之犬；在宋國，也不過在一棵大樹下，小坐歇息，就被司馬桓魋派人砍倒大樹來威脅我；在衛國，因臉孔和陽虎相似，被誤認而遭到圍困；有一次還被楚國大軍，困在陳國和蔡國的邊境，斷絕伙食足足有七天之久。此時，親朋疏遠，學生離散，運背如此，到底是何緣故？」桑雽回答道：「你聽說過林回逃亡的故事嗎？殷國發生戰亂時，他捨棄價值連城的庫藏寶玉，只背了一個小嬰兒逃走，是爲了錢財嗎？不是，嬰兒可以拿來換取錢財嗎？是爲了怕累贅嗎？背著嬰兒逃亡，不是大大的累贅嗎？所以說：捨璧玉、取嬰兒，是因為天性，而不是爲利益。君子的交情，重視天性，如水淡薄，卻能久久長長、親切有味。小人的交情，甘美如甜酒，外表親密，利益衝突，便反臉斷交了。你到處干祿求官，是天性呢？還是愛慕榮華？」孔子聽了，默然點頭，安閒邁步回去。從此把聖賢之書暫置一旁，也告訴學生，不必像往常那麼拘泥禮節，沒想到學生從此對他的敬愛，卻有增無減，師生情誼，更為淳厚。

二、關於放下一切（放空），《莊子內篇》第六章有高明的看法：

- 不畏燥熱與寒濕，頤養本真避禍害。
- 人死人生是天命，口風靜默似縫針。
- 生有何歡可企盼，死何畏懼亂心性。
- 寬大恢弘有氣度，淡然處事忘世故。

‧目迎目送任來去，聽由老天變把戲。
‧錯過時機不失悔，順利得當也放空。
‧無古無今不死生，相忘以活諱所終。
‧先生後死非意願，後生先死也隨緣。

常常咀嚼這八句話，你會變成一位快樂、受歡迎的人物，漸漸不知憂愁為何物？

這年仲冬、離春不遠，但我心裡的悽寒涼冷，其實已進入最寒冷的季冬。我一直無法了解我的人生，為什麼常常要那麼坎坷、崎嶇？戊寅年中秋節前幾天，懷我在胎足足十二月的母親，生我血崩而死，喜事頓成喪事。親人說我是凶神惡煞，剋父剋母，是這樣嗎？該怎麼辦？長輩建議買一個全新的尿桶，把桶底打穿，兩面都是圓孔，把我身體穿過尿桶，可除煞氣。我無能反對，就這麼辦吧！就這樣我背負殺母害母的原罪，送人當養子，漁翁的兒子變成木匠長工的孩子，二級貧民降為一級貧民，養父養母小學都沒讀。我不知我可親可憐的母親，生成什麼模樣？一張照片也沒有，一張畫像也沒有。所以我坎坷、沒關係；我崎嶇、應該的。再坎坷、再崎嶇，也沒有我母親坎坷、崎嶇，三十一歲，就只有三十一歲的玫瑰年華，生下四男三女，看不到那年的中秋明月，看不到最小的愛兒成人長大。我養父養母，一生都叫我「桶元」，不叫我名字。桶，掀穿底蓋，不是兩邊都「空」了嗎？元就是「圓」。難道我悲慘的出生，暗示了我一生注定要努力去追求什麼嗎？不會吧！有這麼巧合的事嗎？近年來潛心學看佛道之書，稍稍有一點心得，確實得到些許法喜。學佛就是爲淨「空」自己的心靈，「圓」融自己的思想，不是嗎？我常常想唱跟「母親」相關的歌曲，寫紀念母親的文章。

所以在這裡，突然天外飛來一筆，請讀者包涵！

【續一九九〇記事簿】

決戰的時刻，終於來到。阿斌和我坐上西北航空公司的航機，兩個都是菜鳥，我好一點，我去過香港、上海、桂林、廣州。兩個人都心懷忐忑，面色凝重，絕少笑容（笑不出來），到了東京成田機場過境，還算順利，正當黃昏時候。下機休息一個多鐘頭，時間到，原機飛往底特律。到了底特律，又是黃昏時候。到了候機室，兩個寶貝，一對土包仔，傻傻坐了將近一小時，候機室裡的人越來越少，最後只剩我們兩人，我開始覺得事態不對勁，鼓起勇氣，用我生疏的美語問櫃檯小姐：HI！MISS！ HOW CAN I GOING TO 亞特蘭大？（我會念，不會SPELL），小姐笑著指向門外道：OUT SIDE TAKE THE BUS。芝麻開門！這下我想通了，這是國際航站，要去亞特蘭大，要先轉國內航站，再搭國內航機，這是我第一次出國突槌，現在不會鬧這個笑話，因為親友都會事先打點清楚。終於飛到亞特蘭大的上空，啊！亞特蘭大，我終於來了！又是黃昏！萬家已亮出燈火。燃燒吧！我心中的火鳥！俯視鳥瞰，我內心吶喊激動，我不是過客，我是歸人，離家幾千萬里遠，我問自己，為什麼？

【另類存思】（回憶的旋律）

即令你不十分情願，讓雲煙往事、如蛛絲牽掛。

爲何總把真誠的回顧，投射在片片煙沉的時刻？

青春已是無法重新把交的老友，要如何消受日日西沉的落日？

春日的溪泉，喚醒你幾許少壯的悲歌？
飄零的落花，又撩起你多少自憐的落寞？
時間的洪流裡熙攘著川流不息的過客。
唯獨你慣將甜蜜的乳汁，合併前塵往事，調成苦澀的酸液。
光陰的腳步、輕輕地走過啊！流水幾十年。
回想記憶長新的清醒日子裡；回想無止盡的清夜夢鄉飄遊裡。
你生命的弦歌，擁有多少滿意的和弦？要你這樣無休止的鼓瑟清唱。
是不是怕？生涯短促，無法長生久視。
是不是怕？你專擅的廣陵散音絕響。
生的艱難和喜悅，如斯夫尖銳強悍，如斯夫強悍尖銳地震撼你；
震撼你變動不居、逐日褪色的歲月。
光陰的腳步、輕輕地走過啊！流水幾十年。

春雨軒主人　鍾天送　敬賦

【第三十九章】

天清地寧道全一，
神靈谷盈萬物生；
一失清寧將何怙，
王侯有道天下貞。

得一清寧

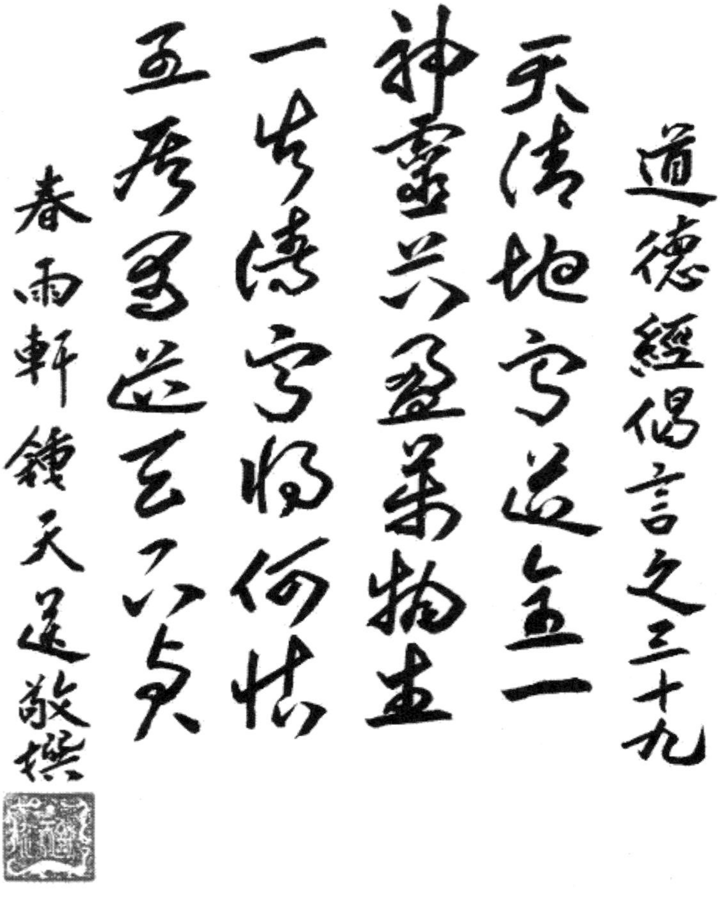
道德經偈言之三十九
天清地寧道全一
神靈谷盈萬物生
一失清寧將何怙
王侯有道天下貞
春雨軒 鍾天送敬撰

【原文語譯】

從古以來，得道的現象，到底是什麼樣子呢？天，得道相佐，會呈現清靜光明；地，有道相佐，會安定寧靜；神，有道相助，則靈通玄妙；河谷，有道相助，則包藏充盈；萬物，有道化育，則生生不息；諸侯帝王以道治國，天下便貞祥安定。以上一切，都因為得道相助，而蒙受無窮的福祉。收穫結果不同，道只是一體。

天，如果不清不明，會發生崩裂性的變化；地，如果不寧靜，也會搖震塌陷；神，如果沒有靈明，亦將頓失依靠；山谷，若不充盈，必致乾涸枯竭；萬物，若無以為生，勢將瀕臨絕滅；諸侯不能確保國家安定和靖，縱有尊貴的地位，亦勢將不保，一蹶不起。

所以，身分微賤的人，是身分尊貴者的根本，位卑者是位高者的基礎。因此古代的諸侯帝王要自稱「孤王」、「寡人」、「不穀」，孤寡不善，人情所惡，帝王諸侯卻甘心拿來自我稱呼，是不是作帝王公侯（總統、皇帝、總理）的人，時時要對人民表現謙虛呢！在上位的人，不要常常凸顯自己的高貴優美，強調自己像碌碌耀眼的美玉，唯恐萬民不低頭讚美崇拜；寧可自安粗糙樸實，做磊磊落落的堅石、君子。

◎【龍宮驪珠君試探】學海聯珠之三十九

一、莊子身上穿著、縫縫補補過的粗布衣裳，破鞋上也沒有鞋帶，只用麻繩繫綁著，去拜訪魏王。魏王驚訝地說：「唉呀！先生，你的神情怎麼這般疲困啊？不如我弄個官你做做，改善一下生活吧！」莊子坦然回答道：「這還待你問嗎？我是貧窮沒錯，可不是疲困啊！處在朝政昏亂的時代，人民不得溫飽，當然貧窮。對我來說，這是小事一件。我像蹦蹦跳跳的猿猴，攀爬在深山大樹上，自得其樂。再善射的后羿、蓬蒙也奈我不何。可憐的是，一大群有道德的君子，處在君昏、相亂的局勢下，理想、抱負，都不能施展、實現。縱然出來任事作官，也像猿猴掉落在遍地多刺的荊棘裡，內心戰慄，朝夕不安，隨時會像比干一樣，被昏君犧牲殺害。生死兩難，進退維谷。那可不是貧窮，那才真是疲困難當啊！你想慈悲我，給我做官，難啊！」

二、楊子有一次，去到宋國，住在旅館。他發現旅館主人有一妻一妾，一個非常美麗動人、一個面貌醜陋。奇怪的是，醜陋的那位，非常受主人尊崇，而美豔的那一位，反而被冷落。我不免驚問其故，得到的答案是：「那位美女，人人稱讚其美麗。她也自知美麗，居常以此自炫。我（旅館主人）卻不覺得那美麗、是什麼不得了的事；而那位醜陋的妻子，人人嘆息他長得醜，她也承認自己醜。於是她因此特別對人表現更為謙虛、體貼，性行善良，我一點也不覺得她有何醜陋？」親愛的讀者！這答案，你滿意嗎？

【續一九九〇年記事簿】

一個人睡一間大房間，半夜起來，好像睡在操場上一樣，老是睡不著。本來睡性就不好，常常靠算羊隻過暗夜的人，這時更是千頭萬緒，輾轉難眠。什麼時候才能入眠？天才知道。一入睡，噩夢就來，沒有五個，少說也有三個，又回到南庄石坡頭的爛房子過活啦！家前屋後是懸崖峭壁啦！旅行迷失方向，找不到回旅館的路啦！好像曾經殺死人，埋在屋後，警察已經在調查啦！數學考試，試題都不會做了！沒有一個夢不是怪恐怖的，有的還是連續劇呢！事實上，我在亞城的惡夢，也正要開始了！好事必然就要多磨嗎？在這裡過了兩夜，我警覺出我以外的世界，不大對勁。大孩子很少回家，女兒文文靜靜的、很少開口說話。女主人對我當然很有禮貌，可是不注意間，臉上總會飄過幾許陰霾。男主人雖然會找些話來聊天，但很少正面正視我。簡單一句話，就是缺乏熱情與誠意。幸虧有一位吳醫師，同在一家屋簷下，我可藉跟他攀談，來降低窘困，不過，我的深心已在淌血，我的意志也開始動搖了！我心裡出現一種聲音在呻吟：浪蕩天涯不如歸，回家去吧！

經過與吳中醫師旁敲側擊的結果，我對自己的處境，總算有一個約略輪廓的了解。我是一向單單純純的人，卻踏入亞特蘭大光明底下、幽暗的地雷地帶，總結他說話的重點是：「先生！你站錯邊了！這裡藍綠對立很尖銳，男主人是獨派大將，女主人是藍方靈魂人物。你是女主人聘請來的大師（他的口吻），獨方對她非常不爽，把你也列入不受歡迎的人物。你在此的服務理想，可能會被封鎖打擊，難以竟成其志。還有，超市在走下坡，夫妻正面臨破裂、離婚的階段。」真是時衰運蹇，剛離窮山，又臨惡水。噩夢何時才醒？難怪深夜我常會聽到，激烈的爭吵聲。

【第四十章】

反使道動弱為用，
有生萬物無生有；
退求進路路反活，
後腿邁前縮手拳。

反覆動用

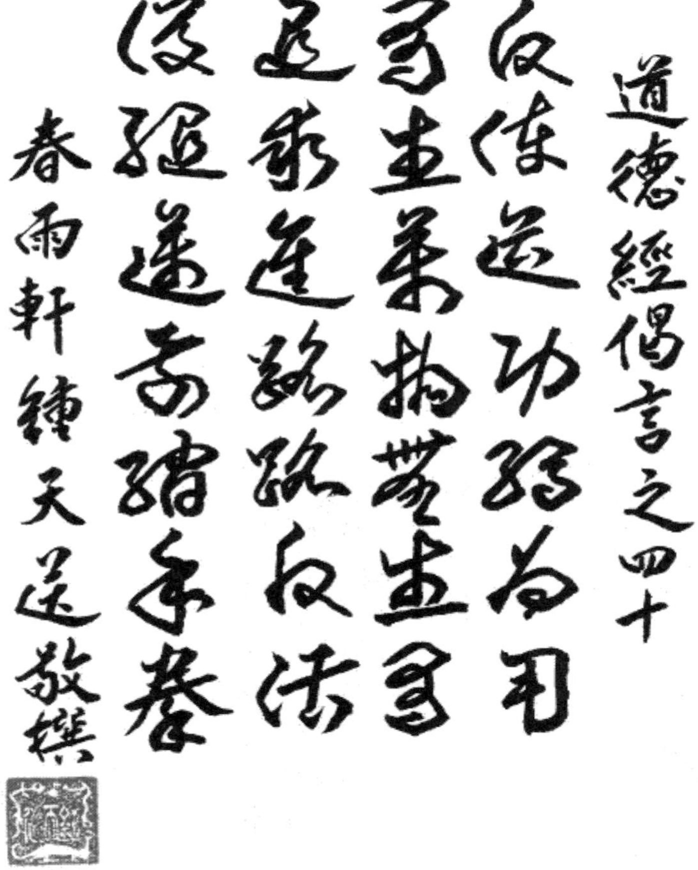
道德經偈言之四十
反使道動弱為用
有生萬物無生有
退求進路路反活
後腿邁前縮手拳
春雨軒鍾天送敬撰

【原文語譯】

只知前進，不知乘時退轉，其前進一定會受到阻限；其運轉活動，也必然呆滯不靈。只知道一味逞強，不知道因時、因地、因人、因事而制宜，不知道韜光養晦，外示虛弱，內做調息，待機轉進增強，再創高峰、再締佳績。這種人，無論怎樣聰明，他在世間，所能發揮正面的作用與影響，是很有限度的。他們的地位越高，社會、人民受其荼毒迫害也越深越大。一直要用前腳向前邁步，有可能嗎？拳頭不縮回來，出拳會有力嗎？天下萬事萬物，都因「有」而生，因「存在」而持續變化、生殖繁衍發展的。但是「有」、「存在」，又是從何而生？從何而來的呢？答案是：從無而生、從無而來的。「無」又是什麼？老子《道德經》，整部都不斷、不斷地對此有所闡發說明，除佛學以外，我不覺得古今中外有哪一種學說或宗教，能比老子對這個論點，解說得更清楚、明白而肯定的。世界上，形而下、有形質可見可聞的萬事萬物，其存在或是示現，都是從形而上、無形質可見可聞的、宇宙萬有能源，而生、而變、而來的。道家說的「無」、「無極」，佛家說的「空」、「真空」。其他學說，千說萬說，無論用什麼文字、語言、密碼、音聲，來敍述、詮釋這真德大道，宇宙萬有知能，一定不會偏離老子這章的結論。（科學上，有造山運動，難道就不會有造海、造湖、造人、造雞運動嗎？造了雞，各種不同的雞，不就會生出各種不同的雞蛋嗎？這理論如果成立，還要討論先有雞、還是先有蛋的問題嗎？上帝會那麼無聊，先弄個雞蛋，再製造個孵卵機，然後辛苦養大，讓他生蛋嗎？）

◎【龍宮驪珠君試探】學海聯珠第四十

一、萬事萬物，人情物理，有進有退，要行即行，要住即住，強弱調適得當，善用反覆循環，因時因地制宜，用心用力，才能持久長遠。如果不顧一切，強行猛進，作用越大，反作用也必然越強。吃力不討好，焦頭爛額是必然結果。從某些政治領袖，不按牌理，不評估本身國力，把國家人民，用以養命的鈔票，四處拋撒，毫不惜愛。他拋撒得眼睛都發光發紅了，不曉得，人民看得心裏都淌血淌淚了！有什麼辦法？惡人惡法挾持綁架國家公器，助紂為虐，為虎作倀。老子《道德經》實在是一面照妖鏡，亂臣賊子、螭魅魍魎，在祂前面都無所遁形。

二、「手把青秧插水田，低頭望見水中天；一步一步向後跪，退步原來是向前。」水中天，是農夫的希望，是豐收的願景；要達到這個希望、願景，就要辛苦插秧，不顧日曬雨淋，不顧腰痠背痛，要一直「低頭」，要步步「後跪」。人生難道不是也一樣嗎！哪裡能「上天下地，唯我獨尊」呢！佛講這句話，誤會的人也很多，謗佛毀佛的人，也常拿這句話來大作文章。說祂狂妄自大，言行不一。真正的意思是：修行的過程，要高高山頂立、深深海底行；上天下地，唯一可尊的就是：我的本心本性，不是「性相近，習相遠。」的習心、習性。不是識心（意識形態的心）、識性，是佛心、佛性；是真心、真性。

三、越王勾踐，若不是能聽范蠡、文種的話，「認輸投降，臥薪嚐膽，十年生聚，十年教訓。」早被吳王殺死，留下斷頭的白骨；或像伍子胥一樣，浮屍江頭，哪裡能滅吳復國，稱霸天下？

四、曹操和劉備，在一個雷雨交加之日，在劉備平日蒔花種菜的園圃一角小屋裡，煮酒歡聚，暢論天下大勢，品斷英雄人物。曹操仗勢豪強，把袁紹、袁術都看成跳樑小丑、墳中枯骨，指日便可蕩除。獨獨對懶散種菜的劉備，非常器重，對他說：「你知道嗎！天下英雄，就是使君（你）和我。」劉備聽了，當場掉落手中的筷子。低頭拾筷，長袖遮面，掩飾心中的驚惶。被曹操視為英雄，絕對沒有好日子過，他不想辦法拔除才怪。好在這時剛剛屋外閃電打雷，當下曹操說：「我們的大英雄，也怕打雷嗎？」劉備連聲回答說：「怕啊！怕啊！」劉備能沉潛柔弱，才免遭曹操殺害。後來才有機會聯吳對曹，赤壁一戰，痛創曹軍，建立三國鼎立的局面。

五、韓信窮困未發的時候，三餐難繼，常常接受河邊洗衣老婦的施捨餽贈。身材矮小，偏偏又身配長劍，被一群古惑仔推推拉拉，受盡嘲謔恥笑，還喝令他在那些流氓混混的兩腳之間，穿來爬去為樂。情勢如此，他只好照做，此時屈辱，他柔弱能忍，才有日後劉邦為他設壇拜將，他被封淮陰侯、升壇點兵，智壓群雄的快意盛壯場面。垓下之戰，布下十面埋伏，使力能拔山扛鼎、身騎烏錐寶馬，號稱萬夫莫擋的西楚霸王項羽，左衝右突，無法突圍而出，自嘆：天亡我也！何以見江東父老？自刎而死，飲恨烏江。

【續一九九〇年記事簿】

花了我絕無僅有的幾萬元，萬里迢迢來到人生地不熟的亞特蘭大，無端掉入了藍綠對立的天羅地網，朋友！你說我怎麼辦？有個晚上，男主人煮了很好吃的什錦麵，沒話說得好吃，很大碗，好像牛吃的，我因為練功的關係，胃已縮小，只能吃三分之到一半，他看我停下不吃，說：「鍾仔！我們福佬人請客（剛好我是客家人），填多少飯麵，你都要吃乾淨。」是嗎？我不懂這規矩，有罪嗎！怎麼辦？我就是吃不下怎麼辦？我就放在那裡。有一天，他眼睛噴火對我說：「鍾仔！如果我有可能殺某個人，我馬上就把他殺掉。」這是要殺誰啊？我是被嚇大的嗎？回到萬國，我打電話到台灣，對我妻雪枝說：「我決定回台灣！」雪枝不依道：「不要！萬萬不可，全苗栗的人都知道你揚威美國亞特蘭大。你怎麼可以去了三四天，就打道回府，回來台灣呢？親友要作何感想呢？」我怎麼辦？當機立斷，對女主人說：「蘭美！妳要我做的事，我都做了！我的五百美元，被阿斌借去洛杉磯買馬，你先借我回台灣，你替我check機票。拜託！」女主人臉色鐵青，不知道怎麼回答我。我的鐵血鋼腕決定：回台北，到鄉下找個便宜旅館，住個八天十天，再凱旋苗栗。這天傍晚，許先生找我說：「鍾仔！我不對，對你不住，你花三萬多元來亞特蘭大，三四天就回去，我許某人還要在亞特蘭大混下去嗎？你至少也要住一個月以上，我會誠心誠意，全心全力招待你！」

低頭望見水中天

【第四十一章】

聞道若昧進若卻，
大白若辱建德偷；
大器晚成方無隅，
大音希聲象無形。

聞道勤行

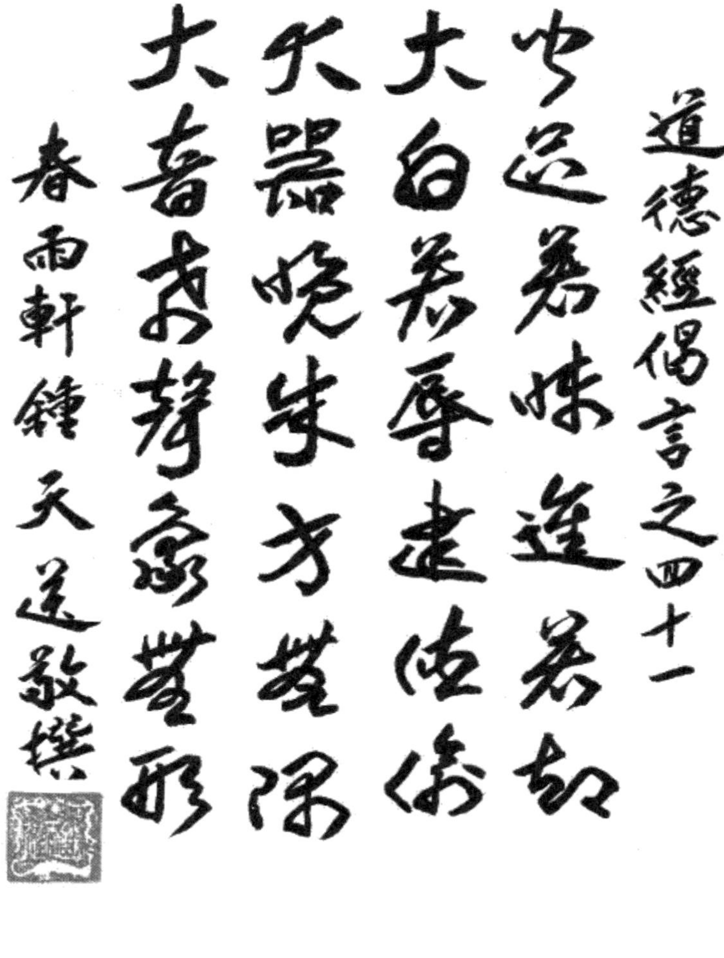
道德經偈言之四十一
大白若辱建德偷
大器晚成方無隅
大音希聲象無形

【原文語譯】

真正有智慧的上根利器，聞聽大道，立即有所感應，並且馬上精勤力行。中等有智慧的人，聽人講述大道，半信半疑，有些能接受，有些還是迷糊不解。下根鈍器，所謂末法眾生，焦芽敗種，一聽人家解說大道，立即產生強烈惡感，認為一派胡言，嗤之以鼻，哈哈大笑。如果沒有淺薄之人嗤笑！也不足稱為淵深奧妙的大道了！所以，古代高明人士，對此有所評論：大道雖然光明高深，但初初接近，卻覺得晦澀不明；大道本色積極精進，但聽起來、看起來，使人感覺是畏縮退卻。大道坦坦蕩蕩，前途光明，卻容易使人誤會為顛簸不平。有高尚道德的人，虛懷若谷，大肚能容。真正的清白，不事炫耀，少為人知，常常被誤為汙染不潔。道德越廣大，常人越摸不著頭緒，越容易被指責小節有虧損。道德越剛健，越不會譊譊多言，急急圖事，容易被看成卑怯偷懶。道德樸實無華，常人視為空洞沒內容。大方正直到極點，常人往往摸不清他做人行事的邊際。

最寶貴的器物，最了不起的人才，總是要費時長久，遲遲才能陶冶完成。最美妙的音樂，哪能隨時、到處，都有機會聽賞？最大的形象，是沒有形跡可以測量的。大道幽隱難察，沒有最適當的名稱詞語可以形容描繪。宇宙之間，就只有這個大道，善能布施、恩賜，始終愛護、照顧、成就群生。

◎【龍宮驪珠君試探】學海聯珠之四十一

一、八月二十八日，星期二，這天屏東無預警地颳起半小時的怪風，下起拇指大的冰雹。

一時樹倒牆垮，煞是驚人！去看中國二十五史，或資治通鑑，凡是天年突變，總有日蝕、月蝕發生；或天降冰雹，最大的，有斗那麼大，牛都有被打死的紀錄。古代天文家解釋為：上天垂象，為政者要多行仁政，消災解禍，否則：不測災來，勃然禍至。現在人聰明多了，相信也不說出來，免得被批評責罵，一概說是迷信神話，妖言惑眾，沒有科學根據。最近，國家政治外交，如走鋼繩，跳火圈，拚命挑動他國及本國國民的敏感神經，藉此蹈隙行險，爭權奪勢，玩弄愚民暴民，會不會挑起紛爭戰亂，應上這次的月蝕現象，也只有拭目以待了。那年唐山大地震，死傷空前，毛澤東問照顧他的護士說：「同志！中國人傳說地震發生，象徵有國家重要人物會亡故，妳相信嗎？」護士回答道：「有聽說，我爸媽也說過。」毛澤東喃喃自語：「我想也是！我想也是！」他一生與人爭、與天爭、與神爭，能嗎？這事過後不久，他就亡故了。

二、若立一塵，家國興盛；不立一塵，家國喪亡。「家破國亡」佛學上怎麼講？如果有一個世界成立，就會畫分成很多大小不一的世界，對不對？或者這個世界之外，林立著很多大小不一的世界，就會邦國林立，就需要靠謀臣猛將，來安邦定國，然後寄望出現麒麟、鳳凰那樣的領袖、元首，來領導治理國家，便成為祥瑞太平的國家世界。對不對？如果說對，有可能嗎？天上星多月不明，地上人多心不平。假使人心皆善，共業善，都成仙成佛，上天堂、變菩薩、佛陀了。還有一塵，還有世界、國家嗎？那麼，如果沒有世界存在或成立，那不就等於家破國亡，家國喪亡了嗎？如果人心惡多，共業惡集苦集，家、國、黨、派，顛倒錯亂，對立惡鬥，滿街狼犬。好人能奈其何？現在的世界，當前的國家，有這些現象、狀況嗎?其實，上面的主題與前面的敘述是文不對題的?怎麼才是命題者的真心真意呢?請聽我解釋!

人有六「根」：眼、耳、鼻、舌、身、意。這六根不清淨，就會帶給眾生無窮無限的煩惱、禍患、與後果。我佛稱之為六「塵」，隨便哪一根生哪一塵，都會帶動其他的根，塵塵相生，我們的心靈不就矛戟森然、邦國林立了嗎?心靈的天下、世界，還有太平的日子嗎!而且，六塵一生，眼耳鼻舌身意，衍生六種脫離真心本性的心識，叫六「識」。這十八關卡關，能關關通徹關關過，學佛才算上道。這就叫做不立一塵，家國喪亡。本心佛性，真空寂默!家國何在之有呢?

「一塵一立塵生塵，邦國林立不太平；一塵不立虛空碎，家國喪亡永世平；了了了時無可了，玄玄玄處似無玄。」（語出《碧巖集》第六十一集「風穴一塵」）。舉例而言，看到美女，眼意兩根連接，即起戀慕之情。若是心根不淨，生起塵來，是不是身鼻耳舌，都會一齊不淨生塵，成為共犯結構?

【續一九九〇年記事簿】

男主人突然態度作一八〇度的改變，我很意外，也很驚訝!我決定飛回台北，暫住鄉下八天、十天才忍辱回家的決定，暫時有了改變。（其嗟也可去，其謝也可食!）古人不是說過嗎?人家都道歉了，我還能堅持嗎?他為了表示真心道歉，馬上驅車出去大採購。這個晚上，親自下廚，辦了一桌豐盛的晚餐。蹄膀、鮭魚、青蟹、烤鴨，還有他最喜歡的薰蒸羊睪丸，一大盤的、說有一百多顆。一條羊才兩顆呢!這一餐豈不是要吃掉五十隻的?席間又拿出一瓶（XO），一個好大好大的披薩。五個人第一次開懷用餐、喝酒、唱歌，分吃披薩。族群、黨派的隔閡，一掃而光。這晚喝一點小酒，心情明朗起來，忘記要數羊、就睡著了！

第二天一早起來，天還未全亮，我不敢開門出去，生怕驚醒人家，擾人清夢，就在臥床琴室之間來回早安踱步。不知過了多久，我踱到窗戶旁邊，本能地拉開窗簾，原來窗外已下起濛濛的細雨。我看得發呆了！看著看著、突然警覺窗外的世界變了！細雨灰濛起來，樹枝、樹葉，掛滿了細碎的銀花，啊！銀花飛！銀花飛！是細雪！是瑞雪！我生平第一次這麼近看到的瑞雪！

有詩為證：

窗外紛紛雪花飄，此身離家萬里遙；
粉妝玉琢奇世界，平生賞雪第一遭。

春雨軒主人 鍾天送 敬賦

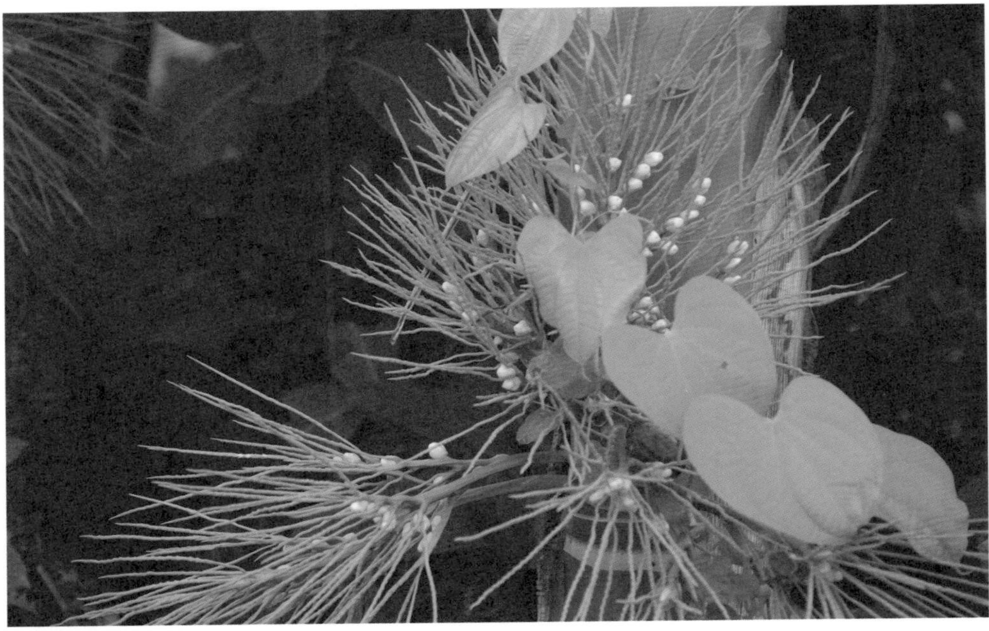
粉妝玉琢奇世界

【第四十二章】

陰陽萬化在沖和，
負陰抱陽和合生；
損之而益益之損，
強梁速死抱陽生。

沖和為父

道德經偈言之四十二
陰陽萬化在沖和
負陰抱陽和合生
損之而益益之損
強梁速死抱陽生
春雨軒鍾天送敬撰

【原文語譯】

大道，渾然一體，絕對無偶，所以用「一」來表示。從「無極」到「太極」的來回互動中，從「空無」生出「萬有」的來回變化中，把一渾圓代表道體。左半「空無」，代表「無極」（道之陽明、形而上的一面），中間以一黑點「•」，代表陽中之陰；右半幾乎「烏黑」，代表「太極」（道之負陰、形而下的一面），中間有一個小白點「。」，代表陰中之陽。大道唯「一」，生出陰、陽兩道，陽為天道，陰為地道。陰陽和合交配，衍生萬物，萬物以人最靈最大，故以人道總括。這便叫做一生二（大道生天地二道）、二生三（天道、地道生人道），以上三道衍生萬物。人類及萬物，雖生活在曖昧不明、風雲不測的「太極」陰暗之一面（負陰），但無時無刻不嚮往回到空無陽明之「無極」的光明面（抱陽），植物不都是向陽而生的嗎？尤其是向日葵。西方基督教徒，都希望死後生往天堂，中國人也希望修道修佛、成為天人，成仙成佛，這就叫做「負陰抱陽」。九界眾生都存在著一股「中和陽明」之氣，就是「佛心佛性」、「道、種、樸」、「良知良能」，太極圖中，那空淨陽明的白點「。」，他可以用「芥子」來比喻，很渺小，很渺小，卻可以容納整個須彌山（喜瑪拉雅山）。人之初，性本善，這空明陽和的一點，就是人類本來最初的善性。萬物眾生的永恆希望，就建立在這股沖和的正氣上。

人情最討厭的，就是沒有道德的人（孤德、寡德之）、不善良的人（不穀）。但是古代的帝王、公侯，都自稱「孤王」、「寡人」、「不穀」，這表示作元首、居大位的人，時時要提醒自己：不要驕矜自滿，應該謙沖自牧。如此謙抑自損，反而蒙更大更多的好處與禮敬；如果凡事自圖增益、中飽滿足自家者，往往後來會處處虧損。先聖先賢這樣教導我，我也拿這些道理教後人。做人施政，蠻橫強暴，事業、前途、希望，都會死得很淒慘難看。謙虛柔弱的人，反而能無入而不自得，絕處也會逢生。我經常喜歡拿這些道理，教育後輩子弟。

◎【龍宮驪珠君試探】學海聯珠之四十二

一、太極生兩儀（陰、陽），兩儀生三才（天、地、人），三才生四象（水、火、金、木）統領四方，中央為土。五行相生相剋，道通天地，思入風雲，變化萬千，鬼神莫測。四柱推命子平學・鐵板神算以外最不可思議的命理學，就是根據這：五行生旺衰弱的理論而建立的。五行能通通天地，絕非無稽之談。問題是學藝要精，心術要好，否則，難登極致，難免欺人自欺。

二、假使有人，用強橫無理的態度對待你。孟子說：「君子面對這種境遇，要先自我反省，自己的行為有沒有不合仁道？如果有，是自己不對，怪不得別人；如果沒有，是他人不明事理，胡來亂來，與禽獸的行徑沒有兩樣。對禽獸，有什麼好責怪的呢？」（見《孟子》離婁下篇）這是孟子教人忍受侮辱的方法。也藉此點出做人強橫，行為可鄙。做人修行，忍辱都非常重要，「忍辱」是六度萬行之一。持戒、布施、忍辱、精進、禪定、智慧，稱六度。六度不辦，萬行虛設，行六度，沒有般若引導，只是聰明的凡人，有般若為導，才成波羅蜜（此岸渡到彼岸）。

三、「從他謗，任他非，舉火燒天徒自疲。」（見永嘉大師《證道歌》），即使是聖賢，何況是常人，在命途運限走下坡的時候（時間點差、身分地位受壓抑、人事關係又不好），總會莫名其妙，惹來他人的毀謗與非議。永嘉大師對此有話講：「任由他人侮辱毀謗，還不是等於手執火把、想要把天燒掉。天、燒得到嗎？最後勢必落得自取其辱。自己會累死、困死，與被毀謗的人有什麼關係？」這是永嘉大師教人忍辱的方法。也順便暗示點出蓄意毀謗、非議他人者，會自貽伊戚、自討苦吃，下場可悲。永嘉，是與慧能大師同時代，悟道證道的成就造詣也相當的大和尚，很值得行者參學。

【續一九九〇年記事簿】

瑞雪象徵吉祥嗎？記得昨夜大家分食披薩時，許先生說：「大家注意！披薩中有吉祥物，誰得到，誰就是我們當中最幸運的人。」話剛說完，我就從口中掏出一物，原來是一個塑膠小娃子。大家看了！紛紛向我道賀！大家開懷大笑！我會是最幸運的人嗎？我內心深表懷疑。下雪歸下雪，上班還是要上班。我坐上辦公桌，赫然發現桌上放著一封信。上面有我的姓名等字樣。我打開來一看，一張信箋寫著：「謝謝鍾先生救了我們一家人。」另外夾一張百元美鈔。我知這是女主人的厚意。真是卻之不恭，受之有愧。十點多，許先生到萬國來，看到萬國生意不錯，還有不少人在排隊呢！他把我請出來對我說：「鍾仔！你這次來萬國，我其實很感謝你！第一、在你指導下，超市擺設一新；第二、生意本來不好，現在看來，顯然大有改進；第三、阮某本來要賣萬國，現在改變主意，不賣了！第四、外面對你已有好評，我許某人足有面子。雪已停，天晴朗，我們踏雪郊遊去！」一路上氛圍很好，談天說笑賞雪，車慢慢地開，又去到一個德式小鎮。說不出的乾淨、清靜，冬陽旭照之下，小鎮靜悄悄的，小狗也趴在店內，似睡未睡。我們進了一家優雅的小餐廳，吃西點，喝咖啡。用完餐，緩緩驅車回萬國。這經過、這情景，在我腦中、在我心裡，永懷在心，歷久常新。

葉浮於水，渾然一體。

【第四十三章】

無為無有入無間，
天下至柔騁至堅；
無為受益誰識解，
不言教益至希及。

至柔希及

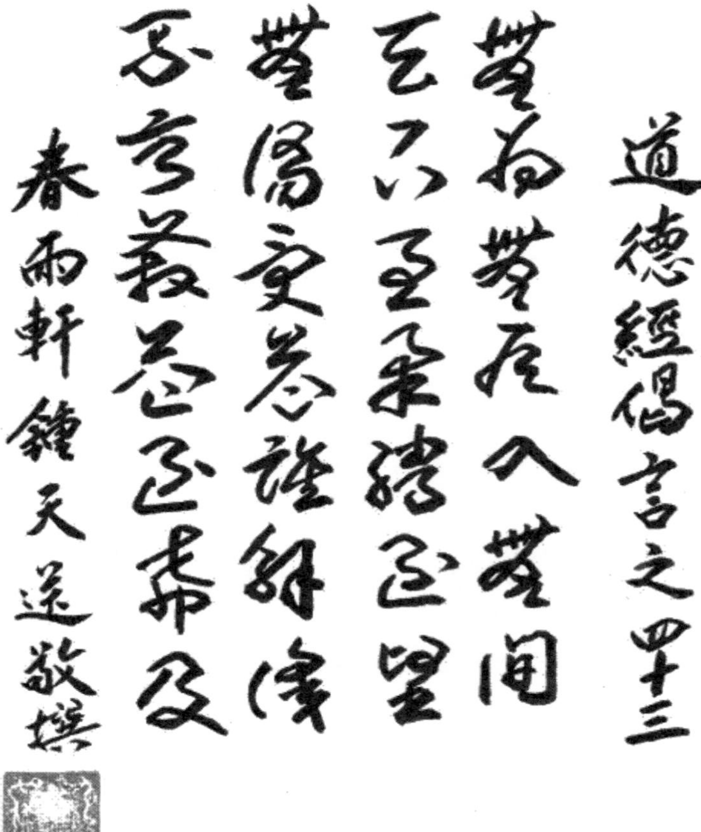
道德經偈言之四十三
無為無有入無間
天下至柔騁至堅
無為受益誰識解
不言教益至希及
春雨軒鍾天送敬撰

【原文語譯】

天下最柔弱的東西或行為表現，能暢行無阻地、進入天下任何最堅硬的所在地方，克服最艱難的問題。你相信嗎？想一想水的作用與力量，心頭就會明白。大道不可見、不可聞的無形力量，更是一樣，祂能穿透、進入任何沒有空隙可乘的地方，解決看來似乎絕無可能解決的問題，完成不可能完成的工作或任務。領悟了這層道理，使我明白：不妄作胡為，不逆勢、逆人、逆時、逆向操作；不存心、刻意去貪圖分外、身外之物；不奢求虛浮表面的榮華利祿。反而能獲益無窮；在人生旅途中，滿載而歸。不靠花言巧語的伎倆手段，處事處世，一切順應自然，隨緣任運的「無為大道」，能帶給世人的好處，絕對不是世人艷羨、追慕、或渴求的榮華、利祿、富貴所能望其項背。

◎【龍宮驪珠君試探】學海聯珠之四十三

一、《太上心印經》選鍾離子遺作《呂洞賓傳》：「太上智光，獨此真陽。目不外騖，耳不遍聽。口絕閒言，心無妄想。自朝至暮，洗心滌慮。無牽無掛，更遠累害。制外養中，退藏於秘。惺惺常存，守之不敗。寂而常照，照而常寂。綿綿不二，密密不息。對境無心，遇物不染。動觀自在，靜養中和。精神內蘊，怡養谷神。積至久久，誠至明生。了了長明，如如自在。純乎以正，默默合天。」

二、國家元首，賢人君子，社會明星人物，如能出自內心，帶頭敬老尊賢，憐孤恤貧，國人也就自自然然、懂得孝順父母、友愛兄弟朋友，這便是「不言之教」。不要說：「我早已知道」，就怕是：「從來也沒有做到」。

三、君子無論處在什麼地位，先該做好份內的事。富貴也好，貧賤也好，在殊方異域也好，在患難境域也好，都該先把本份工作做好。不貪羨、圖謀他人的權位利益。等待自己時機成熟，因緣際會，才提升自己，實現理想與抱負。這樣無論處在何種境遇地位，也都能悠然自得。

【續一九九〇年記事簿】

瑞雪才下了半個早晨就停了。不過對我而言，已經足夠。小塑膠人還好像真的帶來幸運呢！我的訪客也真的不少，每天的收入，也足以令人展露笑顏。多少收入，就暫時容我賣賣關子，下回路上與君相逢，再悄悄告訴你！總之每天結算好，我就拿一半或一半以上的收入給女主人。她的笑容代表滿意。雖然時值季冬，我卻有寒野春回的感覺。哇！哈利路亞！菩薩保佑！半年來的悶氣，一掃而光！真是不經一番寒徹骨，那得梅花撲鼻香？沒有生意時，我悠然站在萬國停車場的邊緣，任由冷風陣陣吹拂，嗚！嗚！火車的汽笛聲，遠遠傳來，看火車是我從小以來的最愛。好長啊！看不到尾端。許先生同我說，有時多一百個車箱以上。一節一節的過去，一節一節的過去。人生也是一樣，一段一段的過去。大江東去不回頭！

就在這個時候，世界發生了天大的事情。波斯灣戰火連天，風雲險惡，在科威特邊界城市，爆發了很多的戰鬥，美伊空軍在此激烈交戰，爆炸聲籠罩著滾滾的黃沙。雖然美國總統布希說：「陸上決戰，尚非其時。」可是消息傳來，伊拉克已經集結千輛裝甲車、向沙烏地阿拉伯的卡夫卡進逼，陸戰顯然迫在眉睫。全世界目光全部投注於此，全球戰略軍事家紛紛在分析，兩方兵力之強弱優劣，各國預言家也不甘寂寞、上電視大放厥辭，台灣的軍事學家也斷言：這戰爭至少要打三年以上。

有一天早上，許先生突然對我說：「鍾仔！各國人都在預言波斯灣戰爭的勝負與結局。老師你也是專家，為什麼不也來預言一下呢！」我答道：「我不懂通靈算命，如果用子平學來算，也許可以參考，可是我沒試過，不敢擔保有用。而且，沒有哈珊的生辰，也無從下手。」許先生聽了，立刻聯絡世界日報駐亞特蘭大特派員彼特•葉，葉國超先生。葉先生在電話中說：沒問題，交給他辦。不久，葉先生匆匆趕到，他有一張哈利波特英俊的臉。謙虛、親切，台大新聞碩士。他把美新處調出來的哈珊生辰、年、月、日資料交給我。我立即排出哈珊星盤，跟他們講述一番。彼特看了連連說：「不錯！不錯！」許先生更是興高采烈！忙問彼特：「會刊登出來嗎？」彼特回答：「不知道，要看紐約總部決定。」剩下的，就只有等候了！

《小花吟》

西風後院舞落花，閑情可有價？忽念前塵歷險境，夢也擔驚怕。
红紅綠綠飛滿地，何處可為家？似登雲棧騎瘦馬，惹來眾牽掛。
不必吟滿傷春句，何須酒醒悲落花？不如夜禮中天月，早起曉餐仙洞霞。
清溪旁，松蔭下，一朵小小花。

春雨軒主人　鍾天送　敬賦

【第四十四章】

人親盛名適身命，
人爭財貨適性命；
甚愛費大多藏亡，
知足知止始久長。

知足知止

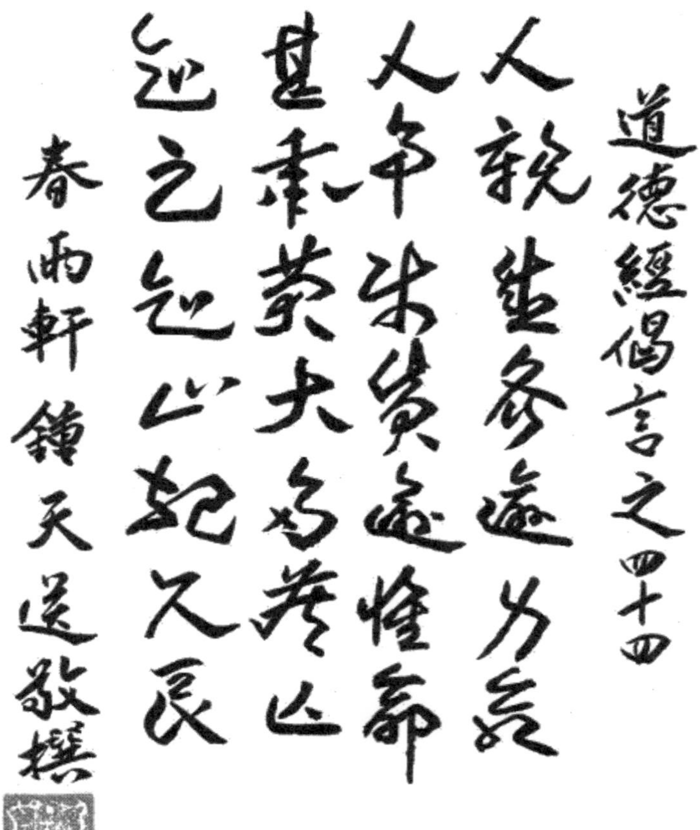
道德經偈言之四十四
人親盛名適身命
人爭財貨適性命
甚愛費大多藏亡
知足知止始久長
春雨軒 鍾天送敬撰

【原文語譯】

大凡人情，無不戀愛此身，憐愛自己。可惜人人日日都在傷害此身，傷害自己。「名聲」和「身體、性命、靈魂」，哪一方面人類比較親近呢？人的身體、性命、靈魂和財源利祿，哪一方面人類比較愛重呢？如果得到名利財貨，卻要傷害此身；或者失去名利財，卻可以保有此身。你覺得哪一方面害處較大呢？這可不是選擇題的問題，選錯或陷溺其中的人如恆河沙數。（像印度恆河裡面的泥沙那麼多）貪愛盛名，要大費周章，勞神費思，乃至於害人害己。越是多藏金銀寶貨，多享非分財利，往後隨之而來的損失災禍，也就越是慘重。知道該滿足時即刻滿足，就不會因多方貪求而帶來羞辱；知道該停止時即刻停止，就不會因急躁倖進而陷進危險之境地，只有這種人比較能長久保持安平與福泰。（每一次看到老子這一章，我真的對祂的思想哲理、全人格、真精神，佩服得五體投地，真心願意頂禮膜拜！在我們的周遭看得到這種人物嗎？為什麼我總是噩夢到一群叫囂的瘋子狂夫，還有一群盲目可憐的愚民，群魔亂舞，非理性地賤踏斯土與斯民，啊！噩夢何時醒？）

◎【龍宮驪珠君試探】學海聯珠之四十四

一、「半畝方塘一鑑開，天光雲影共徘徊；問渠哪得清如許，為有源頭活水來。」朱熹有一個半畝平方的池塘，無風時清澈得像一面鏡子，蔚藍的天光，美麗的雲彩，全都映照其上，風過時婆娑搖曳如起舞。這池塘怎會這麼清澈呢？原來源頭有清泉活水來注。清泉活水、就是佛心佛性，就是玄真的大道。

二、格拉蘇，羅馬第一次三人團（又稱前三雄）之一，是很富足的資本家，他和凱薩及龐培三人瓜分了羅馬世界，取得東部地方，還企圖征服波斯。經營買賣奴隸的貿易，開掘銀礦、投資羅馬地產，搜刮成為大富。结果就在要征服波斯的戰役中被俘虜了！波斯人知道他酷愛黃金，就將黃金熔燒成金液，灌入口中喉管致死。這不是印證「多藏必然豐厚而亡」的道理嗎？

三、朱熹十八歲中舉，紹興十八年中進士，曾上書南宋孝宗，請學「格物致知，誠意正心」的帝王學「理學」。功高遭忌，奸黨上疏說他的道學是偽學。奸相韓侂胄誣告他十條罪狀，落職罷祠。七十一歲整冠就枕，安然而逝。福建人流傳說：「山前出忠臣，山後出奸臣」。忠臣就是指朱熹，奸臣是指洪承疇。

四、洪承疇允文允武，能征慣戰，榮任經略大任，與范文程都是有清一代開國元勳，歷史上卻同列為《佞臣傳》之前茅。清兵入關，洪立下血書：決心死守松山，準備玉碎。松山之役，下落不明，紛紛傳言，已經殉國。福建人為他建廟祭拜，誰曉得幾個月後，才知道他已投降清朝。閩人痛心疾首，毀廟洩憤。名列佞臣，由來在此。事實上，洪承疇當時兵敗被俘，確存死志。遭遇與文天祥大致一樣，百般求死，矢志不降，打入黑牢。清帝皇太極，天縱英明，深愛其才，千勸萬勸，不為所動。不言不食，日益憔悴骨立。皇太極仍不死心，叫人熬好蔘湯，挑選皇室美女屈身親往照拂，洪仍堅拒不食。美人婉言溫語說：「經略大人！你不要太委屈自己好不好？你可以不吃菜飯，但喝一點茶水總可以嘛！你不吃不喝，不是很為難我嘛！」洪一時被感動心軟，終於喝下蔘湯，因得不死。在一個風雪之夜，北方奇寒冰凍，皇太極親自掌燈進入黑牢探視。洪蜷曲一角，凍冷顫抖，皇太極以華貴貂裘輕輕覆蓋在他身上說：「先生何乃自苦如此？」冰山也被融化了！洪承疇被當作漢奸佞臣，投降清朝的始末，也就是如此這般。清祚二百六十八年的江山；康、雍，乾一百三十四年的盛世，就是這樣打下來的。「重用人才，知人善任。內舉不避親，外舉不避仇。」

【續一九九〇年記事簿】

從老子到我，我一直用數位的方式敘述進行之，不然大家一定會煩會膩。在彼特寄出有關我的新聞稿後，我去了哪兒呢！你不會猜得出來的。許先生有一天帶我去看《亂世佳人》故事發生的現場。地下火車站，現在改成血拼中心。克拉克蓋博和費雯麗，英俊美麗的身影又浮上我的腦際，那時女主角遭遇悲慘，走投無路，她無奈地說：「今天，我真的一點辦法也沒有啦！但是，也許我明天又會有辦法了！」這句話無數次出現在劇情裏，感我至深！至今仍然縈繞我心懷。我們走進一間淨雅的冰店，點好菜單，許對我說：「鍾仔！從現在起，你看看前面走過來的小姐，十個為限，你算算有幾個是醜的？」真的，沒有！是美麗的姑娘才來這裡，還是有福報的人都降生在亞特蘭大呢？我來不及感慨繫之，許又突然對我說：「鍾仔！你在這裡很委屈，不是我家到 downtown，就是 downtown 到我家。明天我帶你暢遊佛羅里達去！讓你認識美國！吳醫師，阿斌也一起去！」我千山萬水的旅程又要展開嶄新的一頁了。我們一行在一九九一年一月三十日越過州界，經過傑森威爾，走九十號大道，逕向終極目標邁阿密，揚長直奔而去。超大的 VOLVO 廂型休旅車，載有一布袋裝的糧食，青蟹、新鮮鮭魚、糕餅乾糧等等，放進一個旅行用的冰箱中，但這不是我很熱中想告訴大家的重點消息。我們相約沒有特別理由，都不打電話、不看報紙。所以，一月三十一日，伊拉克千輛裝甲戰車浩浩蕩蕩突進敘利亞的消息，也等我們回到亞城才知道。根據彼特後來的補述，紐約世界日報總部、赫然發現有一篇預言波海戰局的新聞稿，準確有趣。二月一日，我那篇誤打誤撞，瞎貓碰死耗子的預言稿，以很大醒目的標題，大幅刊出在世界日報東南版上，啊！上帝、佛陀、菩薩的魔棒只那麼輕輕一揮，揚名美東！竟然出乎意料之外實現了！我不必偷偷回到台北、躲到小旅館住個八天十天，再潛回頭份，編造我到美國如何如何成功的美麗謊言了！人的一生，只要有這麼一天，偶然發生這麼一件小事兒、一段小插曲兒！就可以長供知我、我知的親朋好友津津樂道，已足夠我知止知足！

【布農族鹿野情歌】

再也不見你（佛）的身影，留我在這裡，
鹿野的小巷裡，你（佛）的笑聲已遠離！
我沒說過心痛是你（眾生），真心藏心底。
你（眾生）在午夜的朝市裏，怎麼對待你自己？
花花世界，到處陷阱，你（眾生）會在哪裡？
城市星星（人世繁華）沒得比，我在鹿野（佛世界）等著你！
佛陀，菩提樹下證道後，開始方便演說佛法四十九年，始從鹿野苑，終至跋提河。

春雨軒主人　鍾天送　敬筆

知足知止，一如水鳥之閒適。

【第四十五章】

大成若缺用不弊，
大盈若沖用不窮；
大直屈拙明辯訥，
靜勝躁熱天下正。

清靜至正

道德經偈言之四十五
大成若缺用不弊
大盈若沖用不窮
大直屈拙明辯訥
靜勝躁熱天下正
春雨軒 鍾天送敬撰

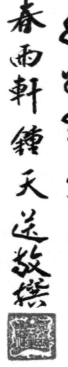

【原文語譯】

對於已經成見（眾生知見）深深、偏見堅固的人而言，最圓滿的事物或真理，反而看起來處處好像都有缺陷似的；但祂能發起、發生的作用，卻永不變質，永無錯誤。最充實偉大的道德也是一樣，在常人的眼光標準來衡量，也會認為祂空洞沒有內容；可是努力來了解祂，在生活中去實踐祂、運用祂，卻受益良多、獲益無窮。同樣的道理，用有毛病的眼睛來看萬物，最正直的東西事物，也變成屈曲歪斜了！最靈巧的表現，容易被看成很笨拙的樣子；最高明的辯才、因為不愛譊譊不休，不輕易發言，很少大聲強辯，就被看成反應木訥，有口難言的樣子。事實上，懂得大道的人，可以用定靜克服焦躁，以清爽寒涼克服煩惱暑熱。只有順任自然、清靜無為，才是天下人應該遵循的，做人做事的法則，才能使天下一歸清明平正。

◎【龍宮驪珠君試探】學海聯珠之四十五

一、「洞山寒暑」（《碧巖集》第四十三則：寒暑來時如何避？且去無寒無暑處）。有一個和尚對洞山大師問道：「師傅！修行人碰到寒冬溽暑的時候，要怎麼迴避它呢？」碰到這樣的問題，怎樣回答才好呢？買個電熱器，或安裝冷氣？古代有這麼方便嗎？經濟能力夠嗎？乾脆住五星級大飯店好了！洞山大師很有耐心地回答說：「為什麼不去又沒有寒冬，又沒有溽暑的地方呢？」何處無寒也無暑？寒時寒殺必無暑，熱時熱殺不知寒，垂手心立萬仞山。琉璃古殿透月形，韓犬空階撲兎影。那和尚又問：「大師！有什麼地方那麼好？又無寒冬、又無溽暑，到那兒修行一定很理想。」洞山還是很耐心地回答：「有啊！寒的時候寒死你和尚，那不就是沒有溽暑嗎？熱的時候熱死你和尚，那不就沒有寒冬嗎？只要你能定靜下來打坐，像一座萬仞高山一樣，還有什麼寒暑分別呢？」這位和尚修行什麼呀？就像月亮透過琉璃的窗子，照進古殿，留下圓形的月影，可笑韓地所產的小狗，一直以為那月影是兔子，在那空無一有的石階上，拚命地追撲，學佛修行的辛苦或所犯的錯誤，也就像那韓犬一樣。

【千山萬水走一趟】（再登武夷山）

我們為什麼登武夷山、要下午五時從福清出發呢？本來當時的決定就是：小馬載雪枝與我、娃娃、秀明，五個人明日清晨輕輕鬆鬆上武夷山。當時秀明、娃娃，顯然不太高興，一輛車坐不了六個人，他們都是第一次來，王董不去，女兒娃娃、太太秀明會滿意嗎？這個結，怎麼解呢？從我的身上事解了！那天，小彧找了好幾個人來給我算命，她已經差不多完全對我心服口服了！她是高登達唯一專業設計師呢！二十二歲妙齡，藝術大學畢業，父母唯一掌上明珠，在大學還修了三年的搏擊，黑龍江姑娘、一身迷彩裝，夠辣吧！我有一點為他男朋友擔心！那天，要我推算的人不在現場，她說是他的堂哥，目前在浙江做生意。我只好解說並當場録音再由小彧轉交給她。那時小賈經理、劉總經理、雪枝，也都在座。我推斷說：「你這位堂哥是富翁，三十歲邊緣就出色當行，現在還在好運中。」話未講完，劉總插口道：「鍾先生！你沒見過他，怎麼敢斷言說他是富翁呢？」

我說：「星盤上顯示很清楚，不信問問小彧。」小彧露出神祕曖昧的笑容。寶雲自己也笑了！他說：「不用問了！鍾先生！你算的就是我的命了！」大家跟隨大笑！我冷汗差一點沒流出來，如果我的判斷有錯，這次福清之行，便要面目掃地，鎩羽而歸，無顏見台灣父老了！「6633劉」很滿意我推算他的終生命運，便找王董商量道：「老董！鍾先生那麼遠來，小馬也不熟武夷山，我老家南平，去武夷山很近，那一帶地形我都熟，我看還是我開6633做前導，老闆前坐，小彧小賈坐後座，我們準五點出發，快快樂樂上武夷山吧！」三天兩夜的武夷山之遊，就此敲定。想起以前的我，一門不邁、二門不出，難得上一次台北，也只敢在重慶南路路邊踅來踅去，博物館、植物園、一家家的書店，對我來說就是大台北了！找不到放心的餐館，就買了一大串香蕉，躲在小旅館裏，早也香蕉，晚也香蕉，日日夜夜，都吃香蕉，講給女同事聽，沒有不笑到彎下腰，直不起身來的，口中如有食物茶水，難保不立刻吐出來。誰想到日後會馬不停蹄，邁上天涯行旅、海天到處浪遊呢？

【第四十六章】

天下有道馬載糞，
天下無道馬生野；
禍大莫過不知足，
咎莫大於欲得過。

知足常足

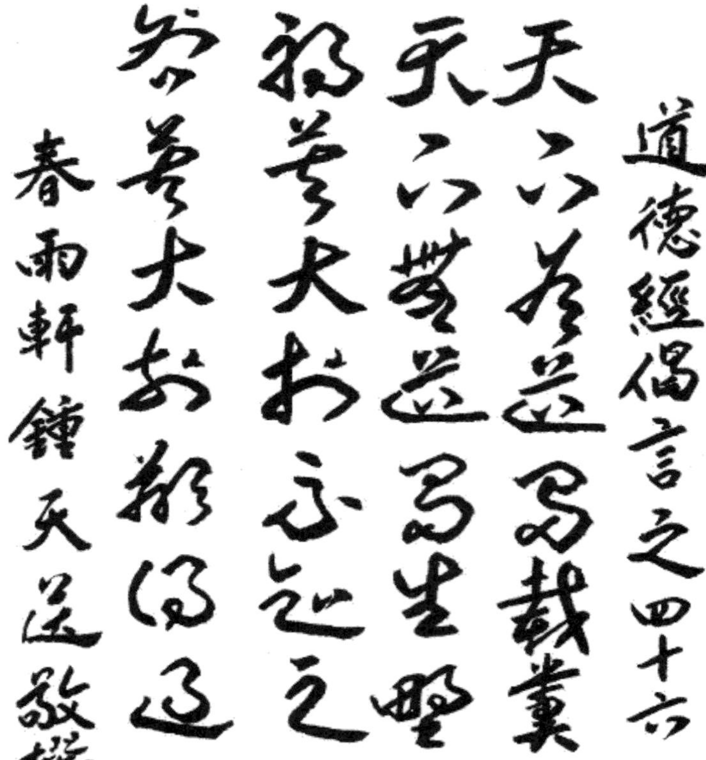

【原文語譯】

國家政治能走上正道，戰亂便不會發生。戰馬派不上用場，便被用來載運糞肥。（就像國軍沒有戰爭，就去幫忙春耕、秋收）國家政治若是不上軌道，戰亂當然難免，戎馬不足，懷胎的母馬，也要用來打仗。結果被逼在戰場上生產小馬，也不是什麼新鮮的事兒！馬猶如此，人何以堪？政治為何不上軌道？戰亂為何會發生？原因不外：為政者貪圖慾望享受。永遠不知滿足，以致內政外交都出問題，兵連禍結，民不聊生。因此，沒有比「不知足」更容易製造災禍，沒有比貪得無饜更會製造罪過。所以，能知適可滿足的人，永遠滿足、永不匱乏。

◎【龍宮驪珠君試探】學海聯珠之四十六

一、亡國之君：北宋徽宗、欽宗。北宋徽宗書畫都不錯，在書法上自創「瘦金體」堪稱傑作，可惜生在帝王家，為人、治國和他的書法一樣輕薄。重用奸相蔡京、佞臣童貫，鑄九鼎，築九殿來安奉。又築萬歲山，大事營建。大興外邪門道，假託神仙以自重。寵信道士林靈素，宣稱徽宗是「長生大帝君」所轉世，於是放心遊樂嬉戲，後宮佳麗千千，不夠滿足色慾，還要微服暗訪名妓艷姬，與臣屬爭風吃醋，荒廢國事，淫樂無度，無能應付外患，乃賄賂金國，聯金攻遼。金軍所戰皆捷，宋兵連連敗北，只好下詔罪己，把帝位讓給兒子欽宗，希望逃脫百姓責難。誰料靖康才元年，金兵神速渡河南下，徽宗、欽宗、及後宮后妃女眷數千人，一齊被俘虜。父子雙雙囚在北廷做了金朝奴隸，一執痰盂，一拿尿壺，含羞受辱，終死在東北苦寒之地，后妃全數充作金帝及金朝皇族之妻妾。

二、法國國王亨利四世與路易十四：法國包本王朝中，最精明能幹的國王有兩位，一位是頒佈「南特詔書」，使法國人有宗教信仰自由的亨利四世，他英明仁慈、極孚眾望，想盡辦法，努力在平服「宗教戰爭」帶給歐洲人的創傷，真值得作為「知足者」的楷模。另外一位是路易十四，他最愛漂亮，服飾優美，言行高貴，酷愛被人諂媚。終其一生，都在犧牲法國人的生命、財產、金錢，來滿足他窮兵黷武的野心企圖。在位時間，讓法國參加「三十年大戰」、「對爭取西屬尼德蘭之戰」、「對荷蘭之戰」、「巴拉提內特之戰」、「西班牙承繼之戰」等等，貪得無厭，使法國喘息在債務與重稅之下。廢除「南特詔書」，使法人失去信仰自由，紛紛逃往英國。人才流失，科學工業祕密外洩。臨死留言：「往後繼承人，不要學我那樣：愛好戰爭、建築，要設法減輕人民痛苦。」空言哪能解消民怨？出殯行列經過熱鬧市街，民眾競相咀咒，狂喝啤酒、香檳，以示慶祝。後任路易十五、十六，積弊難振。引起法國大革命，路易十六被送上斷頭台。

三、英王詹姆斯一世及兒子查理一世，都迷信「君權神授」之說，高談君主神權，認為「朕就是法律」，凡事無不專制，不容議會干涉，英人恨之入骨，引起清教徒革命，查理一世因此被送上斷頭台。詹姆斯一世，雖然逃過一劫，卻被冠上「一切基督教國家中，最聰明的笨蛋」的惡名稱號。

四、宋太祖趙匡胤，官拜太尉，又兼歸德節度使。時值北漢、契丹入寇，他受命率兵抵抗，兵到陳橋驛，軍隊不肯再前進。弟弟趙匡義以及諸將校強以預先準備好的黃袍加披到匡胤身上，就這樣當上了皇帝。有一天，他召集大將石守信等宴飲，席間對所有部將說：「沒有你們，我這皇帝沒得做；可是天子難為啊！還是你們做節度使好。」諸將聽了都惶然不解，請問其故，他解釋說：「做皇帝戰戰兢兢，日日夜夜要擔心帝位不保啊！但是想要做的人還是不在少數啊！假如有一天，你們的部眾也拿黃袍披在你們身上，你們縱然不想做，也會身不由己啊！」諸將聽了驚懼莫名，頓首請示如何是好？趙匡胤說：「如能放棄手中兵權，下鄉在野，擇買良田，多蓄歌伎舞女，天天飲酒作樂，可終天年，何樂不為？」諸將聽了，無不了解其意，深然其言，拜謝後離去。第二天紛紛稱病請除兵權。太祖一個個封賞他們，厚賜金銀、珠寶、美女，免去軍權，職位由文臣代替。歷史上稱之為「杯酒釋兵權」。比起漢初、明初，「飛鳥盡，良弓藏；野獸盡，走狗烹」，大肆誅殺功臣的血腥罪惡慘狀，趙匡胤和石守信等部將，可說都是知機、知足、知止的典型代表人物了！（知足之足，足矣！）

【千山萬水走一趟】

晚間夜遊武夷山夜市，哇塞！滿街處處賣蛇貨，蛇肉、蛇膽、蛇血、蛇鞭，乃至當場宰殺活生生的毒蛇，切割血淋淋的蛇塊。我確認武夷山是「毒蛇的王國」，筆者有詩為證：

武夷蛇多號王國，五步十步絕人活；
蛇鞭蛇膽滿街售，毒蛇難逃人身手。
蛇生蛇死誰惜傷？人生離死哭斷腸，
做人陰毒若似蛇，能怪輪迴墮因果？
此時肝腦血塗地，慘慘悽悽也如此。

春雨軒主人　鍾天送　敬賦

【第四十七章】

足不出戶知天下，
目不窺牖見天道；
其出彌遠知彌少，
不行見為知名成。

天道不為

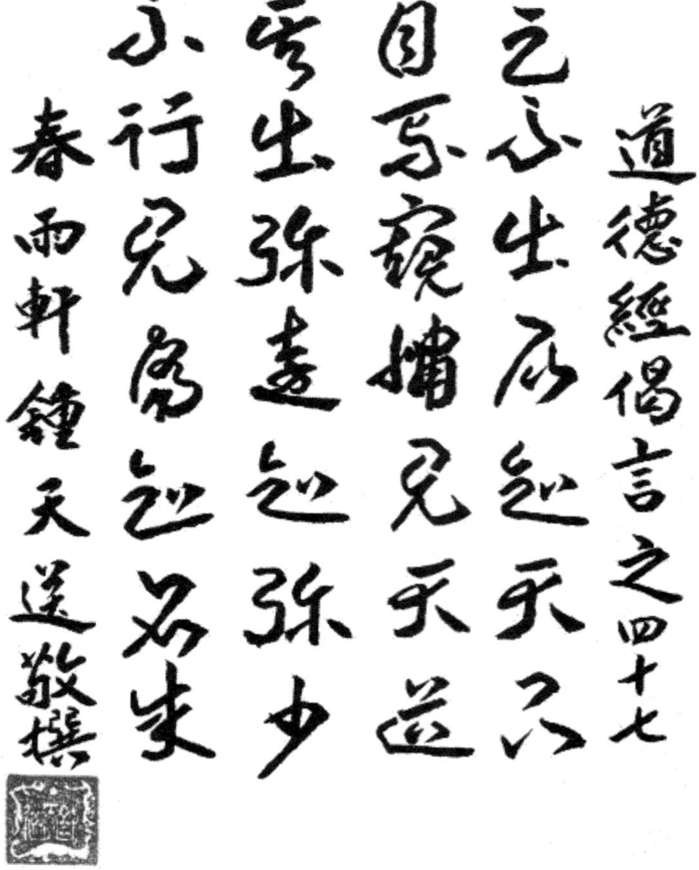
道德經偈言之四十七
足不出戶知天下
目不窺牖見天道
其出彌遠知彌少
不行見為知名成
春雨軒鍾天送敬撰

【原文語譯】

如能證悟自然法則、玄德大道，即使不踏出門戶一步，也能推知天下萬事萬物的道理，包括太極的人道、地道，世間的學問，形而下的各種道理。即使不開窗望外，也能了解無極的天道，出世間的學問，形而上的道理。這就是說：人類越是向外馳逐奔競，嚮往心外的世界，對世間的各門學說道理，所知也貧乏有限，更不要想侈談上窺佛道無上的出世間學。所以，道家聖人，不必到處朝山拜聖，也能歸真返璞，洞察天下事理；不必千山萬水遊歷，也能心知肚明，上窺無上大道；不必勞駕眼根外視，亦能默察事理；不必勞動其他五根，盲目蠢動妄為，自能成就自己、成就他人，成就世界。

◎【龍宮驪珠君試探】學海聯珠之四十七

一、「自小來來慣遠方，幾回衡嶽渡瀟湘；一朝踏著歸鄉路，始覺途中日月長。」修行求道，天涯不辭其遠，不是北嶽南嶽拔攀，就是瀟水湘江浮杯；途中費時耗日，日月徒長，這就是「漸修」的過程。一朝踏著歸鄉路，這就是「頓悟」證道的開始。這歸鄉的「鄉」，不是人間的故里家鄉，而是歸真返璞的「真樸」，人類的家鄉故里。這時候你會說：「回家的感覺真正太好了！」當然，幾十億人口，幾個人能回得家呢？

二、「但見雲忙水亦忙，所忙不在稻粱桑；芸芸更是忙無既，彼此爭忙夢一場。」（清、《石蓮詩》）。

塵世人間，只見白雲飄來飄去，忙著浮游；流水也湯湯滾滾地，四向奔流。它們還好，不必為五穀雜糧、柴米衣食而忙碌。無心出岫，悠哉！悠哉！任意東西！但是我們芸芸眾生卻不然，日忙月忙，沒完沒了，像沒頭的蒼蠅；趕宿的過客，忙到衰老病死，才知空夢一場。「世事一場春夢，人生幾度秋涼。」不是嗎？

【秋之歌】

千秋萬代，年年有秋；
萬代千秋，有人吟秋。
秋若有心秋亦老，人一逢秋心緒憂；
人生幾度遇秋涼，不嘆涼秋愁也休。
何若隨緣留秋住，秋去秋來意悠悠。
葉落任它風飄零，花落何防水漂流。
我自慷慨歌吾志，何須戀夏苦悲秋。
秋風秋雨等閑度，生世無非度春秋。

【詠芙蓉】

芙蓉秋日顏，歲歲頌華年；
明月時來照，清水為留連。
柳絮因風飛，楓紅遇冬殘；
芙蓉獨傲笑，佼佼花中仙。
秋蓉問我斯文否？我為秋蓉賦斯文；
秋蓉斯文本天賦，不賦秋蓉亦斯文。

春雨軒主人　鍾天送　戲賦

【第四十八章】

為學日益道日損，
損之又損臻無為；
無事常以取天下，
有事不足取天下。

為道日損

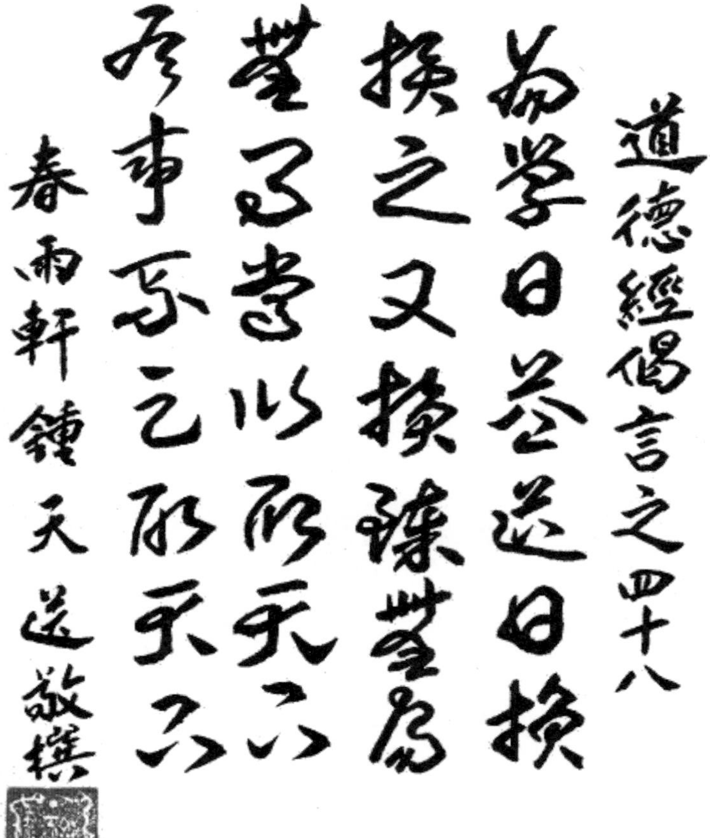
道德經偈言之四十八
為學日益道日損
損之又損臻無為
無事常以取天下
有事不足取天下
春雨軒鍾天送敬撰

【原文語譯】

探求世間外道的知識學問，知識學問當然一天比一天增加長進。但也因此要和廣大複雜社會的權力、利祿、俗事、庶務接觸；感情欲望的需求，外表的講究，待人接物的巧裝虛飾；巧言令色，文過飾非的行為，也隨之累積增加。反之，心向追求無上、無極的大道，博聞強記的世間學問，便越來越少去涉獵；外道用來炫世媚俗的知識學問，就逐日拋卻疏離，而瑣瑣碎碎的繁文縟節，虛應文飾、感情慾望的貪取牽絆；盲目妄為，顛倒錯亂的蠢動，也就省卻減少，乃至一損再損，損至進入完全近似「無為」的最高境界。一切順應自然、隨緣任運；不躁進、不爭奪、不惹是爭非，順來順應，逆來順受。因人、因事、因時、因地，各制其宜。默默耕耘，神不知、鬼不覺，委屈圓滿地做了很多好事、善事。外人還以為他懶散無為呢！想擁有天下的人，就要這樣清淨無為，不隨便擾民生事，才能使天下大治。若是不此之圖，政令繁苛，朝令夕改，雷厲專斷，勞民傷財，截絕人民養命之源，以致民怨沸騰四起，等於唯恐天下不亂，如此狹窄胸襟，天下哪能長久歸他所有呢！

◎【龍宮驪珠君試探】學海聯珠之四十八

一、「幸運的東漢光武帝」。東漢光武帝劉秀，少年的時候，很愛慕新野的一位少女，她的名字叫做陰麗華。她不但人長得非常美麗，端莊賢慧之名也有口皆碑。後來到長安讀書，看到執金吾出巡，車隊極為壯盛。一時感慨地說：「做官嘛！就要做到執金吾才像做官；娶妻嘛！要能娶到像陰麗華這種女孩子，才是大丈夫。」誰會想到他後來成為中興漢室的東漢光武大皇帝；更奇妙的是，他果然娶回陰麗華為妻子。劉秀要立她為后，她卻拒絕說：「郭貴人入室在先，而且先已生育有子，理應立她為后。」自古大家都爭入東宮，哪有讓出皇后大位的事兒！讓與不讓間，「妾身可是千難萬難呢！」陰麗華，不愧是人間奇女子。

二、陰麗華長兄陰識，作戰有功，光武帝要給他增加封邑，他叩頭請辭說：「萬萬不可！我因妹而貴，已該知足，再任意加封怎麼讓天下人釋懷？」

三、學海無涯，而人生有涯，以有涯的生命，要追求無涯的知識，不累死才怪。所以老子要我們，多向內心探討吾人本自具足的真樸智慧。大道真德若能有所成就。情慾、文飾、仁義、聖智、禮儀等外道之學，不過是可有可無的另加衣飾而已。

畫成淺水輕烟筆，
寫得微雲遠岫辭。

春雨軒主人　鍾天送　戲賦

無為，最高境界是順應自然。

【第四十九章】

聖人之心百姓心，
善善不善是德善；
信信不信是德信，
有事不足取天下。

德善德信

道德經偈言之四十九
聖人之心百姓心
善善不善是德善
信信不信是德信
有事不足取天下
春雨軒鍾天送敬撰

聖人沒有頑固執著之心，拋棄一切成見偏見；聖人之心如流水，沒有固定流向。他喜歡探察百姓苦衷，以百姓需求為需求，解除其倒懸苦痛，滿足其正當心願。別人善良，當然要善待他們；別人不很善良，也會因勢利導善待他們，引導開化他們行善。這樣的道德，方臻至善。別人誠信可靠，我信任他們；別人誠信有虧，我也要信任他們可信之處，轉過來讓他們信任我，進而影響他人逐漸趨向誠實可靠，此德才真真可昭大信。聖人在位，必先收斂自己的野心慾望，率先示範自己渾厚真樸的美德，因為十目所視，十耳所聞，百姓無不專注他們的眼睛耳朵，在看在聽領導者的一言一行，以便上施下效，當做學習模仿的榜樣。聖人樂意把百姓當做自己家人孩子一般照顧愛護，以身教引導天下人同歸于眞樸純正。

◎【龍宮驪珠君試探】學海聯珠之四十九

一、孔夫子說：「中庸的大道，不能普遍的實行。我知道原因在哪裏？那就是：聰明的人、聰明得太過頭了！利與害分辨太明，事事計較，不肯吃虧；而愚昧的人，又不明事理，看不出真相，愛貪小便宜。就像我們，沒有不曾飲食的，只是有多少人真正領略到飲食（這裡是講中庸的大道）的滋味呢！」（見《中庸》第四章「子曰：道之不行也！」）

二、孟子說過：「仁厚的言論，不如實至名歸，良法美意的政令，不如名實相副的美好教化來得讓人心服口服。」前者讓人引領期待，後者令人歸心愛戴。（見《孟子》盡心篇上）

三、古今聰明無識的假學者，看不懂老子真髓，又不肯滅自己威風，動輒批評老子崇尚「虛無」，就是崇尚「子虛烏有」，錯把馮京當馬涼，可笑而不自知，感覺自己才學超過老子而躊躇滿志！老子崇尚「虛無」倒是不錯，但是「虛無」的真解是：「深藏若虛，虛，方能無極、無盡，高深莫測。」的意思。循此往上探討研究，才能上窺無窮未知的世界，追求到老子真正圓滿之「全人格」、「真精神」。

【第五十章】

長壽之人十有三，
短促之命亦十三；
過動促死也十三，
能無死地善攝生；

出生入死

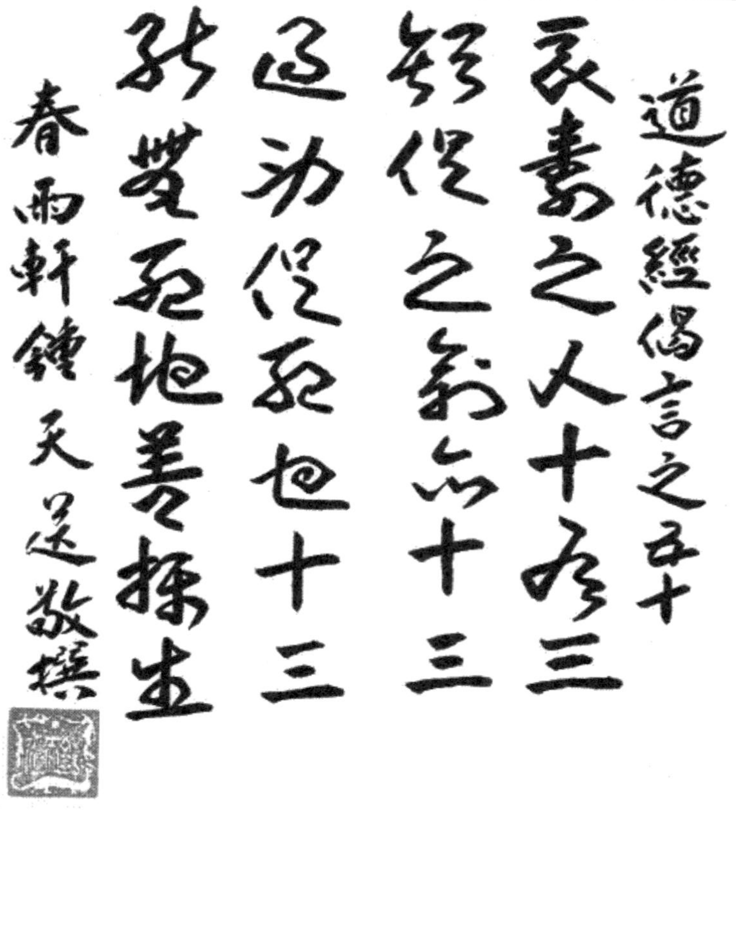
道德經偈言之五十
長壽之人十有三
短促之命亦十三
過動促死也十三
能無死地善攝生
春雨軒鐘天送敬撰

【原文語譯】

人，「出」生到陽間來，叫做「生」，離開世間進「入」陰間，成為「中陰身」便叫做「死」。長命長壽的人，大約占全數人口的十分之三；生命比較短促的，也占十分之三；兩者之間，本來可以跟前者一樣長壽，卻因為對自己供養過度，勞動過分，轉而使生命縮減，趨向短促的，也占有十分之三。聽說另有一種善於養護生命、調護身心的人，他能陸行避過犀牛、猛虎等野獸的吞噬；戰鬥中他就是能避開各種武器的殺害，犀牛堅角再猛利、猛虎爪牙再凶利、戰爭的武器再厲害猛烈，他就是能避開凶險傷害，到底是為什麼呢？因為：沒有能讓他、容他喪生的必然理由和所在？

◎【龍宮驪珠君試探】學海聯珠之五十

一、莊子寓言徐無鬼去拜訪魏武侯，魏武侯一見面就同情說：「啊呀！徐先生！你怎麼這般狼狽疲憊呢？一定是山中生活清寒艱苦，把你煎熬勞累成這副模樣，才會來看本王，是不是要我補助安慰呢？」徐無鬼說：「大王搞錯了！我是來慰問你的，你哪有什麼可慰勞我的呢？我想如果你生活奢侈浪漫，愛戀嗜慾，好惡之心太強，你的身體性命就會每況愈下，困憊成病。如果你能生活簡約摒棄嗜慾，去除強烈的好惡心，耳目享受雖然有點吃虧減遜，但身體、性命反而會健康久長，我是因此才來慰問你的。我身心快適，逍遙自在，哪裡要勞動你大駕來慰問呢？」武侯聽了，一時悵然，無語以對。

二、「以其無死地」，這是本章最值得探討的重點。世界上就是有許多人，福大命大，遇凶不凶，遇險脫險，別人與他同入死地、險地，別人都死，唯他脫生，什麼理由？以常情度斷，根本就是沒理由；科學上，能有解釋嗎？只能解釋：曠劫以來，累世奉行萬善，今生得到善報吧！你看看！地震、土石流、天災、人禍，有沒有國王、總統、總理受難呢？這樣還不夠清楚嗎？華航無數次出事，總統、副總統、行政院長，會在其中嗎？來生還有沒有這麼幸運呢！你就看今生他們做了些什麼嘍！

三、廣欽老和尚曾進入一個深山老虎洞中修行，老虎回來，和尚也有一點緊張，他內心祈禱，希望老虎不會妨害他修行，能守在門口。老虎果然對他秋毫無犯，乖乖踞臥在洞口守護他。難道是老和尚的肉，不香不甜，沒有味道；還是他的慈悲精誠，能感動毒蛇、猛獸呢！不然就是有眾神保佑了！史懷哲博士在非洲剛果蠻荒地帶行醫，為黑人免費治病，與黑死病搏鬥幾十年，野人、猛獸、瘟疫，也沒能傷得了他，成就了他救世的大願。逝世時，成群結隊的黑人，爭著輪流頂著他的棺櫬，跋山涉水，一路哀歌慟野，送到亞歷山大港，上船回國。萬法唯心，心善諸事無不終趨於善，是不是呢？

溪湖葡萄滿棚

【第五十一章】

道生德蓄物勢成，
尊道貴德常自然；
長育成熟養覆之，
不恃宰有謂玄德。

尊道貴德

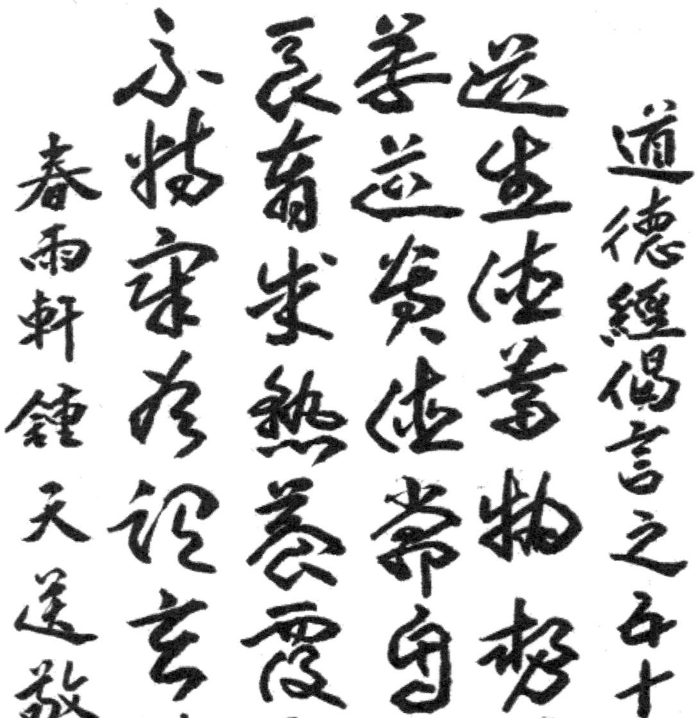
道德經偈言之五十一
道生德蓄物勢成
尊道貴德常自然
長育成熟養覆之
不恃宰有謂玄德
春雨軒鍾天送敬撰

【原文語譯】

世界的萬事萬物，都是大道母體（本體）所生，也由大道無形、有形的靈能力量所蓄養。就這樣，千奇百怪、林林總總的眾生、萬事萬物、器界萬象、萬紫千紅、雪樹銀花之色色相相，乃一一展示呈現，就在你我大家前面。難道我們不該飲水思源，回頭尊崇大道，寶貝大德？道德之所以受人珍貴，並非訴之威迫或強制，使人不得不就範，而是自然而然，順理而然。就因為這樣，大道生成萬物、養育萬物，使萬物生長化育，成熟結果、愛顧覆蔭，分明有生養之恩，卻從不占為己有。勞苦功高，卻不自恃有功有德。成長萬物，而不加操弄宰制，我所以尊崇寶貴，稱祂為最淵源奧妙元始的「大道玄德」。

◎【龍宮驪珠君試探】學海聯珠之五十一

一、朱士行是中國第一個西行求法的和尚，並不是唐三藏—玄奘和尚，而是朱士行。朱士行，三國時代人，時當西元二五〇年，從雍州出發，捨身亡命，渡過廣大沙漠，到達于闐，使大乘佛法，放光般若波羅密經，在晉武帝太康三年，由弗如檀等，幾經曲折帶回洛陽，朱士行本人卻被迫居留于闐，不能回國親自參與譯經的神聖工作，「皓首困居西疆地，東望故國路漫漫。」八十歲那年逝世，火葬時，薪柴燒盡，屍身不壞，經主持法師一再虔誠唸咒後，才頓然崩裂碎散。佛教史上稱這段典故，叫做「朱士行散形在于闐」。道之尊，德之貴，從來自然，斯人也！而有斯舉也！不須假借外力、命令、威迫、強制，就能光彩完成歷史創舉。此為一證。

二、「洗心革面」。漢明帝永平十年，明帝夜夢金人，醒來派蔡愔、秦景，到天竺印度，帶回優填王回信，及《四十二章經》。回程有攝摩騰、竺法蘭，兩位法師偕行歸來，住在洛陽白馬寺，翻譯《四十二章經》。「白馬馱經」的故事，由此傳開。二百多年後，佛圖澄從龜茲（新疆庫車）到中國來傳法，度化石勒、石虎，屢顯神通。對門徒卻只傳義理，不傳道術神通，建廟八百處。東晉永和四年圓寂。據說他曾在一眾士兵前面，從右胸乳下，掏出心肝、臟腑，用水清洗，再放回原位，留下「洗心革面」的神通故事。

三、《金剛經言》佛云：所有一切眾生，包括卵、胎、濕、化等十三類，我皆令入無餘涅槃，而渡化之。使煩惱全盡，眾苦永寂。但鼓勵得道菩薩悲智雙運，不長住涅槃，還要倒駕慈航，回頭再來渡化眾生。希望眾生能發「無上正等正覺」的菩提心，成就無上佛道。佛與菩薩即使這樣渡化無量眾生，還是宣稱：實無眾生得我滅渡。菩薩不執著「我相」（小我的存在），或「人相」「眾生相」（其他單一或眾多的小我），不執著「壽者相」（小我珍愛生命相續，子孫延綿，分段輪迴生死之相）。眾生能悟，人人皆佛；眾生不悟，佛也搖頭。佛心、佛性，人人本有，可以自性自渡，群生能自造化，佛不自認為對眾生有功德，所以說：「我沒有渡化什麼眾生？」本章老子說：「大道玄德，生而不有，為而不恃，長而不宰。」佛理道理，是不是一樣呢？西方東方，聖人說法，可有差別？前面解說，耐心體會，如能了然六成意思，你就有可能讀通金剛經了！我為你賀！我為你喜！

大道生成萬物，萬物生長化育。

【第五十二章】

萬物原始天下母，
得母知子復守母；
守柔反強用其光，
歸明見小無遺殃。

守母襲常

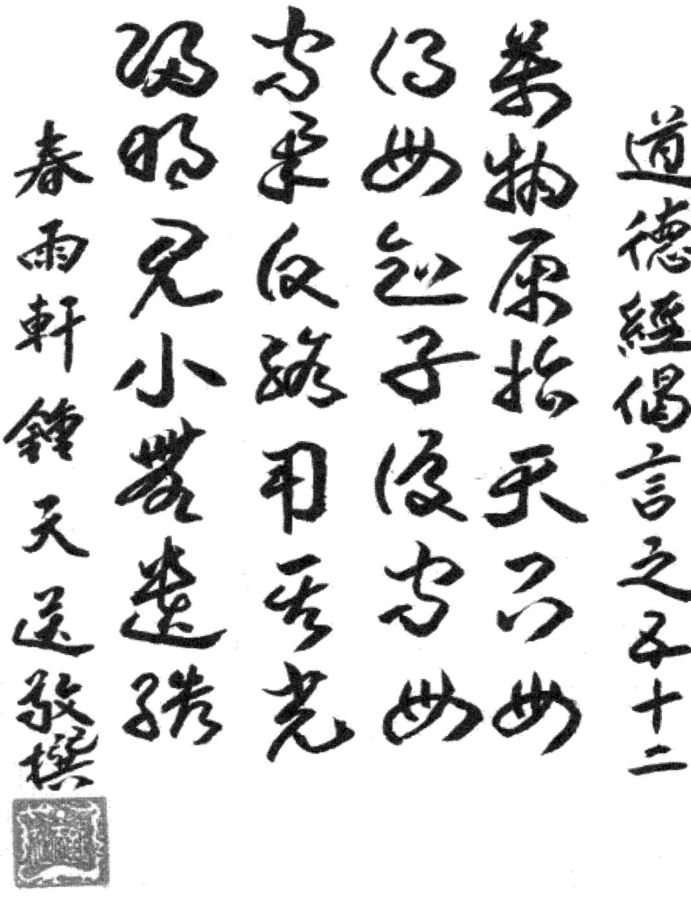
道德經偈言之五十二
萬物原始天下母
得母知子復守母
守柔反強用其光
歸明見小無遺殃
春雨軒鍾天送敬撰

【原文語譯】

天下萬物之始，有一個大道存在，祂是天下萬物的根本來源（滋生萬物的母體）。知道有這個母體存在，才能清楚由祂所衍生的萬事萬物。反過來說，能了解萬事萬物的知識和道理，回過頭去追本溯源，又更能抱持守護那真常不變的大道。終身也就很少會身陷險地，遭遇不幸了！塞住向外「貪愛嗜慾」的洞口，關閉「四向爭逐」的門戶，終身便不會太過煩勞與愁苦。反之，一旦打開貪愛嗜慾的洞口，平地頓起風波，多言惹禍，無端生事，勉強出頭，巧裝虛飾，狡詐虛偽，那麼終身也就無藥可救了！凡事能洞察幾微，可稱之為「明」；能安守柔弱，反可稱之為「強」。從了解萬事萬物外在（形而下）的學問道理「窮理致知」，所獲得的聰智光芒，再去返照內在（形而上）深沉細微的變化，或難知難得的幾微預兆，就能得到佛教所謂「般若」那種「至高終極」的大智慧。復歸眾生本有的靈明（佛教謂之大圓鏡智），往後就不會留下無窮的災殃禍患。這樣才能夠說：真正傳承了宇宙之間、永恆真常的大道。

【碧巖集】

第六則「雲門好日」：

參禪端為戒躁急，半月不問去卻一；默時日日是好日，百日一悟掂得七。

靜坐參禪，完全是為拴住心猿意馬的急躁個性，雲門大師定性很高，從不急求門徒急急頓悟，他要求學生：以十五日為一周期，十五天求得一悟。到了十五天，他也不聞不問。這樣便去掉半個月，門徒在靜默中，沒有一天不是過得好日子。如果有人到了一百天才求得一悟，雲門卻恭喜他說：「唉呀！恭喜！恭喜！你有七個領悟了！」老和尚有沒有搞錯呀！明明一個，那來七個呀？原來他是這樣算的：半個月一悟，一百天進入第七個半月，所以說得到七個領悟。雲門大師可真會鼓勵人啊！其實一悟七悟，有何差別呢？也可以說一悟百悟啊！佛法無人講，雖慧不能了。所以說善知識非常重要！

生命初現

【第五十三章】

美輪美奐宮城闕，
田園荒蕪家庫虛；
財貨有餘實巨盜，
分明虛誇遠大道。

大道甚夷

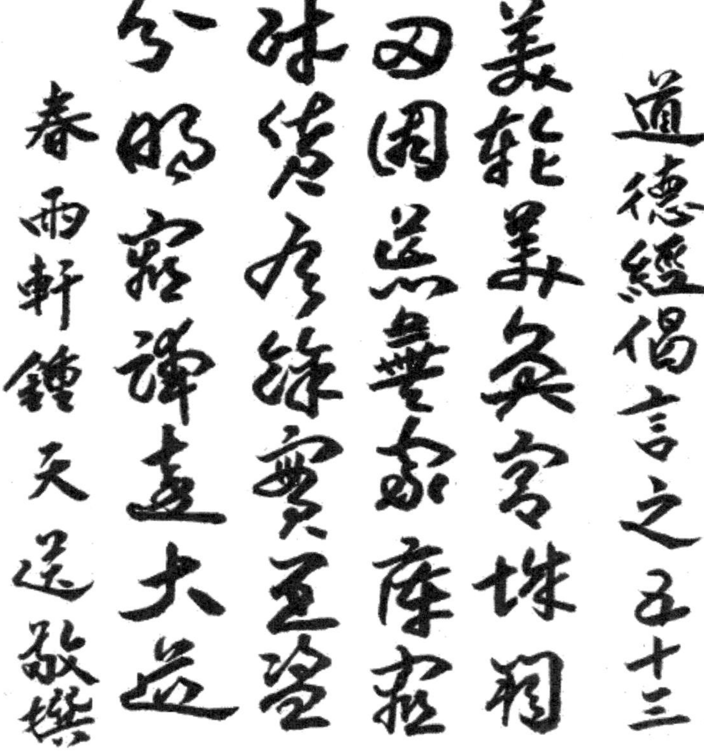
道德經偈言之五十三
美輪美奐宮城闕
田園荒蕪家庫虛
財貨有餘實巨盜
分明虛誇遠大道
春雨軒鍾天送敬

【原文語譯】

假如我們對大道確有認知，就會走上堂堂大道。唯恐稍有不慎，誤入歧途。大道本來坦坦蕩蕩，無奈做為人主的元首領導人基於權力傲慢，總是剛愎自用，愛走偏斜小徑，背道而馳。他把朝廷宮闕，建築得美輪美奐，卻讓百姓的田園，一片荒蕪，家徒四壁，民不聊生。元首自己呢！衣冠堂皇華麗，身配寶劍，威武赫赫，食前大廳廣闊，飽足佳餚美味。金銀鑽石珠寶，綽綽有餘，這簡直是吞奪天下的大奸巨盜嘛！這不是明明違背天理大道嗎？

◎【龍宮驪珠君試探】學海聯珠之五十三

一、秦始皇夜裡作夢，秦朝氣數可長萬年。但是有一關要過，有一個咒語要破，就是「亡秦者胡也！」」，嬴政認為一定是胡人，所以派大將軍蒙恬北伐匈奴（胡人），匈奴惹誰了？誰知敗壞大秦江山的，不是別人，就是秦始皇的兒子二世（胡亥）。本來二世應該是太子扶蘇，扶蘇因為勸阻始皇，不要焚書坑儒，觸怒秦始皇，被派作蒙恬北伐匈奴的監軍。始皇死後，宦官趙高結合奸相李斯，幫胡亥合謀偽造詔書，命令扶蘇自殺身死，世代名將的蒙恬竟被逼吞下毒藥而死。這樣的秦朝，能久久長長嗎？

二、始皇三十七年，二世胡亥，葬始皇於驪山，發動囚犯七十多萬人，集合百官珍玩寶器，遷入墓穴；命工匠製作機關弩矢，欲使入盜者必死。用人和魚的脂油做成長明的燭燈，用水銀做成護陵的川河，把始皇後宮宮女未生子女者，強迫殉葬，列置數千兵馬俑守護陵寢。事畢，封鎖墓中神道門，工匠及運寶囚徒，全部活埋其中。胡亥聽信趙高奸謀，以「指鹿為馬」樹立絕對權威，拉一隻鹿入宮殿，問是何物？凡說是鹿者，皆殺無赦，又嚴刑峻法，殺害忠臣烈士及其他王子公子；作戰將領，無功者被殺，有功者也不免被害。擴建阿房宮，導致陳勝、吳廣等不能如期歸防的臨難戍卒，鋌而走險，揭竿起義。二世三年，劉邦攻下武關，趙高害怕了，命令女婿閻樂進入內宮逼害二世，宦官大驚，格鬥致死者達數十人，餘皆亡命逃走。只剩一個宦官隨侍在側，胡亥問他說：「天下事演變成這般地步，你怎麼沒向我稟報？」那位宦官（太監）說：「還好我沒稟報，早報早死，哪能活到今天？」二世百般向閻樂求情，但乞留下一命，不得允許，自殺身亡。趙高改立其子子嬰為秦帝。不久，劉邦攻入咸陽，秦亡。亡秦者，不是胡人，正是胡亥。

三、霍光，很少見，了不起的人，歷事漢武帝、昭帝、昌邑王、宣帝，享譽四朝。做人小心謹慎，沉靜詳審，出入行止，一板一眼，不失分寸。面貌英俊，鬚髯很美，像武聖關公一樣，天下人無不想一睹他的風采，那意思就是說粉絲滿天下。十幾歲就被武帝任用為郎官，武帝臨崩（死），遺詔任他為大司馬，期待他像周公輔佐成王一樣，來輔佐昭帝。昭帝立，政令全出霍光之手。有一個女兒嫁給左將軍上官桀的兒子上官安，生下一女，就是昭帝的皇后，為此上官桀父子合同御史桑弘羊，共謀誅殺霍光，事敗統統以謀反罪被誅，霍光因此威震天下。昭帝崩，霍光迎立昌邑王劉賀為帝，沒想到昌邑王荒淫無度，霍光將他廢掉，改立武帝曾孫宣帝即位。此時，霍光之妻霍顯，不該利令智昏，自私過分，一心要讓幼女作宣帝的皇后，竟然設計毒殺宣帝原配許后，霍光也不該贊成幼女成為宣帝之后。每一次霍光陪宣帝祭拜祖廟，宣帝總是怕得膽戰心驚，如芒刺在背。霍光死後三年，霍顯與子、婿唯恐許后之事東窗事發，於是一不做，二不休，計畫謀反，事洩，全族遭滅門。甘露三年，宣帝建麒麟閣，畫功臣之像於閣中壁上，霍光居首，一世公忠保全漢氏社稷。一妻不賢，滿門抄斬，一念錯誤，永絕後嗣。善惡到頭無不報，只爭來早與來遲，讀史到此，我們能不悚懼警醒嗎？

【第五十四章】

善建不拔抱不脫，
修身齊家實有餘；
化鄉治國德豐滿，
以平天下德普化。

善建善報

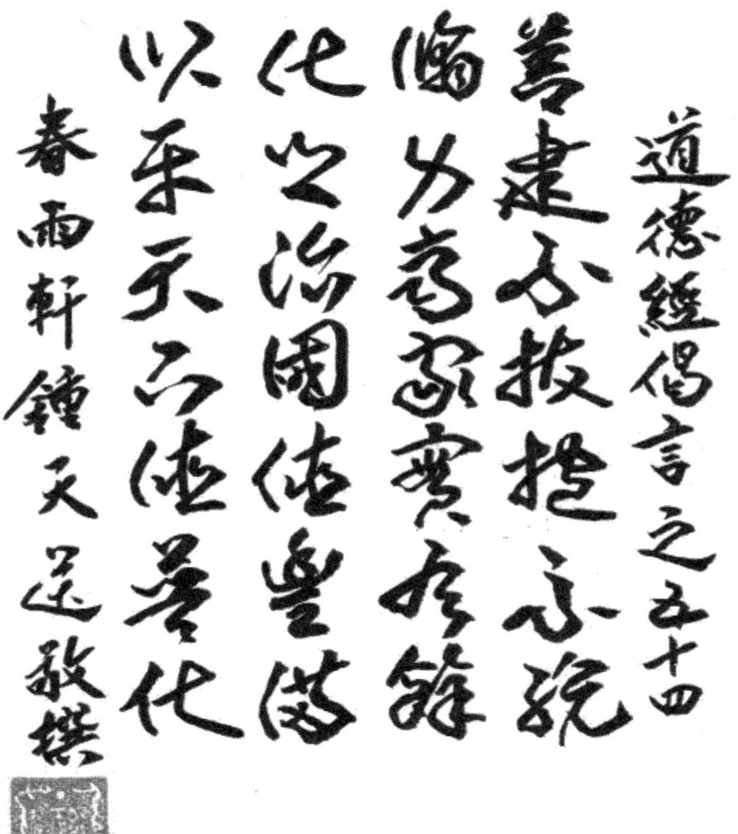
道德經偈言之五十四
善建不拔抱不脫
修身齊家實有餘
化鄉治國德豐滿
以平天下德普化
春雨軒鍾天送敬撰

【原文語譯】

對於大道，能善應發揮而有建樹者，其施功作用必然牢不可拔；對於大道，能善於信守抱持者，其實踐力行必然不輕易鬆懈放棄。這兩點能做到，德行眞實充盈，積善必多餘慶，子孫必然世世昌榮，香火綿綿不絕。大道，用來修身，德行日趨眞實；用來齊家，德行充盈有餘；用來教化一鄉，德行更為增長崇高；用來治國，德行更為豐滿；拿來平天下，德行就更加遍行普化。所以，從自己修身來比照他人如何修身？從自己怎樣齊家來觀察他人如何齊家？從自己怎樣教化一鄉，來參考他人如何教化一鄉？從自己怎樣治國平天下，來參考外人怎樣治國平天下？我就是用這種方法，去了解宇宙之間一切「所以然」的道理。

◎【龍宮驪珠君試探】學海聯珠之五十四

一、所以然，就是「所以會這樣」、「所以會那樣」、「所以會如此」。

二、全書各章都在闡述「大道玄德」，善建也在建這個「大道玄德」，善抱也在抱這個「大道玄德」，修身、齊家、治國、平天下，也要修行運用這個「大道玄德」。

三、《尚書康誥篇》說：「為人要彰明自己的德行」，《大甲篇》說：「為人要經常審視自己天生本有的德行。」《堯典篇》說：「為人要顯彰自己天賦靈明的本性。」篇篇都在強調這「大道玄德」。

四、「說劍」。《莊子雜篇》第八章：「趙王喜劍士夾門，三年國衰諸侯侵；莊子劍服說趙王，十步千里不留行。」趙惠文王喜歡劍客，城門裡外擁有三千名以上的劍客，日日夜夜在捉對搏擊，一年下來死傷達百餘人，惠文王不認為是殘酷，依然樂不知倦。這樣過了三年，趙國國勢日漸衰落，諸侯都來侵略。太子悝為此極為憂心，派人持千金進奉莊子，莊子不受，但答應進殿說服惠文王。莊子穿上太子為他準備好的劍士服裝，氣派不凡，隨太子入殿，不像其他劍士一樣，彎腰趨前，看到了惠文王也不低頭下拜。惠文王眼裡只有劍客，看到莊子全副武裝，他也拔出利劍說：「太子一再推薦你，你有什麼高明意見可以指教我？不妨坦白說出來！」莊子回答說：「大王喜歡劍術，我就和大王談談劍術。」惠文王說：「你的劍術有什麼奇特？怎麼克敵制勝？」莊子回答：「我的劍術，十步之內必殺敵，千里之內，沒有人能抵擋我的劍勢。」

※「示人以虛開以利，後發先至劍無敵；我有三劍為王用，天子之劍最犀利。」對敵之間，我會先示敵以虛招，使敵人以為有機可乘，看起來我出手似乎稍慢，但會以想像不到的速度，先攻上對方的要害；我心目中有三種劍術存在，其中以天子劍最為犀利，堪稱天下無敵！

※「庶民劍」：「蓬頭突鬢低垂帽，怒目相視語責難；上斬頸項下肝肺，無異鬥雞兩翻眼。」這就是惠文王熱愛的那些劍客，一個個蓬頭垢面，長鬢兩邊，帽子低垂，耍狠耍酷，眼露凶光，口出惡言。動不動砍人頸項，刺人肝肺，打架形同鬥雞，瞪目翻眼，惡形惡狀。

※「諸侯劍」：「智勇清廉為鋒鍔，賢良忠誠為鋒口；上順三光下四時，中和民意安四

鄰；此劍一出雷霆震，四封賓服從君命。」

※「天子劍」：「燕谿齊岱為鋒鍔，晉衛周宋為鋒口；包以四夷裹四時，直之無前匡諸侯。」

大地平沉雲在天，

山在虛無縹緲間。

春雨軒主人　鍾天送　敬賦

【第五十五章】

含德之厚觀赤子，
毒蟲不螫鳥不搏；
骨弱筋柔能固握，
未解男女而朘作；

含德精和

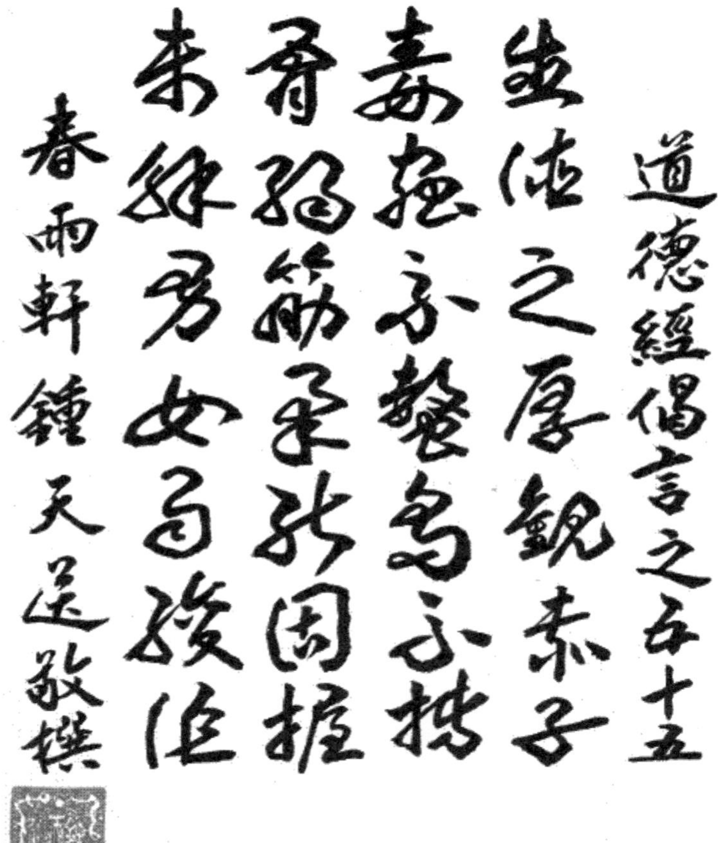
道德經偈言之五十五
含德之厚觀赤子
毒蟲不螫鳥不搏
骨弱筋柔能固握
未解男女而朘作
春雨軒鍾天送敬撰

【原文語譯】

具有玄德而根基深厚者，可比做初生嬰兒那樣天真無邪，快樂知足。這種人早已在宿世累劫，福慧雙修俱全。毒蟲不會刺傷他，猛獸不會撲食他，凶禽惡鳥不會搏擊他。筋骨柔弱，握拳堅固有力。念頭不必想到男女性愛交合，性器一樣堅挺勃起，這是精氣充足的緣故。整天號叫說話，喉嚨也不會沙啞，這是中氣純和，充實的關係。知道中和耐久的道理，便是「常」；知道恆常不變的道理，便是「明」。反之，如果背道而馳，貪欲放縱，無事生非，便是災異不祥；心狠使氣，便是暴力逞強。萬事萬物，一露盛壯，必趨衰歇老化，這樣不合真常大道，不合大道，必速敗亡。

◎【龍宮驪珠君試探】學海聯珠之五十五

一、「專氣致柔」：本章把「專氣致柔」要如嬰兒，柔弱能勝剛強的道理，闡述得非常簡明扼要。學佛修道，養氣練神的人，有必要再三體會！為什麼有盛壯的成人，不須念及兩性性愛交合之事，性器會如嬰兒一般，不自覺得堅挺起來？吾人去觀察嬰兒，確有此事。壯老之人，則並不多見。如有這種現象，便是「含德之厚，比於赤子」，但是如人飲水，冷暖自知。不到田地，不入境界，自難體會。

二、川禪師說：「有一物事，天上人間，古今不識：火不能燒，水不能溺，風不能飄，刀不能劈，軟似兜羅，硬似鐵壁。」如果是指「空明佛性」、「無極大道」，當然不在話下，我早已深信不疑。如果是指學佛學道，猛利精進者，因累世功德所積，接近福慧雙圓，而終其一生，能避開以上諸種災難傷害，筆者也是有理由或證據相信的。

三、傅大士，南朝齊明帝、東陽郡人，少未讀書，常與鄉人去網魚，網到的魚，放入竹籠又沉入水中，喃喃向魚說話道：「魚啊！要走的就游走，願留下來的才留下來！」鄉人無不當他是傻瓜，誰會想到他是彌勒的化身。梁武帝大通三年，傅大士與諸弟子，在雲黃山居前，建精舍，種麻豆。有居士賈曇穎，布施一片在瀨里的山地。當地山林蔥翠，猛獸特多。大士毫不畏懼，常以剩菜剩飯餵養牠們，牠們也全數馴服，秋毫不犯。

專氣致柔，柔弱能勝剛強。

【第五十六章】

知者不言言不知，
塞兌閉門可玄同；
挫銳解紛和光塵，
親疏利害貴賤同。

道貴天下

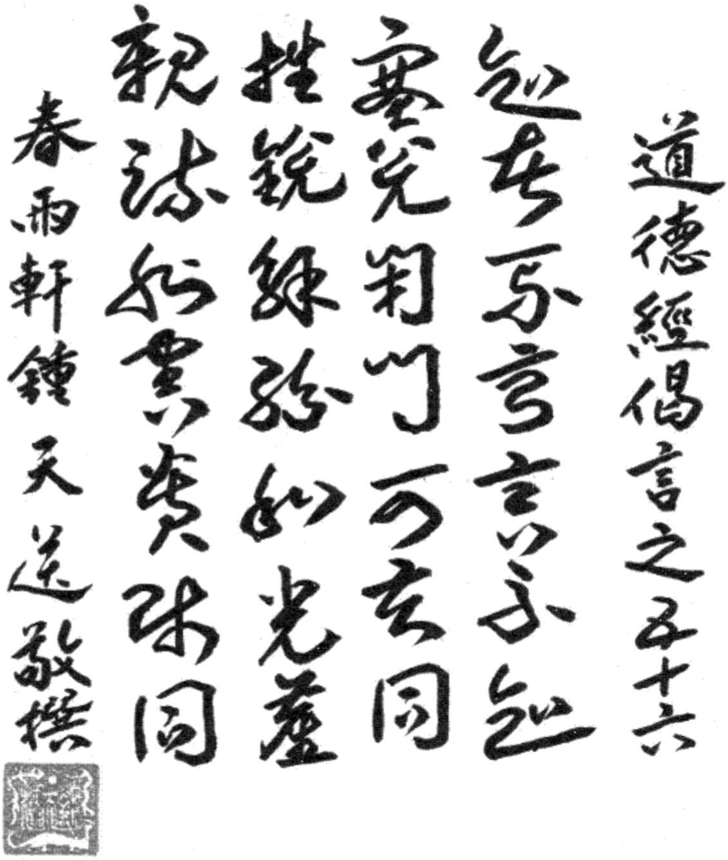
道德經偈言之五十六
知者不言言不知
塞兌閉門可玄同
挫銳解紛和光塵
親疏利害貴賤同
春雨軒鍾天送敬撰

【原文語譯】

智慧型的人物，著重身教，不致師心自用，不尚空言說教。反之，徒騖空言，大言炎炎，自以為是，專以言教說道，毫無實行表現者，多不是有智慧的人。塞住貪愛嗜慾的洞口（機會），關閉多言妄為、詐偽、虛飾的門戶。表面上鋒芒盡斂，實際上默默耕耘，無為中無所不為。做人處世，穩健老到可靠，攻堅挫銳，排難解紛，輕鬆容易。可與任何最高尚光明的人事物，光輝相映；也可與最低俗的人事物，在最汙下的環境中，同其風塵，契合無間。這才是最玄最妙、齊同和諧的智慧。有智慧的人，不會因偏執而自私，只親近愛護自己的親人；也不會因為小氣而與人疏離；面臨重要關頭，不會只把自己的利害放在心頭；不會因他人的身分貴賤而影響對人的觀感；或改變做人處世的原則態度；有這些高風亮節的美德，才會被天下人尊崇寶貴。

◎【龍宮驪珠君試探】學海聯珠之五十六

一、「世說新語」：東晉書法家，王羲之的大兒子徽之，帶著弟弟操之、獻之，一同去晉見宰相謝安。徽之、操之，席間說了好多流行通俗的閒事，獻之則只說了幾句寒暄應酬的話而已。他們告辭以後，同座有位客人問謝公說：「剛才的三位昆仲（兄弟），您認為哪一個最好？」謝安答：「最小的獻之最好。」客人好奇地再問：「為什麼說他最好呢？」謝安解釋道：「易經上不是有話說嗎？『有本事的人，言語簡要；急躁的人，大多呶呶不休。』從這句話可推想而知。」

二、柳下惠，姓展，名獲、字禽，是小說故事中，經常被提到的人物。他是春秋時代魯國的大夫，因為封邑在柳下，死後謚號是「惠」，所以，後世稱他為「柳下惠」。世傳有美女坐到她懷裡，他也可以不為所動，不會引起情色上的紛擾而意亂情迷，這種美德傳聞開來，在他住處幾十里內，盜賊不犯，以此官任士師（掌管刑獄），維護社會禮教。曾經勸退齊國停止攻打魯國，孟子對他推崇有加，被當作儒家心目中的理想人物典範。

高風亮節美德，天下人尊崇。

【第五十七章】

以正治國用兵奇，
忌諱越多民越貧；
治多利器國滋昏，
民多伎巧怪邪增，

以正治國

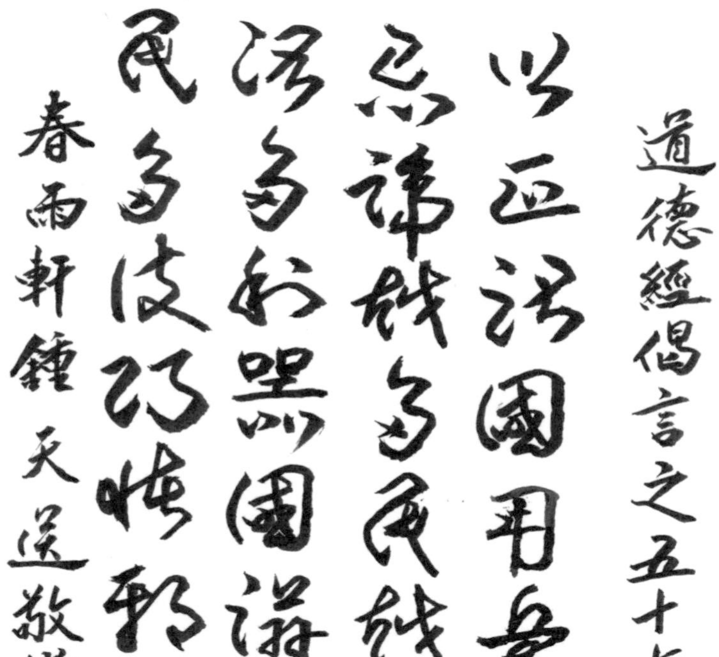
道德經偈言之五十七
以正治國用兵奇
忌諱越多民越貧
治多利器國滋昏
民多伎巧怪邪增
春雨軒鍾天送敬撰

【原文語譯】

平時治理國家，要用清靜自然的正常大道；有戰事要用兵，行軍佈陣，帷幄運籌，才要隨機應變，運用奇謀險著。若想取得天下，讓民眾信服，那就必須以「不擾民、不輕生事端」為施政原則。我怎麼會知道應該這樣做的道理呢？是根據以下的常情而察知的。國家如果越多禁制忌諱，限制人民的言論、思想、行動的自由，人民一定越趨貧乏窘困。政府越多權謀，國家越趨昏亂；人主越尚智能技巧，邪門怪事也就越是層出不窮；法網越密，法令越森嚴，人民越會心懷怨望、僥倖，運用奇巧，蹈其孔隙，乘其漏洞，為盜做賊。所以，道家講究國家元首該有的觀念是：「我順應自然，不胡亂施為，民眾就有機會自力更生，自我造化。我喜歡清静，人民也會自清自静，走上正常軌道。我不擾民生事，濫用民力，人民自趨富裕滿足。我無野心貪慾，人民生活自然回歸樸實無華。」

◎【龍宮驪珠君試探】學海聯珠之五十七

一、古代盜賊，要利用月黑風高的掩護，要穿夜行衣服，要鑿牆穿穴，要投石問路，要剪徑山路；今日的盜賊，可以明目張膽，光天化日，以烏茲衝鋒槍，以電擊棒，破門而入，對屋主家人，有情捆綁，無情射殺，然後滿載成果，坐上名牌轎車，呼嘯揚長而去。

二、今日盜賊，可披上高級公職頭銜，最高民意代表的外衣，國產公款，規劃建設，號稱改革，先知先覺，明修棧道，暗渡陳倉，炒作地皮，勾結圍標，財源滾滾，一個個暴發而成鉅富。

三、今日盜賊，身坐賓士車，手持高檔手機，酣飲XO，腕纏勞力士、滿天星，官商勾結，壟斷國私營事業，儼然黑幫帝國，掏空國產，動搖國本。

四、「六王畢，四海一」（見杜牧《阿房宮賦》），這六個字講的就是：始皇二十六年，秦將王賁，滅燕攻齊，六國全亡，天下一統，四海歸一。秦始皇就是一個標準雄才大略，崇尚智巧，機關百出，聰明絕頂的皇帝。這些優點，好像承襲了他爸爸、呂不韋所有的專長。秦王政用尉繚的計策，以三十萬金收買六國貪財的大臣，擾亂各國的用人與施政，然後以遠交近攻之計，將六國次第吞滅，統一中國。以吏為師，統一文字法令，使「書同文，車同軌」，為史家所讚美。但錯用奸相宦官，焚書坑儒，四境巡遊無度，用法嚴苛，賦稅太重，過度濫用民力，築長城，建阿房，以致天怒人怨，叛亂四起，擬傳萬世，僅及三世。「智巧、法嚴，徒然擾民，滋生盜賊，終取敗亡。」老子道理，此為最佳佐證。鑑以當前時政，有無雷同之處？

以正治國，引領人民走上正常軌道。

【第五十八章】

悶悶之政民純純，
察察之政民缺缺；
禍福所倚福禍伏，
方廉直否割劌肆。

察政民缺

道德經偈言之五十八
悶悶之政民純純
察察之政民缺缺
禍福所倚福禍伏
方廉直否割劌肆
春雨軒鍾天送敬撰

【原文語譯】

為政寬厚，實事求是，好像悶聲不響，默默耕耘，沒什麼突出表現，但是綜覈名實，一一查核計畫執行的結果，不斷檢討改進，不誇張虛飾，人民也隨之淳樸務實。為政嚴苛，擾民生事，小題大作，議題日日翻新，窮追猛打，沸沸揚揚，使人無所適從，久而久之，人民也學會虛偽、狡黠、陽奉陰違、敷衍了事，避免疲憊不堪。災難禍患發生時，不要太過洩氣，也許是禍，真的躲不過，忍苦接受；也許福氣已悄悄向你身邊靠挪。當人們福氣緜緜而來，推之不去時，萬莫過分得意，因為災難或許就埋伏在旁邊四周。有誰能確切知道禍福怎麼來的究竟道理呢？福禍其實有定準嗎？原來好好、很正直的人，有時突然行為邪惡起來；看起來是良法美意、是福是善的事情，卻演變成凶險災禍的下場。人類為這些不測的風雲天候、勃然而來的旦夕福禍，千思萬想，迷惑不解，也已經有好長好長的一段時日了！道家期待的理想人物：做人要方正，但不會因為方正而損傷他人；行事敏銳爽利，但不會因為銳利而老是傷害別人；做人率直而不會放肆；做人光明，但不是刺眼惱人，招惹嫌惡。

◎【龍宮驪珠君試探】學海聯珠之五十八

一、漢武帝，雄才大略，用法森嚴，多用酷吏。太子寬厚，仁恕溫謹。武帝嫌他個性懦弱，才能不夠，無乃父之風。用法嚴酷的大臣們，察言觀色，迎合帝意，結合成黨，有心構陷太子，終於釀成宮廷巨變。江充，容貌魁岸英俊，衣裝都麗合宜，擔任督察皇室貴戚、近臣的性行、生活是否越軌、奢侈？發現事端，檢舉彈劾，無所規避，絕不寬赦。武帝肯定他的忠直，對他言聽計從。有一次，太子的家臣乘車馬，行駛在天子專用的馳道上，江充鐵面無私，立即命令全部扣押，太子知道消息，向他求情說：「車馬扣押沒收，無所惜愛，可不可以姑念初犯，希望不要讓皇上知道，請多包涵寬貸！」江充毫不領情，一一向武帝奏報，武帝龍顏大悅，向群臣公開推讚：「做大臣，都該像江充一樣。」從此大見信用，正直之聲，四方廣傳，威震京師。漢武帝非常迷信方士、術士，女巫、師姑，往來宮中，開始疑神疑鬼起來，有一回夜夢數千木頭人，手持杖棒追殺他，醒來很害怕，從此精神常恍惚。江充開始害怕武帝駕崩後，太子即位，會殺他報復，便向武帝稟報：一定是有巫師施用蠱術作祟，皇上才會夢見木人打殺，武帝深以為然，任他為逮捕懲治有疑巫師的欽差大臣，為此連坐殺死數萬人。又使人栽贓，預先埋藏沮蠱木人於皇后、太子的寢宮床下，再派人前往搜尋挖掘，搜出無數帛書木人，準備羅織罪狀，急急圖害太子。消息傳來，太子驚懼，六神無主，聽少傅（太子授業之官職）石德的話，用假的節符詐傳使者，收捕江充一干人，立予斬殺，太子親自監斬。他指著江充，氣急敗壞地說：「你這個壞傢伙，以前害趙國太子被廢，現在又拚命離間我父子，一定要置我於萬劫不復的下場是嗎？」江充羽黨奸佞，蘇文等人，一看情勢不對，怕被誅連斬殺，馬上向武帝稟報：「江充被殺，太子造反之局已定。」武帝不察，當場大怒，立刻降旨捕斬造反的人，如有反抗，格殺勿論！太子自己想想，已經無法脫身免罪，關門閉戶，割喉自殺身死。事情平息以後，官吏核查巫蠱諸案件，根本子虛烏有，沒有事實存在。掌管高廟衛寢的郎官、田千秋向武帝上「非常奏章」：為太子訟冤，武帝這才感悟。立田千秋為大鴻臚（官名），江充一家九族盡滅；同黨黃門（官名）蘇文被燒死在橫門外的渭橋。武帝痛心哀憐太子的無辜慘死，在看得到太子居處的地方，建一高樓，名為「思子宮」，每日凝望哀思，盼望太子魂兮歸來！天下百姓知聞此事，沒有人不悲傷太子的遭遇，為之潸然淚下！

二、武帝施政嚴苛，誅殺大臣，如宰雞鴨牛羊，有官直諫：「恐怕會使人才凋零。」他回說：「只怕人君不會提拔賞識，天下人才哪裡殺得光呢？」為此，史記作者司馬遷，因為替投降匈奴的李陵辯解，慘被宮刑（被割去生殖器）含羞受辱終生。武帝賴以縱橫天下的資源、國庫、人才，實在是文帝、景帝，休養生息儲蓄累積而成。隋煬帝濫用文帝積蓄；乾隆帝濫用康雍兩朝積蓄，都如出一轍，他們都是好大喜功，敗壞祖先江山的敗家子。可惜世人都不做如是想，《道德經》能悟通，便能走出眾生狹窄的見聞知覺了！

三、江充，投合武帝，嚴刑峻罰，極言直諫，是歷史上酷吏中的佼佼者。酷吏不見得不好，但是要有始有終，正直到底，他錯在為德不終，晚節不保，害人害己。是不是「禍兮福所倚，福兮禍所伏」、「正復為奇，善復為妖」讀史至此，請參照筆者前面的譯解，會不會發現老子真是很偉大的預言家呢？福禍善惡的變化，不容人事先預知、防範，悲劇就發生。是不是因果真的那麼難以規避？一生有一生的因果；三世有三世的因果，因果不明，難作解人，夏天的昆蟲，如何向牠們講解黃河結冰的故事呢？

【第五十九章】

治人事天莫若嗇，
斂藏未雨先綢繆；
早服積德無不克，
有形無形國根固。

長生久視

道德經偈言之五十九
治人事天莫若嗇
斂藏未雨先綢繆
早服積德無不克
有形無形國根固
春雨軒鍾天送敬撰

【原文語譯】

治理國事也好，調理身心精氣也好，沒有比「收斂、保藏」不任意施為、消耗元氣更重要。只有善自收斂保藏，才能防微杜漸，有先見之明，為將來之事，做好萬全準備。平日積功累德，儲全資糧，功德厚、資糧足，行遠路、辦大事，無不從容勝任。行遠辦事能從容勝任，便沒有人能窺知其才能力量的極限。才能力量高深莫測的人：才能擁有「有形之國」，並且能把國事治理完善；或者擁有無形「精神的王國」，像孔夫子，他不是諸侯，史記卻把他列入「世家」，稱他為「素王」；讚美他：「天不生夫子，萬古如長夜。」例如耶穌不願意做猷太人期待的霸主、國王，情願把猷太教變成世界性的基督教；釋迦本師寧願放棄天生擁有的王位，苦修成佛，完成一代時教，做世界佛教的宗祖。道家、道教的先知先覺，也寧願放棄世上榮華，歸真返璞，成為至人、真人，逍遙悠遊天地之間。一旦擁有治國之本，傳「人間之國度」，才能長治久安；鍊精化氣，擁有修身養性的根本，傳「精神的國度」，也才能久久長長；傳個人的「生命靈魂」也會不朽長存，這叫做根深而柢固。無論是世間或出世間的國度或性命，能達到以上的成就，便算是實踐了「長生久視」的至德大道了！看穿大千世界，穿梭於肉眼不見的時光隧道，是理想嗎？還是確切可能。

◎【龍宮驪珠君試探】學海聯珠之五十九

一、從本章可以知道：道家為什麼後來會蛻變出道教來？就是一些能知能覺的後代聖賢，從《道德經》中體會到先知先覺的弦外之音。知道遵循這自然大道，有希望成就到難思難議的境界。那就是：處水火可避開水火的致命傷害；處世間富貴榮華，可以持盈保泰；處世間、出世間之精神領域，可以修仙成道，長生久視。所以法取乎上，努力修真，以至人、真人為終極目標。拋棄擁有榮華利祿之可能機會，寧願悠遊逍遙於宇宙無垠無際的時空之間。成為異次元偶然示現的陌生過客。把老子道德經當文章、或一般世間哲學來閱讀研究，實在有一點焚琴煮鶴，令人惋惜的味道。

二、道家、道教如此，佛家、佛教之追求淨土，羨慕聲聞、緣絕之三果仙人，嚮往從四果仙人登上十地菩薩，進入常寂光土，獲得無上三摩提，印證了究竟佛果，道理也是一樣。人間再富貴榮華，仍是身處蘊界穢土，福報結束，繁華也將如美夢醒來一般，驟爾褪盡；成就聲聞、緣覺，未能登地，仍是暫時的化城而已；只有由四果阿羅漢登入菩薩位證入佛果，算到達藏寶之所，究竟之地。擁有無形的天下，精神至上的王國。基督教、回教，世界萬教，想推到最高的終極目標，萬流歸宗，無不是循這一條外聖內王的途徑，只是法門有別，殊途求其同歸而已。

【第六十章】

治大國如烹小鮮，
鍋大魚小溫火煎；
道蒞天下鬼不神，
奸佞再狡無可乘。

治大國若

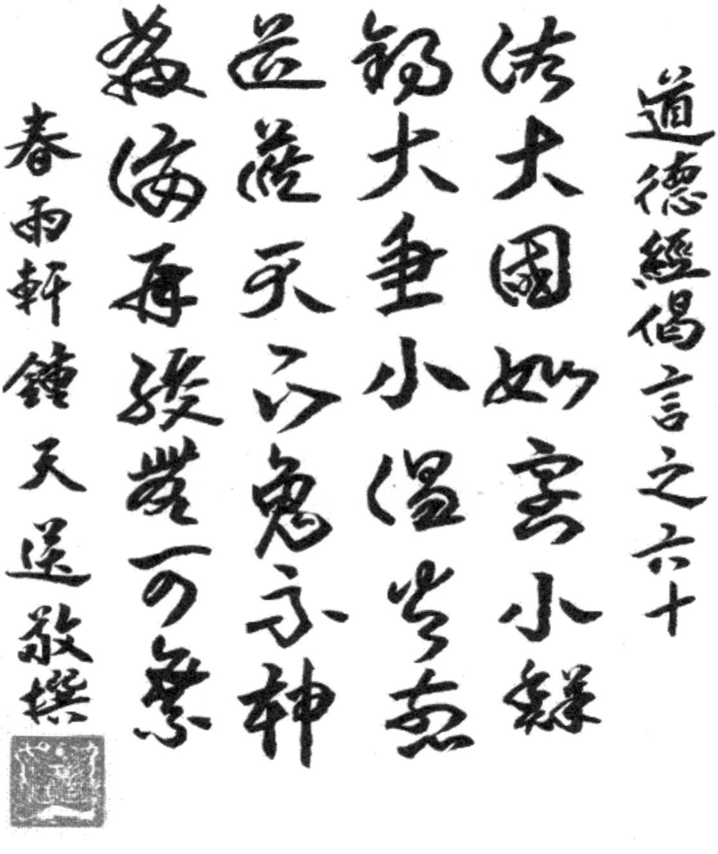
道德經偈言之六十
治大國如烹小鮮
鍋大魚小溫火煎
道蒞天下鬼不神
奸佞再狡無可乘
春雨軒鍾天送敬撰

【原文語譯】

治理大國家，要像烹煎小魚一樣，鍋大魚小，油要多放一點；火要均勻一些，功夫要恰當。猛火陰暴，一觸即傷，小魚都焦頭爛身，吃魚如同吃炭，無復魚鮮香味。溫火陽和，緩緩烹煎，魚香肉嫩，香脆好吃。大國家，想要急急變法圖治，以中國明清以前的歷史為例，從未成功。如果以至德大道來治理大國，清靜無為，不擾民，不驚動百姓。就像以陽和之溫火烹煎小魚，魚身不爛，國不動亂。宵小奸佞，饒他其奸似鬼，也無隙可乘，發揮不了竊權盜國的陰謀。治國者多費心思，就如煎魚多放些油；徐圖緩行，就是功夫恰當。不但奸人野心家，難以施展他們的鬼怪伎倆，在徐圖緩行的過程中，小百姓也不會因變法太急太速而受到傷害。不但變法本身不傷害人民，就是施政變法的聖賢人主，也不會背上傷害人民的罪名。這樣上施下效，彼此相親不相害，就像大鍋、小魚、溫火、油脂，相容、相親不相害，小魚烹來香甜可口美味，百姓治理完善。眾德全美全善，眾望所歸，何樂不為呢？親愛的讀者！看到這裡，你應該可以為當前的時政，把脈針灸治療沉痾了吧！

◎【龍宮驪珠君試探】學海聯珠之六十

一、以大鍋煎小魚，比喻領導者治國之要方，千古以來沒有一篇文章，能以這樣寥寥數語，描述到如此淋漓盡致的地步。老子！真是神乎其人、聖乎其文！（這方面，女性比男性更清楚明白）大鍋都不能用猛火、油少煎小魚；我們台灣可以用猛火、不放油來煎大魚嗎？那就是：對重大事情，又不下功夫，不集思廣益，貿然聽幾個佞臣、小人意見，就決定動向，危機不時時潛藏才怪！

二、變！變！變！

・日本有一個電視節目，很受觀眾喜歡，名稱就叫「變！變！變！」千變萬變，極盡其變，不勝其變，無所不變，變得巧、變得妙，變得人拍案驚叫，哈哈大笑！把人的創思創意，天真可愛，精靈古怪，全都投入其中。大人小孩、老少咸宜。我們為什麼弄不出這種節目？

・秦孝公時商鞅變法，在政治制度、法令規章、強化國力方面，確有成就。後來秦王政憑此統一六國，號稱秦始皇，可是才傳三代十五年就覆亡。為什麼呢？法令嚴苛，不合老子道德治國原理，看看本章譯解，一目了然。商鞅變法，法太嚴密，刑太酷暴，殺人太多，渭水都被血水染紅了！太子犯法，株連其師，遭到剜鼻之刑，孝公薨（逝），商鞅潛逃，民眾怕受連坐，沒人肯收留他，終於被捕斬殺，這叫做「作法自斃」，任何形式的嚴酷、殘暴都不可用，做人如是，治國也一樣。

・王莽篡漢，建立「新」朝，也因急急變法而快速滅亡。因為雷厲風行，朝令夕改，人民窮於應付，新瓶不如舊瓶，新酒不如舊酒。濫改幣制，傜役繁重，造成經濟混亂，社會矛盾，改革一無實用，餘食贅行，人情厭惡，結果群雄並起，光武中興，新朝敗亡。

・煎魚如此，治國如此，修身養性，鍊氣化神，也都一樣，不可強行猛進，強如李小龍，無法養頤延壽，令人遺憾懷念。功夫用得深，也要用得久，用得恰當，陰神要調和適當，陽神才能出竅，發揮不可思議的效用。

浩瀚人生，獨舟自行，變數難以預料。

【第六十一章】

大國下流天下交，
牝以靜柔常勝牡；
大國以謙小國聚，
小國謙讓大國黨。

寧為下流

道德經偈言之六十一
大國下流天下交
牝以靜柔常勝牡
大國以謙小國聚
小國謙讓大國黨
春雨軒鍾天送敬撰

【原文語譯】

做為大國，要深自謙抑，如水居下流，才能為世界各國眾望所歸，百川才能齊來匯注。天下國家，或人類、動物，擁有母性雌柔寧靜者，往往能勝過擁有雄性剛強火爆者。原因是：柔弱者能安定冷靜，安處低下，情願謙讓。所以，大國能對小國謙抑，小國便紛紛樂意來附從團聚；小國能對大國禮讓，大國也樂意與之黨合歡聚。因此，無論是大國因謙讓而得到小國來附聚；或小國因謙讓而得到大國來聯合黨聚，只要大國不過分強求小國附合，小國不過度去討好附聚大國，雙方各因其宜，各得其便，各蒙其利，何樂不為？尤其是：大國能對小國謙抑，才更是難能可貴，更是世界萬民之福。

◎【龍宮驪珠君試探】學海聯珠之六十一

一、世界歷史上，出現過不少超級大國，國力超強，但立國精神原則偏差，憑藉船堅炮利，窮兵黷武，四向擴張侵略，南征北伐，蠶食鯨吞，在地圖上劃線搶界，瓜分他國土地。中國人為此悲酸羞辱幾百年，台灣人則歷受荷蘭人、日本人百年統治，悲情永世難忘。有沒有人想到：這些受侵害國家人民，會不會仇恨深種，伺機報復？例如：以中國幅員之廣大，一旦翻身為超級之大國，擁有第一流之科技、第一流之現代武器、飛彈核能、誇世的航太成就，無盡的資源、用不完的人力，如果不對小國謙讓、不對大國禮讓，也同過去的美、蘇、英、法帝國主義的作風一樣，也來東施效顰，重演歷史，輕易發動戰爭，軍威所至，兵連禍結，生民塗炭，有些人會爽心快意，大喊光大漢唐，遠邁明元，其實是製造空前浩劫，使世界瀕臨末日，冤冤相報，戰禍要延綿到何時才了？看看蘇聯如今安在？越戰、阿富汗、伊拉克之戰，下場結果如何？有何正面的意義？

二、智慧如海的老子為什麼要寫《道德經》？莊子為什麼要寫《南華經》？達摩祖師為什麼要迢迢萬里東來中國？中國現代及未來的領導人，若要高瞻遠矚，若要超越世界以前所有的帝王聖主、元首領袖，最好莫如深入了解先聖先賢的寶貴遺訓，了解古今中外歷史演變的浪潮與最合理的導向，以沒有界限的大愛，愛中國人，也愛世界人，一切的繁榮壯大，才能更顯尊榮、博愛、偉大。要有大禹治水的無私堅毅精神，謙讓地協和條理萬邦世界；要有釋迦出世，為實現一大善因淨緣，而完成一代時教，讓佛光普照環宇的胸襟氣度，否則科學再進步、生活再改善、經濟再躍進、國勢再強大，子孫、生民、國家，在生、成、毀、敗的時空演變鐵律下，有朝一日，還是會面臨一片黑暗。一切辛苦、血汗、所施所為，有為法，無非夢幻泡影、露水，閃電剎那間灰飛煙逝，龐培古城，羅馬百年的和平昌榮，路易十四到路易十六、縱橫四海的赫赫功業，美國雙子城，不都是一樣麼？不是邯鄲夢，便是南柯夢。

三、兩次大戰之間之後，也有一些強國具有遠見的領袖專家，開始關心萬國的和平、秩序與福祉，先倡組國際聯盟，再創設聯合國，希望能主持正義協調萬邦，扶弱濟傾，維護和平，禮讓護恤弱小國家，雖然成效欠彰，總是目標正確，多少總有成就，有待提升努力。

四、新加坡，國土不大，卻能銳意自強，聯合他國，禮讓大國，又能贏得大國推重，政經外交，都斐然有成，在國際會議上、在國際公關上，縱橫捭闔往往能扮演很稱職的和事老；

促進國與國之間的和平，減少戰爭觸發的可能性。以上史實史例，在在都能印證老子學說的可行性與積極性。

【第六十二章】

萬物之奧斯為道，
不善人保善人寶；
拱璧駟馬何所益？
以道求得罪以免。

大道奧妙

道德經偈言之二十一
唯道是從孔德容
道之為狀恍惚
惚恍恍惚象物
杳冥精真為信孚
春雨軒鍾天送敬撰

【原文語譯】

「道」，涵藏萬事萬物、奧妙不可思議的「秘理」與「能源」，善良的人，珍貴愛惜祂，視祂為無上至寶；不善的人，也要顧忌祂，多少保有祂，才足以自保平安順利。「道」，讓你能說出美好的言語，可以博取信任與尊仰。「道」，讓你有美好的性行，使人賞識敬重。「人」，容或有時也會做錯，表現不善，但是，「道」，可以捨棄嗎？所以貴為天子，也設有太師、太傅、太保，號稱「三公」來輔佐他，提示、引導他。地位尊貴，四方仰敬。舉行祭天獻奉的儀式時，很多官員要雙手拱抱寶玉、珍品進貢在先，然後有高車駟馬隨行在後。排場有夠盛大，這對天子有何助益呢？不如用「玄德大道」指引天子，福國利民，才是最好的獻禮。為什麼古來最有智慧的聖賢，這麼貴重這玄德大道呢？難道不是因為：如果能領悟大道，循道而行，做人施政，會如有天助，像西方人信天父、耶穌基督一樣，希望心想事成，有求必應，縱使以前曾經有些小罪小過，也會因為樂意奉行萬善，福國利民而蒙天意赦免，人情寬諒。

◎【龍宮驪珠君試探】學海聯珠之六十二

一、「維摩大士頓除疑，猶如赫日銷霜雪。」（《證道歌》唐、永嘉大師—有二比丘犯淫殺，波羅螢光增罪結。）從前有兩位比丘（和尚），一同在山中結庵修行。有一天，一僧外出辦事、一僧在庵坐禪，沒想到來了一位樵女，居然對那位年輕和尚動了心，百般色誘，使這位禪僧破了色戒，事後又懊惱又慚愧。友僧回來，知悉此事，憤慨莫名！乃一路追罵樵女缺德，樵女驚慌奔跑，不慎墜入深坑而死。二僧一犯色戒，一犯殺戒，追悔已然不及，只好相攜共往佛陀很有道行的弟子優波羅尊者的地方，含淚請教懺悔。尊者持戒甚嚴，不免斥責一番，最後以小乘教義戒律判決：認為二僧殺、淫都是重罪。懺悔只能降低惡報，不能根除罪報，證果顯然無望。二僧聽完尊者結語，愧悔交加，既驚且疑，無法釋疑，於是又相偕共往維摩居士處告解，大士深達了解罪福之相，無非虛妄，諸法大乘性空，乃以大乘教義作結論：二僧無心犯戒，事後又能真心懺悔，只要過不再犯，勤行六度，認真懺悔，端坐證入實相。所有的罪也會像霜像雪一般，在般若慧日明光照耀之下，銷溶解化。兩僧聽了，豁然頓悟，罪性本來空寂，修果依然有望，滿心感恩，快然回庵勤修，後來都證入「無生法忍」的修行果位境界。

二、尊貴、富裕、顯達、威望、揚名、足利，這六項是人生的福報，也是眾生世世生生所夢寐以求的幸福，最會讓人心智錯亂，造下惡業。美容、儀態、好色、氣概、情意，都會使人意亂情迷，牽腸掛肚，一旦貪著，便緊緊束縛了吾人的心靈。憎惡、渴欲、欣喜、暴怒、悲哀、爽樂，人情所難免，沉浸其中，卻會斲喪性情，蝕人骨髓，負累德性。你要「捨離」或「從就」呢？「受取」或「付出」呢？「求知」或「學技」呢？進退失據之間、兩難抉擇之際，內心千難萬難，中心無主，便阻礙了大道的通路。必須以上所列的心意動向，不會左右擾亂你我的心志性靈，心思才會平靜，念頭才能清明透徹，真心才能空虛靈明，定靜安慮得、循環相生，大道自然滋生，玄（元）德由是廣佈。三公應該提供寶玉珍玩，高車駟馬，妝點天子壯盛的排場好呢？還是拿「大道玄德」獻給天子比較好呢？高明的你，心中一定有完美的建議。

三、徐無鬼，由於女商的推薦，拜見了魏武侯。相談之後，武侯神采飛揚，滿臉堆笑，破天荒、從來沒有、也不曾有這麼回事兒。女商不明白武侯的喜樂從何而來？便虔誠請教徐無鬼：「奇怪了！先生！您是跟大王談些什麼？讓大王這麼高興的呢？我看許多人來拜見大王，總是不忘記、努力取悅大王，橫說直說，談的不是詩書禮樂，就是太公兵法，說的有模有樣，神氣活現，主公從來不當一回事兒，您到底跟他說了些什麼？讓他這麼開懷歡暢呢？」徐無鬼回答道：「我也沒對大王說些什麼大道理，不過，我對狗很有研究，所以我就跟大王大談相狗的祕術。我說下等的狗能吃飽就滿足了，能力嘛！與貓沒有兩般；中等的狗姿態優美，意氣洋洋；上等的狗嘛！好像忘記自己是狗似的，除了不會說話之外，簡直就像人一樣。」女商聽了，糊里糊塗，莫名其妙，繼續追問。徐無鬼繼續解釋說：「人家不愛聽的話，講得再多有什麼用？你沒見過流放他國的人嗎？才出國幾天，看到認識的人就高興；離國有了一個月，看到像國內的東西，就驚奇高興；過了數年，看到像鄉里的人，就親得不得了；如果流落到空谷曠野，聽到人的腳步聲，就會樂得發狂。你知道大王為什麼開懷歡笑嗎？因為他已經太久太久、沒有聽到人跟他講真心愛聽的話了，巧言令色，討取他人歡心，不如實話一句，讓人開心啊！」

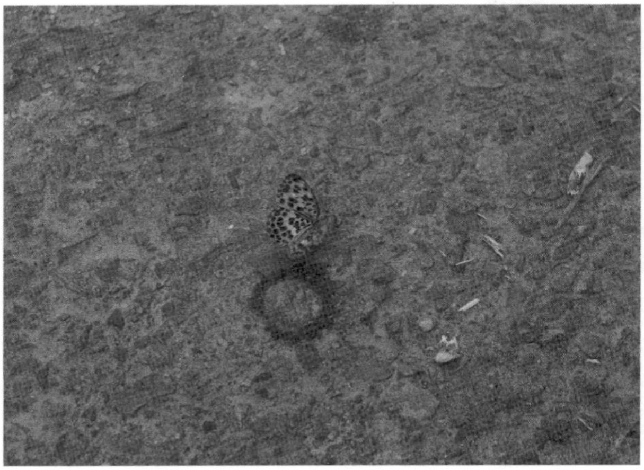

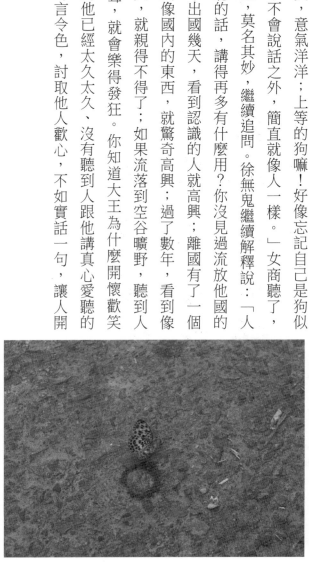

【第六十三章】

無為而為不生事，
大小多少德報怨；
圖難於易大於細，
不厭煩難終不難。

易細無難

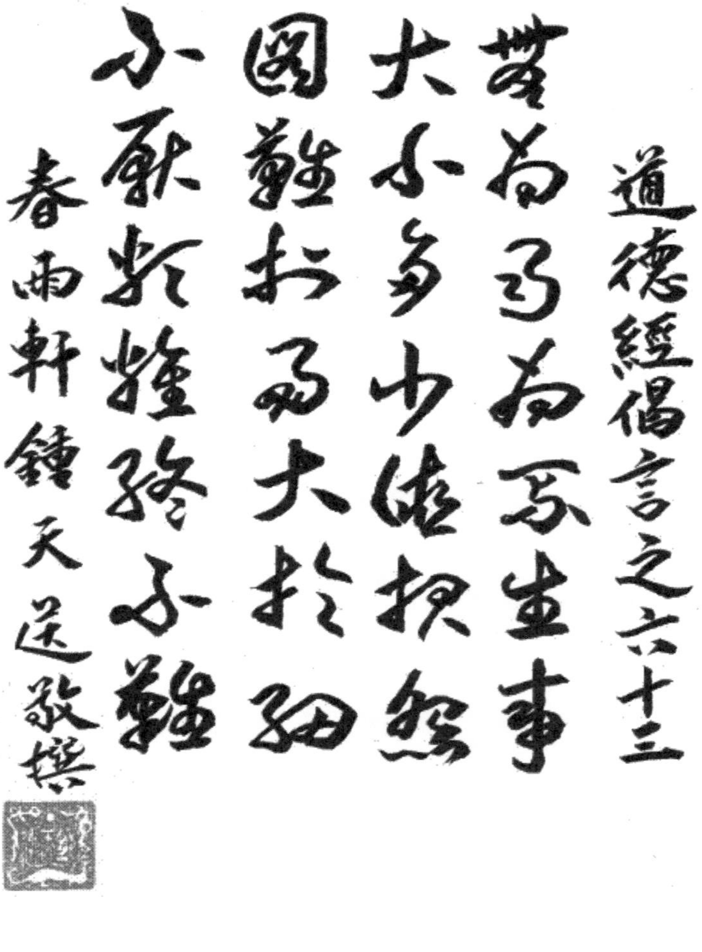

道德經偈言之六十三
無為而為不生事
大小多少德報怨
圖難於易大於細
不厭煩難終不難
春雨軒鍾天送敬撰

【原文語譯】

以不妄為的態度來施為；以不生事的態度來辦事；以恬淡而日久生香的味道，代替又濃又烈的香甜美味，作為日常品嚐的滋味。把大小、多少、恩恩怨怨等的分別心、計較心去除。縱然人家對你存有忿怨，你又何妨胸襟寬大，報之以德。天下難事，往往從容易下手處，著手進行而完成。天下大事，往往從細微處著手進行，反得成功。所以道家真人，從不好高騖遠，自居老大，大處著眼，小處著手，所以能成就偉大的事業、功業。輕易承諾的人，大都有虧信用。凡事輕忽，以為事事無不易與的人，遇事必多阻難困擾。所以道家至人，遇到問題，總是審慎猶豫再三，先設想一切可能遭遇的疑難，再按照以上的思慮模式，找出著手最佳方式，抽絲剝繭，由小而大，由易而難，逐步解決，不嫌其煩，不厭其難，累積經驗，熟悉過程。因此難事也就不成為難事了！

◎【龍宮驪珠君試探】學海聯珠之六十三

一、鄭・子產：公孫喬，字子產，春秋時代鄭國極為了不起的政治家。當時鄭國是小國，夾在晉楚兩大強國之間，飽受軍事威脅，國勢岌岌可危，處境相當為難。子產為相二十二年，風雨飄搖中安定了鄭國。

二、古代供鄉里人比賽射箭的地方，叫做「鄉校」，等於今天各地社區的活動中心。人民對於國家執政的臧否善弊，經常在那裡聚眾發表個人意見，議論紛紛。有些官員認為這樣會成為製造謠言紛爭的發源地，久之必定引起暴亂，此風不可令長，便向子產建議：嚴格取締，甚至於進一步廢掉「鄉校」。子產卻持不同之看法，他說：「百姓能有個地方，早晚可以到那兒閒坐談話，有什麼不好？礙我什麼啦？如果他們議論朝政長短，中肯有理，正可做我施政參考，何必將它廢掉？只聽說忠愛信賴可以減少怨恨，沒聽說強制威嚇可以遏止怨恨的事兒！再說如果以強制威嚇來遏止人民、發牢騷、吐怒言，民怨會像大川激起的洪水一般，隄防再堅固，一旦潰決也絕難搶救。何稍留一些決口，讓水宣洩，讓民怨能抒發，讓百姓出出悶氣。」這不是最早的「民主廣場」嗎？台灣也早已出現類似民主自由廣場的各地社區活動中心，我們的政府態度，跟公孫子產所持的觀念態度，孰優孰劣？孰是孰非？相信大家一定有合理公平的評論。

三、子產施政一年之後，各處鄉校人民編歌咒罵他：「把我們的衣帽也沒收了，把我們的田地也分割了。誰要殺子產，我願當幫手。」而後子產制定田界，重劃溝渠，以利耕耘灌溉；各行各業，各有制服識別。執政三年後，不但是鄉校，連大街小巷，人民都編些小調謳歌他、歌頌他：「我有子弟，子產都幫我們教育好了；我有田地，子產都幫我們規劃完善，開墾豐收了。子產如果死了！誰來接續他執政呢？」我們不禁要問：「鄭國能，台灣為什麼不能？鄭國有子產，台灣的子產，在哪裡呢？」

四、大事、難事、怨恨的事，到了子產手裡，就變成了小事、易事、萬民稱慶的喜事，怎麼會這樣呢？主政者有道德、沒道德的差別吧！西元前五百多年，距今二千五百多年前，就有子產這樣具有恢闊的胸襟、民主氣度超人的政治家，看看我們當前的時局、政局，真有今不如昔的浩歎！

田埂孤鳥，豈為俗務煩惱？

【第六十四章】

輔物自然

未兆易謀安易持，
為之未始治未亂；
九層之臺起累土，
千里之行始足下。

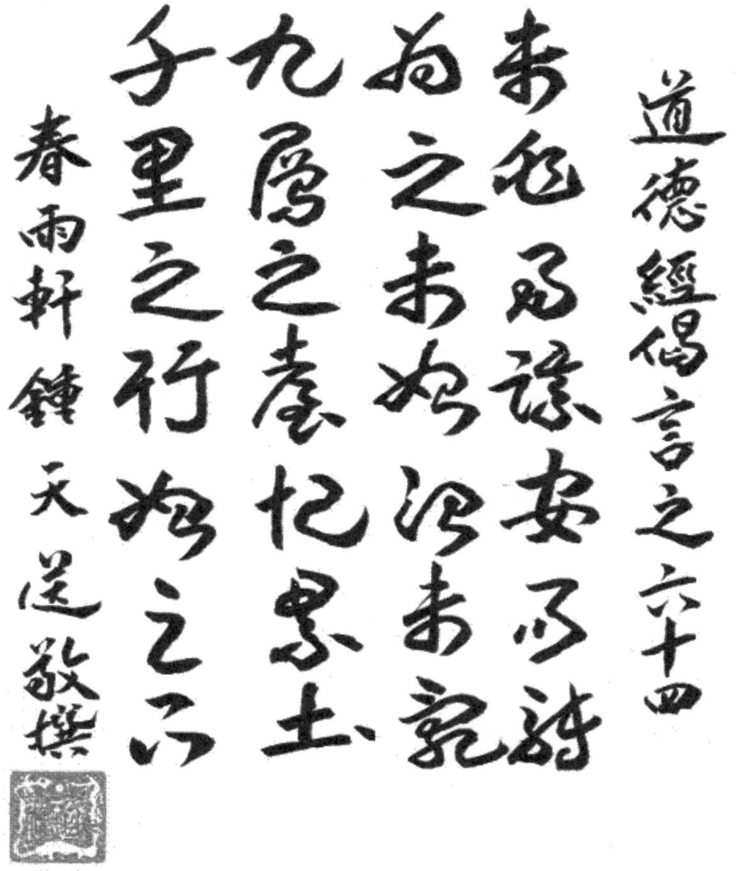
道德經偈言之六十四
未兆易謀安易持
為之未始治未亂
九層之臺起累土
千里之行始足下
春雨軒 鍾天送敬撰

【原文語譯】

國家太平，局勢安定時，事事容易因應固守。事變未生，徵兆未現時，事事容易應付圖謀。凡事要能洞燭機先，防患未然，動亂未顯，先期防治。合抱的大樹，也是從細細的嫩芽發端長大；九層高高的樓台，也是從低地堆築而成。千萬里的遙遠行程，還是要從腳下舉步前行。盲目的蠢動妄為，絕對是致敗之端；偏執計較，必然欲得反失。所以真人、至人，不多事妄為，便減少無謂的失敗；不任意堅持固執，便殊少錯誤缺失。吾人謀事，總在接近成功時，挫敗連連，此時洩氣，前功盡棄。只有不在乎連番挫敗，忍辱忍苦，確認目標，始終如一，謹慎堅持到底，最後終究成功，何敗之有？所以真人、至人，不苟同一般人之浮世欲求，不珍貴難得的寶貨、榮華利祿，學習眾人忽略不學之學問，彌補眾人無心之錯失，輔助萬物自然地發展，但絲毫不會對萬物橫加宰制干涉。

◎【龍宮驪珠君試探】學海聯珠之六十四

一、全篇文章都在提醒我們：要注意天下事物之「微處」（徵兆、發端）。惡，要先防；善，要先發。觀察事物，不要從單一觀點去堅持、去計較，要學習必要的話，也要從相反或其他的觀點去設想。成成敗敗，人生難免，最要緊的是最後能夠成功。最後成功，前此失敗都不算失敗。得得失失，不必太過在意，最重要的是過程要兢兢業業、小心翼翼、慎始到終。

二、佛經上常常提到一句話：「佛法無邊，回頭是岸。」實在很有道理。一方面是說：人類背覺逐塵，迷途不返；顛倒錯亂，為時已久，要想尋回真心，只有回顧來時之路，放棄前此流放本性的盲目追逐，才能追本溯源，回到智慧的彼岸。布袋和尚不是說過嗎：「手把青秧插滿田，低頭便見水中天；六根清淨方為道，退步原來是向前。」觀音法門，重點在「出流亡所」就與上意相通。許多大師都講歪了！我時常為此難過。

【第六十五章】

古善為道非明民，
民之難治以智多，
以智治國國之賊，
玄德深遠從物返。

玄德深遠

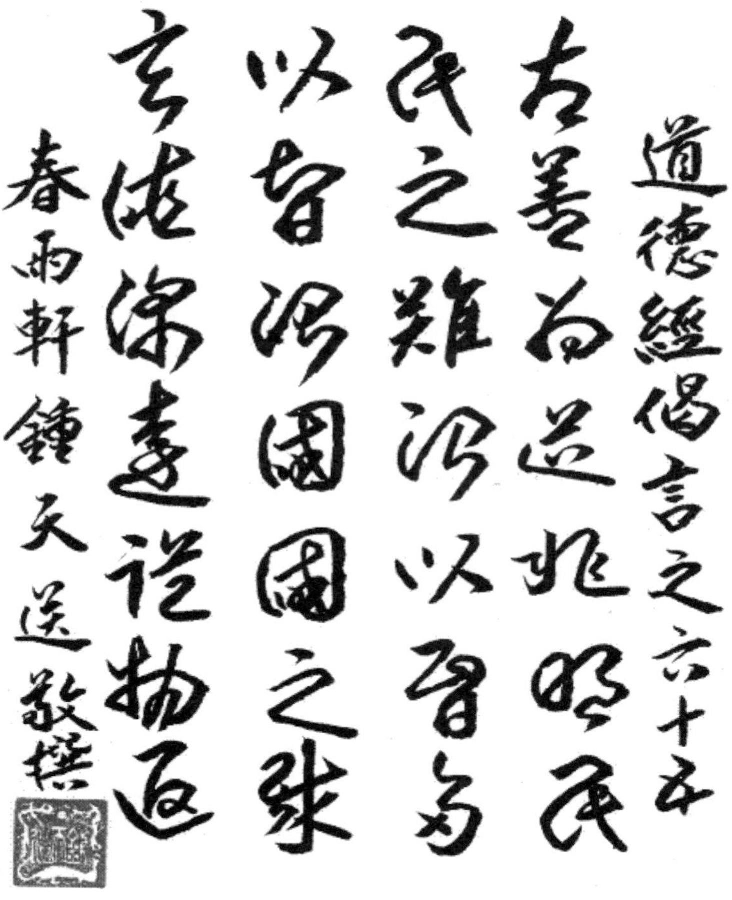
道德經偈言之六十五
古善為道非明民
民之難治以智多
以智治國國之賊
玄德深遠從物返
春雨軒鍾天送敬撰

【原文語譯】

古代善於依道執政的領導者，不專門注重教導人民機詐權巧，賣弄聰明，而是特別注重教導人民真樸厚道，大智若愚。大眾若習於刁鑽奸滑，政府一定難以教化統治；人民學會了許多智巧與小聰明，必然不安於家室，不顧大體，四處搞怪，浮動人心，反抗或干擾施政。所以政府只是一味提倡「教民智巧」，必遭智巧反噬，國家必蒙受賊害殃禍；教導人民知識技能，必輔以不賣弄智巧，實事求是，使人民具有真正的智慧與道德，必給國家帶來無窮的福祉。明白這兩種治國方式的優劣所在，才能提供治國的模範楷式。居常採用這種優良的治國模式，便算合乎大道玄德。真常玄德，既深又遠，必待從千差萬別的事事物物中，歸本返源，歸真返璞，才能真知證得，一切才能順應大道本然，圓滿周全。

◎【龍宮驪珠君試探】學海聯珠之六十五

一、所謂「人心不古，世道日衰。」因何而來?本章就是答案。實在的原因是：在上位的領導人、作官的人、上上下下的民意代表，都競尚智巧，而且到了人民匪夷所思的地步。年輕時熱情、有理想、有理念，愛鄉土、愛自由、愛民主、愛國家，愛…。選舉勝利，取得權力，享受國家資源，食髓知味，樂不思蜀，節操便沒有了!腦裡想的全是選舉、權力、資源，money!money!money!用盡機關智巧、陰謀手段，就是要取得它，喪心病狂也不在乎。在上的人如此不擇手段，競尚智巧；在下的人民，耳濡目染，競起仿效，爭尚智巧，上樑不正下樑歪，上施下效，這國家、這社會，會演變成怎樣?上多貪官，下多刁民。不是嗎?婆娑之洋、美麗之島，消失不見了！看看台灣今天病入膏肓的艱難處境，筆者說的話，有危言聳聽嗎？

二、君不見？車禍意外天天有增無減，千島湖喪生、大峽谷亡命，醫院病房再多，病患還是一室難求，AIDS、癌症，終結人命，毫不留情，令人聞之色變，他（她）們今生今世，都做惡了嗎？他（她）心地都很壞嗎？都不信神、燒香、吃素、唸經、祈禱、信教嗎？為什麼？人生生老病死；眾生顛顛倒倒，因果所致；世間萬法縱橫，一心所成。三生相續，萬世牽連，若不關懷，怎免苦哀？

三、城外土饅頭，（壘壘的荒塚）

餡草在城裡；（血肉的眾生）

一人吃一個，（人人都有份）

莫嫌沒滋味。（死別滋味酸）

初唐・王梵志

四、眾生怕果，因為苦果難嚐；不怕因，因為苦因多在來世才結下苦果，反正來世才結惡果，來世我什麼都忘了！我操個什麼勁兒呢？今生來生相忘，可是報應還是不會爽約的啊！來生成為失憶前生的人，災禍一來，難道就不痛不苦嗎？菩薩怕因不怕果，因為種下惡因，道行就要倒退，前功可能損棄；沒有惡因，當然沒有惡果，還有什惡果可怕呢？如今有多少眾生信因果、怕因果呢？有多少人立志回頭靠岸呢？有多少人在意歸真返璞呢？看看門前走過的晨跑者、氣功班的成員又少去好多個了！訪舊半為鬼，驚呼熱衷腸。開同學會，總有同學不告先去，是不是感慨良深呢？

多少人在意返璞歸真？

【第六十六章】

聖人江海百谷王，
上民必以言下之；
先民必以身後之，
不爭天下莫能爭。

江海不爭

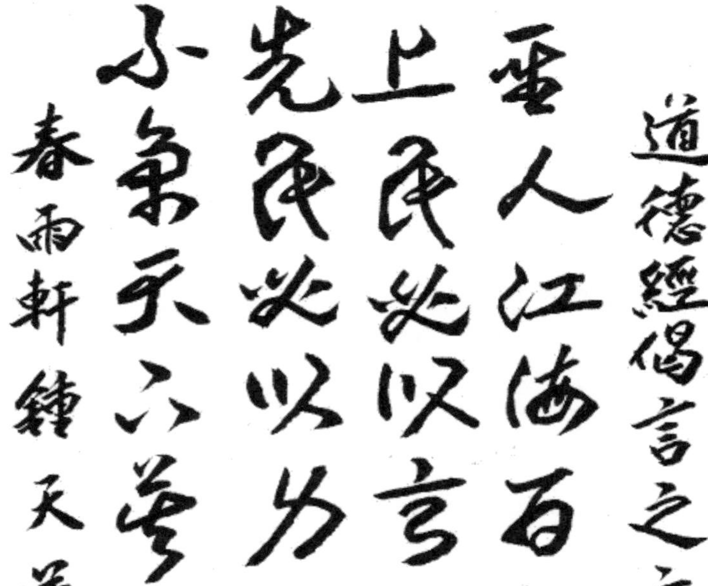
道德經偈言之六十六
聖人江海百谷王
上民必以言下之
先民必以身後之
不爭天下莫能爭
春雨軒鍾天送敬撰

【原文語譯】

大江大海，所以會成為千山萬谷、眾流眾川所匯注，是因為善處低下的位置，所以百川千水便像朝聖朝王似的一心歸附。因此之故，道家認為上賢上聖，想領導眾人，便要放低姿勢，言語謙和。想做人民的先驅元首，就要把自己身家利益，放在後面。所以，這種聖智賢人，雖居於領導地位，人民不覺得負擔繁重，為民先驅，帶頭做事，人民不受侵擾迫害，是以天下人樂意擁戴，不覺厭煩。因為他不與天命相爭，所以天下人也就無人可與抗爭。

◎【龍宮驪珠君試探】 學海聯珠之六十六

一、蘇東坡有一首詩，寫來送給弟弟蘇轍的女婿王子立，詩云：「送行無酒亦無錢，勸爾一杯菩薩泉，何處低頭不見我，四方同此水中天。」現代流行歌，有人高唱：「給我一杯忘情水……」愛情有這麼苦嗎？求之猶且不得，奈何急急想要忘卻？還是蘇東坡的《菩薩泉》好。囊中羞澀，沒錢買酒，但泉水涓涓處處有。只要能放低身段尋覓，到處能發現心靈泉水的蹤跡。水淨心清，像菩薩心境，所以才會有人說：「溪聲也是廣長舌，山色豈非清淨身；千江有水千江月，處處江水照心月。」低頭，表示心地慈悲柔軟，四方遐邇都有菩薩保佑。

二、「廬山煙雨浙江潮，未到千般恨不休；既到原來無一物，廬山煙雨浙江潮。」（蘇東坡—廬山煙雨美朦朧，錢塘潮水波濤湧；兩般不到有餘恨，既睹兩般又何增？）煙雨是水，波濤也是水。水有多相，人有多樣。真心只有一種，真樸只有一相。只因緣起性空，正報衍生眾生，依報衍生器界。反本歸源，還有何物？廬山煙雨消失了！浙江潮水也退去了！如今蘇東波又在哪裡呢？心閒一境，虛空靈明，就是禪定，就是真覺。

三、范文程，名列明朝佞臣傳前茅（奸臣傳第一名），實在不公平。他是漢人沒錯，少年好讀書，聰穎沉毅。清太祖天命三年，清兵攻下撫順，文程謁見努爾哈赤，太祖見他氣宇雄偉，特別倚重。太宗皇太極即位後，召他隨侍在左右。作戰有功，授游擊將軍，有投降的蒙古兵殺死主將，背叛逃走；太宗遷怒其餘留下來沒有逃走的五百士兵，下令全數斬殺，文程從容進諫，五百多人因得免死。輔佐太宗攻雁門、破旅順、收平島。多虧文程參謀有功。他曾專章上書：「中原百姓，歷經喪亂荼毒，思擇賢明之主，以圖安居樂業，希望大軍所至，應當申嚴紀律，秋毫勿犯。一旦入主中國，作官的仍任其職；人民百姓，各安其業。」清兵入關就算了事了嗎？如果沒有范文程、洪承疇等，這樣好的良臣輔弼，和闖王李自成打下北京城，有什麼差別呢？康熙、雍正、乾隆，一百三十八年的太平盛世，是偶然撿來的嗎？順治三年，他又上疏說：「治天下在得民心，士（讀書人）又是民中之最俊秀者，得士心便得民心。故請再行鄉試（各省地方考試），廣開人才登進之門。」連多爾袞都佩服信從他。他歷事太祖、太宗、順治、康熙四朝，建立有清一代完美的典章制度。官至太保、太師、太傅，始終「忠」於國家，但念念不忘力勸清廷：「莫虐殺漢族人民，撫恤災窮百姓。」存活漢人無數（否則哪裡去吃齋拜佛啊？）清史把他比做蕭何、曹參、房玄齡、杜如晦。他拯救漢人無數，漢人卻寫佞臣傳，醜化他是首號的奸佞之臣。輔佐明主，治國愛民，名列首號奸臣。明末昏君敗國亂政，虐殺忠良，使生靈塗炭的皇帝，卻把他尊為「思宗」、「懷宗」，來哀悼、追思、懷念他，這到底有沒有搞錯啊！中國人也好，台灣人也好，這種愚忠、愚孝的觀念不改，從實際的政治社會來講也好，從心理、心靈的空間來講也好，絕對不會有真正的自由、民主、進步的可能，難道不是嗎？「天下神器，有德者居之。」豈能以專事某一族群人物或某一特定人物，來專政或來論忠論奸。誰能「以身、善下天下之人」，才是聖人，才是天王，才是百谷王，才值得天下人樂推擁戴而不厭。可讚美哉！老子之言。可敬哉！老子之道德。

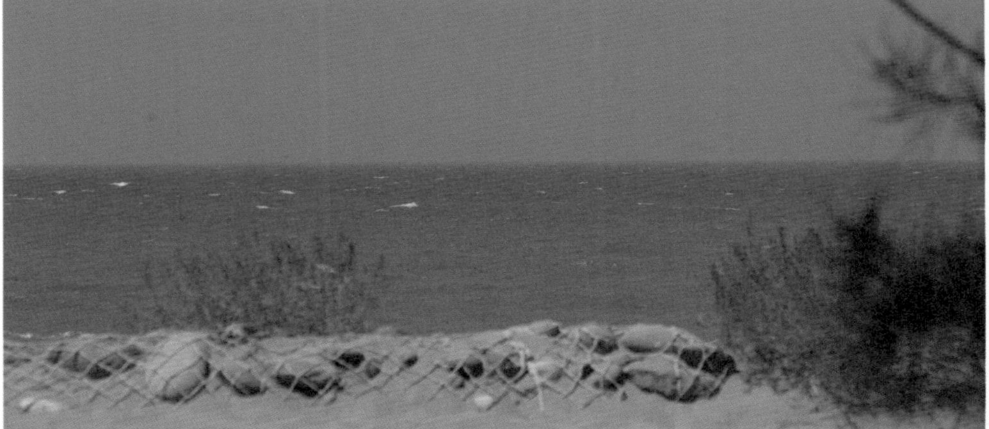

【第六十七章】

我道謂大似不肖，
有物可肖何足道？
慈儉勇廣後天下，
戰勝守固天衛救。

持保三寶

道德經偈言之六十七
我道謂大似不肖
有物可肖何足道
慈儉勇廣後天下
戰勝守固天衛救
春雨軒鍾天送敬撰

【原文語譯】

天下到處都有人在評論：「老子說的道德，非常廣大，可是很難用具體的事物來比方祂。」對的，就因為祂無可方物，無法拿什麼事物來比方，所以才成乎其「大」。如果有物可方，例如：跟什麼東西完全一樣？多高多高？多低多低？用升斗能計，有尺寸可量，那也就渺乎其小，不足為道了！雖然如此，我還是奉獻出經常隨身攜帶、保全持有的三個寶貝，提供給大家參考使用。第一、就是慈悲。第二、就是儉約。第三、就是不敢僭越，自以為比天下人都要先進、英明、偉大（後天下）。這「三寶」算不算是道的內容之一呢？請自由心證！心懷無緣大慈，心擁同體大悲，生命就會更具大勇；生活小事、國家大事，都能守住儉約、不鋪張多事的原則態度，會使人人處於更寬綽恢弘的境地；事事不自大搶先，反而會被天下人推戴為英明的領袖首長。當前的社會，剛剛反其道而行。捨棄慈悲，發揮悍然的梟勇；捨棄儉約，競尚奢華，又想海闊天空，境遇寬闊；捨棄謙和退讓，事事搶前占先，這不是明明白白、死路一條嗎？心存慈悲，就是不得已要出征打仗時，戰也必勝；用以防守時，守必堅固若金湯。時時、事事忍讓慈悲，老天（眾神）也會在平常時、護祐他；危險時、救助他。

◎【龍宮驪珠君試探】學海聯珠之六十七

一、有一個笑話說：有一天，尋聲救苦的觀世音菩薩，雲遊天地之間，忽然耳邊傳來喊冤之聲，震天價地，乃睜開天眼，低垂慈目一瞧，原來是地獄深處，有一刑場，鍋油火燙翻滾，應報亡魂，掙扎其間，吱吱嘎嘎慘不忍睹。其中一魂，喊冤之聲，特別淒厲。菩薩慈悲心動，認為該囚也許別有冤屈，一滴楊枝水從手持淨瓶灑出，化成一絲晶繩，飄垂油鍋上方。彼囚一見大喜，立刻亡命攀援而上。其他刑囚，也隨後攀升。該囚回頭一望，一大串刑囚像粽子一般合抱在一絲細繩上，繩斷魂銷，我命必休，於是拚命猛踢後囚，菩薩見狀，心中慘然，慈眉一閉，繩索立斷，眾囚紛紛掉回鍋中。人間缺乏慈悲，地獄必添多罪魂。故事歸故事，寓意卻良深。

二、周勃，在漢初歷事高祖、惠帝、文帝三朝，官至太尉、右相，卒諡「絳侯」，未發跡前，以編草蓆、草鞋為生，替喪家吹蕭送葬是他的副業。隨劉邦打天下時，專管灑掃、招待、侍衛的工作。可是他臂力強、能挽強弓，打仗居然不輸給曹參，只是生性儉約，沒認識多少字。高祖臨終時交代呂后說：「周勃這個人啊！為人厚重儉約，就是沒讀多少書，不過能安定劉家天下的人，一定是周勃，可命為太尉。」帝崩，惠帝委任他做太尉。十幾年後，呂后也死了！諸呂（在朝做官的呂后宗親）起來篡奪天下，周勃便與陳平合謀討滅了諸呂，迎立文帝，並把所有封賜轉送給薄昭，沒想到後來薄昭竟救了他一命。漢文帝以周勃為右相，陳平為左相。有一天，文帝問周勃：「我朝一年下來，總共有多少判刑案件？」周勃答道：「臣不知道。」文帝又問：「那麼，一年的錢穀收入，到底有多少呢？」周勃又答：「臣不知道。」講完當下汗流浹背，惶恐至極。文帝很不滿意，又去轉問左丞相陳平，陳平回道：「這些事情，都有專門主管的人，這要去問主管的人啊！」文帝聽了，發怒回問：「那你又管些何事呢？」陳平從容回答說：「陛下沒弄清楚狀況，我和周勃，都是沒用的人，瑣事一概不精。做宰相嘛！就是要上佐天子，下使卿大夫，分層負責，各盡其職，萬事萬物各得其宜，哪能樣樣干涉，一身包攬？」文帝聽了！恍然領悟，龍心大悅，說道：「先生說得太好、太對了！」周勃知道此事，責怪陳平爲何早不教他怎麼應答，陳平說：「先生啊！我哪能事事都先告訴你怎樣作答呢？而且如果皇上問你長安有多少盜賊？你也能回答出來嗎？」周勃聽了，知道做丞相，自己實在太遜了！於是趁機辭去了相位。陳平死後，文王又起用他為相，沒做多久，他又堅決辭去相位，到絳縣閒居，死諡「絳侯」。太史公司馬遷評論他說：「周勃為人鄙樸，才能凡庸。但能平諸呂之亂，復劉漢，匡國難，就是伊尹、周公，也不過如此。」

【第六十八章】

善戰不怒士不武，
不輕與敵身謙下；
不爭美德得人力，
配天契古善勝敵。

不爭而勝

道德經偈言之六十八
善戰不怒士不武
不輕與敵身謙下
不爭美德得人力
配天契古善勝敵
春雨軒 鍾天送敬撰

【原文語譯】

善於為將為帥的人，不在外表上呈現武勇強悍的氣勢和姿態；善於行軍作戰的將帥，不輕易動怒。善於克敵致勝者，不輕易與人對敵；用人能「知人善任」者，常常對人屈身謙下。這是一種「不喜歡與人爭強鬥狠」的美德。用人得力，得道多助，無過於此。配合天道，遵循自然，有生生之德，與「宇宙原始萬有之靈能」完全契合。

◎**【龍宮驪珠君試探】學海聯珠之六十八**

一、樂毅之不爭：周赧王三十一年，燕王起兵，以樂毅為上將軍。樂毅統帥秦、魏、韓、趙、燕五國的聯軍，征伐東方的齊國，齊王自誇功高，自許強能，信任諂諛奸臣，廢黜忠信賢臣，政令乖逆暴虐，百姓仇恨怨懟。樂毅弔民伐罪，受封「昌國君」，聲譽如日中天。

二、田單之不與敵：這時候，齊國未被攻陷的城池，只剩「莒城」和「即墨」，即墨人因大夫戰死，守城無將，於是共同擁立安平之戰、妙用鐵片包籠車軸、救宗族脫險的田單為將，以抗燕師。樂毅知道田單不是省油之燈，不敢強攻，也不願採取暴力屠城的下策。於是對齊人實施懷柔之策，乃解去二城之圍，號令軍隊退離九里紮營為壘。嚴令部下：「齊民外出，不可加以侵害；有困難，要周濟他們。」齊民極為感動。田單也知道樂毅很能打仗，不可力敵，就使用反間計，使燕惠王召回樂毅，以騎刼代替之。田單才有機會，以火牛陣攻襲燕兵，大敗燕軍，搏殺騎刼，光復七十餘座城市。

三、擅用人者為之下：田單後來做了齊國的丞相，有一次渡過淄水，看到一位老人，衣衫單薄，天氣寒冷，強渡淄水，全身冰凍，難再行走，立刻脫下皮裘，給他穿上保暖，田單是不是做到了「善用人者為之下」呢？

四、馮煖：戰國時代人，懷才不遇，有志難伸時，到齊國孟嘗君處做食客。每天遊手好閒，常常靠著門柱，彈著寶劍，放聲歌唱：「寶劍啊！咱們回家去吧！省得在這裡看別人白眼，活受罪，吃飯沒魚沒肉，出門也沒有馬車坐。」孟嘗君、田文聽了，也不以為忤，一一滿足他的要求，直到他高車駟馬，遊走市街，趾高氣揚，才到處向人炫耀說：「看到吧！孟嘗君多器重我啊！」有一天，田文徵尋一個有會計能力的食客，要他到封地薛的地方收租，馮煖毛遂自薦，自告奮勇前往。誰知他抵達薛地後，召集了欠繳租稅的百姓宣告說：「孟嘗君同情你們的處境，農作物連年歉收，你們前此所欠的租稅都不必繳了！」當場把債券全數燒掉，人們歡天喜地，歌頌孟嘗君而散去。趕回相府，孟嘗君很訝異他辦事的能力，怎麼這麼快速有效率？問他收債的情形，還有是否買了些當地的名產回來？他回說：「佃地百姓疾苦，沒錢繳租稅，我替您把債券都燒了！他們都好高興，讚美您很英明仁慈呢！而且我發現丞相府，什麼都有，我沒有買何禮物而返，只替您買了一個『義』字回來。」孟嘗君聽了！只差沒有氣炸暈倒，臉色不是很好，但還是包容他、禮遇他。幾年後，齊湣王滅了宋國，洋洋得意，罷了田文的相位。孟嘗君黯然回返封邑薛地，車隊接近薛邑，幾十里外，百姓扶老攜幼，夾道歡迎。田文回顧馮煖說：「先生！我今天終於看到你替我買回來的禮物『義』了！」這以後馮煖還幫助孟嘗君恢復相位，並建議迎先帝宗廟於薛地，使田文平安終老，榮華一世。這就是「狡兔三窟」的典故來源。如果孟嘗君沒有這樣容忍、謙和的肚量，早就身敗名裂，哪裡能青史留名，成為戰國第一公子呢？馮煖，一名馮讙。

【第六十九章】

不敢進寸寧退尺，
縮拳攘臂無行跡；
無敵克敵執無兵，
抗兵無喜哀兵勝。

用兵有言

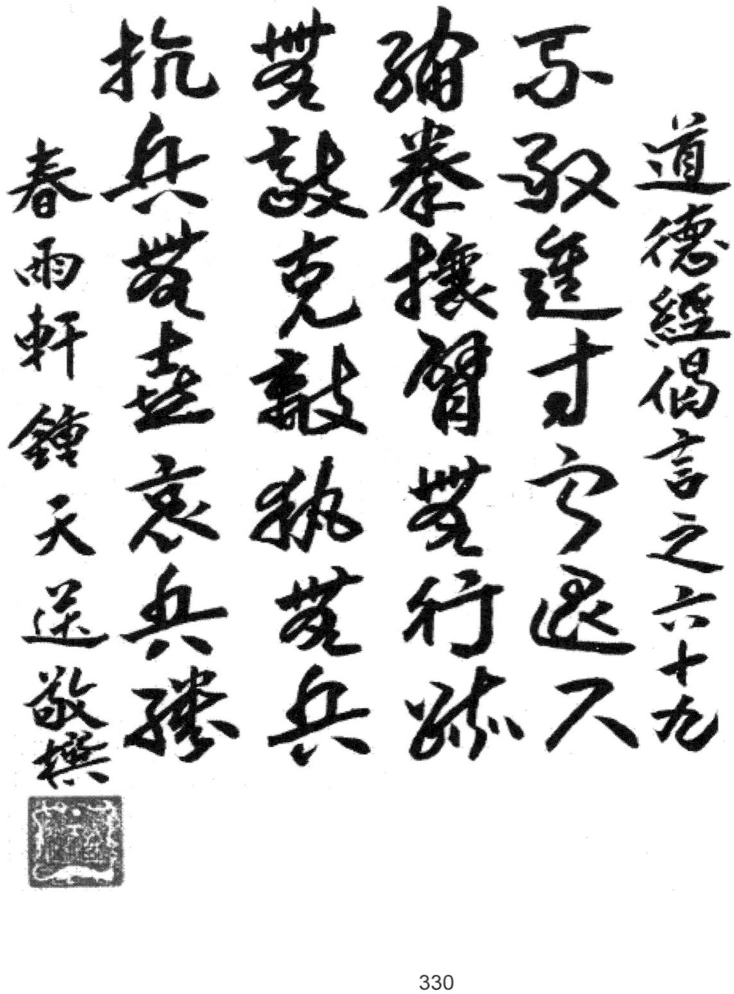
道德經偈言之六十九
不敢進寸寧退尺
縮拳攘臂無行跡
無敵克敵執無兵
抗兵無喜哀兵勝
春雨軒 鍾天送敬撰

【原文語譯】

兵家常說：「我不敢隨便做主侵犯別人，寧願採取客觀被動的守勢；不敢隨便進取寸土，寧可忍讓退壁一尺。」真正能布陣打仗的軍事家，別人看不出他將布何陣式；真正能揮拳攘臂的拳術師，別人也看不出他出手的跡象招數。已準備對敵進擊，而敵人卻渾然無知。武器已準備就緒，敵人卻仍然不知道他將使用何種武器？禍患，沒有比「輕視敵人」更大的了，縱然已經具備了前章所述的（一）、慈悲；（二）、儉約；（三）、不敢為天下先。擁有這三寶在身，可是一旦犯有「輕敵好勝」的毛病，這三寶也會頓然失去作用。兩軍實力相當的時候，只有「心懷憂戚」，「不敢輕敵」，不以「用兵為喜」的一方，才能獲得最後的勝利。

◎【龍宮驪珠君試探】學海聯珠之六十九

一、一枝獨秀：東漢世祖光武皇帝，姓劉名秀，命名由來，也有故事。秀生時，故鄉蔡陽田中麥子，其中一莖，開出九串穗子，一時傳為鄉野奇譚。父親劉欽便替他取名為「秀」，字「文叔」，是漢高祖劉邦第九代之孫。他謹慎仁厚，人格一貫。二十八歲就起義反抗王莽，與哥哥劉縯，共事淮陽王更始皇帝。

二、昆陽大戰：更始元年，王莽派遣大司空王邑、大司徒王尋到洛陽，集結軍隊四十三萬人，號稱百萬雄師。

徵來兵法家六十三人，用長人（巨無霸）負責築營安壘的職務，驅趕虎、豹、犀、象，壯盛威武的軍容，浩浩蕩蕩，進攻包圍昆陽城，一路上旌旗遮蔽天日，錙重相連，千里不絕。昆陽城十萬火急，危如累卵。當時昆陽城內，聽報王邑、王尋百萬大軍壓境，人心惶惶，人人憂念室家妻子，個個想攜家逃逸。劉秀對眾說：「如今兵少寇強，八、九千人要對抗幾十萬人，只有合力抵抗，才有一線勝算，如果兵力分散，城破家亡，哪有妻財可守？」諸將一向輕視劉秀，聽了他的發言，紛紛怒責：「劉秀！你有什麼資格對我們這樣說話！我們都沒辦法了！你會有何本事可解昆陽之圍？」劉秀聽了，不怒反笑，不與辯爭。直到事急，就將兵臨城下，事態嚴重。諸將還是束手無策，攻守進逃，舉棋不定，又來找劉家兄弟商量，劉秀當機立斷，毅然下令：命王鳳、王常，堅守昆陽，只帶著李軼等十三員戰騎，夜出南門城，到郾城、定陵集合了步、騎千人。毅然奔馳前驅到王邑、王尋大軍前四、五里處布陣，莽軍輕敵，只派數千人來迎，劉秀斷然下令猛攻，不計生死，奮勇前擊，當場發生肉搏血戰。一向斯文秀氣的劉秀，一馬當先，衝入莽軍，連連斬下敵人首級幾十個，諸將目睹這種情形，個個心中狂喜，也跟進衝殺，以一當十，殺敵上千。莽軍後退，秀軍直衝王邑、王尋大軍的本壘中堅，邑、尋也沒放在心上，下令諸營稍安勿躁，不得擅動，兩人親自向前迎戰。秀軍乘銳衝鋒，竟然斬殺王尋。昆陽城守軍一看機不可失，也鼓譟開門，奮勇外衝，內外合勢夾擊，聲震天地，莽軍前軍後軍失聯，腹背受敵而大潰，互相踐踏，伏屍長達百餘里。適逢風雷齊來，大雨傾盆，虎豹驚嚇，東奔西突，士卒人馬溺死在溝壑裡的，就要用萬來計算。有些地方，河水都為之斷流堵塞，王邑只帶數千殘兵回到洛陽。關中聞之震恐，天下豪傑，望風響應，劉縯、劉秀大名響亮，如日中天，威震天下。

三、更始二年，光武帝還很狼狽，但是得到一位很有智慧的策士、鄧禹來佐助，心中逐漸篤定下來。有一天他翻開地圖對鄧禹說：「天下郡國這麼多，中國這麼大，如今我能控制的部分，不過十分之一，先生！你說我不難底定天下，是根據什麼道理呢？」鄧禹回答說：「方今天下，兵連禍結，生靈塗炭，人民盼望明君，像嬰兒、孩童思慕慈母一樣。對於天生仁孝的你，豈不是最好的機會嗎？」古來興國聖王，從來都是看他的道德、是純厚還是澆薄？不是看他擁有的領地、是大還是小？

【第七十章】

吾言易知甚易行，
天下莫知莫能行；
吾言有宗行有準，
被褐懷玉稀貴成。

被褐懷玉

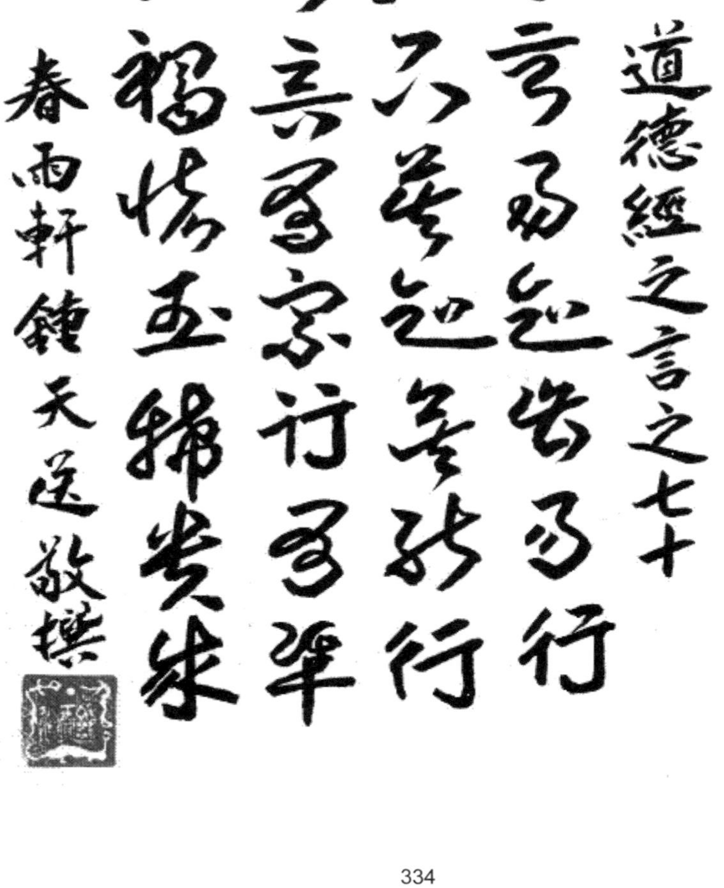
道德經之言之七十
吾言易知甚易行
天下莫知莫能行
吾言有宗行有準
被褐懷玉稀貴成
春雨軒鍾天送敬撰

【原文語譯】

我講的話，很容易明白，很容易實行。但是奇怪的是：天下卻絕少人能知我所知，行我所行。我的言語簡樸無華卻有來頭，我的行事儉約單純卻有準則。就是因為大家不明白我言語的來頭，不知道我行事的準則，只注意我的言語無奇，我的行事單純，所以對我的言語行事也就諱莫如深，無法真知透解。既然對我的言語行事，了解的人這麼少，那麼能步我所步、趨我所趨，跟隨我的步趨、言語行事的人，當屬鳳毛麟角，非常稀世難能而可貴了。千萬不要從穿著的簡單粗陋，去衡量一個人的內在學養；因為至人或真人，往往身穿粗布衣裳，卻身懷著無價的珍寶珠玉呢！

◎【龍宮驪珠君試探】學海聯珠之七十

一、孔子到五十一歲，還沒有悟到「朝聞道，夕死可也！」的大道，於是到南方的沛地去拜見老聃。老聃很客氣地說：「原來是您來了！我聽人說過，您是北方有名的賢人，怎麼樣？先生是不是已經窺悟大道了呢？」孔子答道：「慚愧！丘尚未悟通大道。」老子說：「那麼，先生能不能談談怎樣著手求道呢？」孔答說：「我也從禮樂典章制度、名相數據下手，花了五年功夫，沒有得道，又轉而研究陰陽變化的道理，花了十二年時間，也沒有什麼結果。」老子說：「嗯！您說的對，道，不是伸伸手可以拿得到的東西。道，如果是伸手就可以拿得到的珍寶物事，那麼，哪一位人臣不拿來奉獻給君主？哪一個子女不想拿來孝敬父母？哪一個人不拿來送給愛人、兄弟、朋友，或留給自己的子孫呢？」道，要靠內心領悟，才能長持於心；要靠萬法印證才能實質受用。可以純由內心覺悟而得，所以至人、真人，不必走出門戶，也一樣能悟道；可經由外證印心而覺悟，真人也沒必要非隱居不可。名相制度，天下人所共同使用，學不勝學，知不勝知，哪能盡學盡知？多學多知、盡學盡知，真的會有大用嗎？仁愛禮義信也是一樣，可以作為行道的一時方便，像遠行在外，暫時居住的旅舍，長住長留，反而離道越遠，歸鄉無望。這叫做「為學日益，為道日損。」

二、至人、真人，講仁講義，只是一時方便需要而已，禮多必詐，滿口仁義「愛台，本土」的人，你能相信他的真誠嗎？真人實行大道，天真無私，所以生活簡約，逍遙自在；施為、行政、做人，無不諳合真樸之道。這叫做「采真之遊」。後來推行日久，言行失真，利用「仁義」，盜取名利的人，便越來越多了！「仁義」便成為奸邪的利器。舉例說吧！以財富當做追求對象的人，他會因為仁義，把謀奪的利祿拱手讓人嗎？不單財利如此，其他如追求榮顯、地位、名譽、權勢，也是一樣，成功之後，誰肯為仁義（或其他口號），把追求到的成果轉讓給人呢？此時還談什麼仁義？還不是金玉其表，敗絮其中。有了這些向外追逐的假議題、假目標後，上下交征利，交相欺騙，內心不正，如何端正別人呢？這樣，向內悟道的門徑完全閉塞，心靈哪能空明通悟？社會怎麼會有道德呢？宗教的力量，難怪要大打折扣了！

三、老子繼續發表高論：「再引伸一層來比喻說明吧！如果讓飛揚的米糠碎粉吹進眼睛，天地四方便看起來顛顛倒倒了！」眾生知見（意識形態）難道不都是如此顛倒錯亂嗎？被蚊虻叮到身體皮膚，一夜也難安眠，為什麼？感覺走樣了嘛！內心也失真走樣的人，談起仁義、民主、

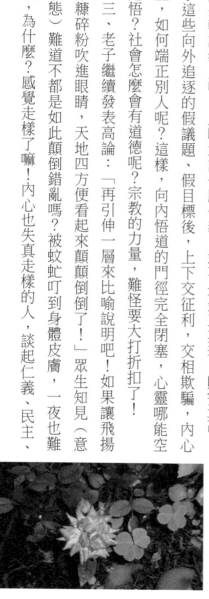

或其他虛假的議題，人情會受到怎樣的歪曲毒害呢？社會會被搞成怎樣凌亂呢？真假不明，善惡莫辨啊！要使天下回歸真樸之首要考量，便是不要巧立名目，口口聲聲、高揭議題、標榜仁義，變成自欺欺人的口號。孩子迷失，急急敲鑼打鼓，便能馬上找回來嗎？白鶴不須天天粉刷洗滌，身上也是白的；烏鴉不須日日塗炭染墨，身上也是黑的。大道，不須辯白；名譽，不須誇張。魚兒一旦困在沙灘，再怎麼澆水，痛苦的狀況也難改變，放牠們回到大江、深湖、原來的居所，牠們就會快樂地忘記：今年是公元第幾年了！回歸真樸自然的生活，心靈最活潑快樂。

四、孔夫子拜訪老子回來後，發獃了三天，不言不語，高徒們關懷造訪，追問經過的情形，夫子說：「老聃這個人，哪裡是人呢？簡直就是龍的化身嘛！他的思想修為，深廣莫測。合起來，是一個優美完整的龍體，散開來，斑斑文采，乘雲駕氣，遨遊天地，出入陰陽。對於他，我瞠目結舌，不知道該說些什麼？你們問我對他有何建議規勸？我能規勸他些什麼呢？」（以上見莊子《南華經》天運篇五）。

五、窮釋子，口稱貧，實是身貧道不貧。

貧則身常披縷褐，道則心藏無價珍。

唐・永嘉真覺大師

得道的高僧，都自稱「貧僧」，其實貧窮的是他的身家，他的功德、法財、道行修為，卻極為豐厚富裕。說出家人貧窮嘛！他們衲衣百結，身穿有補釘的袈裟，托缽化緣為生，不尚虛華；說修為嘛！悟道者，身懷無上心法，擁有無價的心寶如意珠，具有超人的智慧，可以利樂眾生，轉動法輪，弘範三界，改變社會人文。

【第七十一章】

知不示知為上道，
不知示知為弊病；
知病為病能去病，
聖人病病故不病。

病病不病

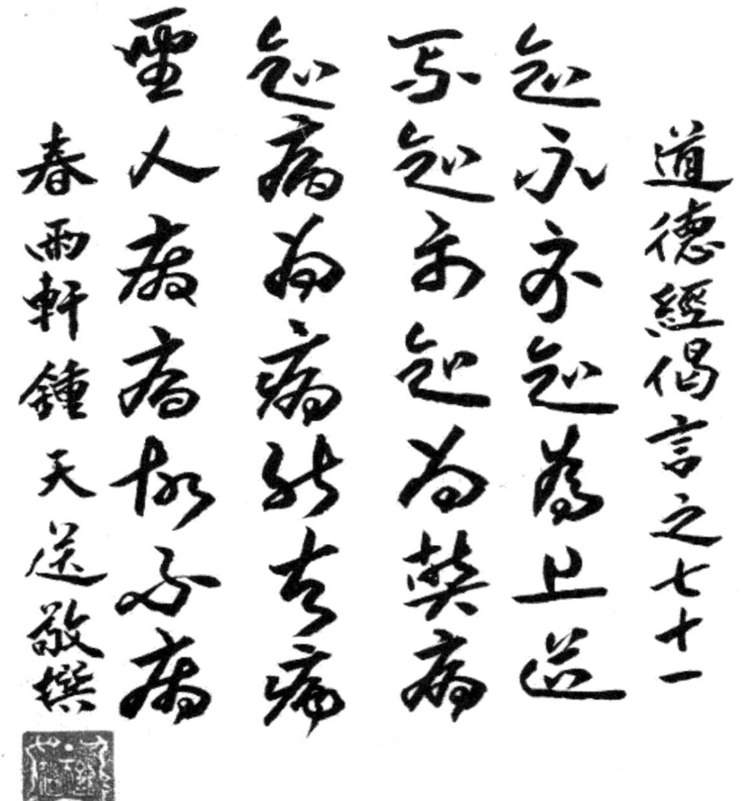
道德經偈言之七十一
知不示知為上道
不知示知為弊病
知病為病能去病
聖人病病故不病
春雨軒鍾天送敬撰

【原文語譯】

分明知「道」、悟「道」、了解「道」，卻不到處炫耀自己已經明白「道」，是真正的解人，這種人最是高尚；分明自己不知「道」不是解「道」的人，偏偏要強作解人，自欺欺人，說自己已經悟道，這種人性行偏差有毛病。知道冒充內行、強作解人，是一種缺點毛病，也就不會去觸犯這種欺人自欺的錯誤。道家成功的聖人（至人、真人），都具大智慧，有真知灼見，謙虛沖和，潛藏密用，絕不至於犯下那種有失尊嚴的弊病。知道強作解人，會自喪尊嚴，騙人損己，為人詬病，當然也就不會有這些缺點毛病了。

◎【龍宮驪珠君試探】學海聯珠之七十一

一、子曰：「蓋有不知而作之者，我無是也。多聞，擇其善者而從之，多見而識之，知之次也。」孔夫子自己說：「有些人不明事理，便胡為妄作，犯下很多錯誤。我可不敢這樣冒失，我們應該多聽別人意見，選擇好的、對的來遵循。多見識他人做法，記取他人的經驗與教訓。縱然不能樣樣超越他人，也可以成為比『上智』稍遜的『智者』」。

二、孔子還說過：「君子不可小知，而可大受也！小人不可大受，而可小知也。」意思是說：作君子的人，不一定在許多瑣碎小事上，樣樣精通，事事明察，但遇到重大任務時，卻能勝任擔當；小人物則相反，他無法承擔重責大任，但在細節小事上，卻多才多藝，備受賞譽。

三、孔子曾對他最年長的學生子路說：「仲由啊！我告訴你怎麼才叫做真知？知道的就說知道，不知道的就說不知道，這種人可以說是真正知道了。」知之為知之，不知為不知，是知也！

四、《南華經》齊物論中提到：「大知閑閑，小知閒閒，大言炎炎，小言詹詹。」意思是：真正有大知識、大智慧的人，他所學淵博、高深莫測，不輕易發言；知識智慧有限的人，只在枝節小事上，表現精明仔細；說話誇大的人，氣勢凌人，往往言不及義。小有口才者，則辯論不休，狀若發狂。多元化的民主社會，言論自由，但天外有天，人外有人，發言還是審慎為要。這段話可以和本章老子之言相發明。

事事如蛛網繁密，不易明察秋毫。

【第七十二章】

不畏威威

毋狹民居壓其生，
民不畏威大威至；
自知自愛不見責，
不壓其生自不厭。

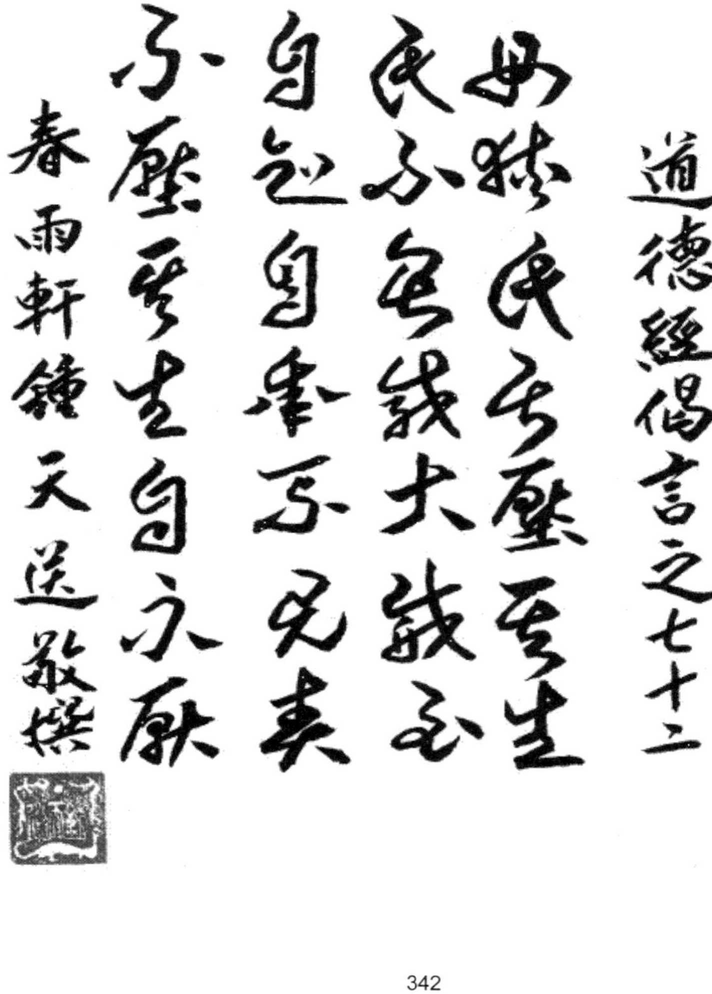
道德經偈言之七十二
毋狹民居壓其生
民不畏威大威至
自知自愛不見責
不壓其生自不厭
春雨軒鍾天送敬撰

【原文語譯】

人民一旦不害怕統治者對他們施以高壓威迫時，就表示人民對政府的專制壓迫，已經接近忍無可忍的地步，這時只要再有更大的威迫措施發生，禍亂便一觸而發了。所以統治者的施政，不要多方干涉人民的生活起居、工作職業，使他們感到身心遭受壓迫、生活的路途和條件越來越狹窄，不得安寧順適。政府能夠不干涉壓迫人民，人民也就不厭惡統治者。因此道家的聖者，但求自己通達事理，絕不藉故生事，炫耀自己的高明。愛重自己，不自命清高尊貴，捨去自我炫耀，自抬身價，選擇自知自明，自重自愛，才符合領導原則。

◎【龍宮驪珠君試探】學海聯珠之七十二

一、政治的改革，嚴重激烈的叫做「革命」，像辛亥革命、武昌起義；輕緩溫和的，叫做「自強運動」、「變法維新」不管革命或是變法維新，都會驚動天下、動搖社會。其間奇怪的是：激烈的革命，要流血戰爭，要死很多人，反而容易成功；緩和的變法維新，反而容易流產失敗，實在耐人尋味，值得歷史家、政治家、社會學家廣泛深入的探討。

二、奸巧暴虐的董卓，東漢末年、隴西臨洮人，個性兇猛有機謀，臂力過人，能左右騎射，連胡人、羌人，也害怕他的威武。桓帝末年，拜官郎中，後任并州刺史，河東太守，赫赫有名。靈帝崩（死），大將軍何進厭惡宦官專政，與司隸校尉袁紹，密謀誅殺宦官（太監），共議徵召董卓入朝相助，不料事情先發，何進反被宦官派人亂刀砍殺，董卓乘機進京，廢掉少帝，改立陳留王為獻帝。效法曹操，挾天子以令諸侯，掌控天下。接著縱兵入洛陽，淫掠婦女，搜括富豪，剽掠財物。堅持遷都長安，將洛陽城數百萬人口西遷關中，火燒宮廟、官府、居家，兩百里內，成為荒城，引起長沙太守孫堅起兵攻卓。董卓敗走關中，在郿的地方，建築七丈高的萬歲塢，飲宴其間。曾經誘降北方反對他的叛軍數百人，就在飲宴之間，當場下令斷舌、砍手、斬足，挖目，用大鍋生生烹煮。與會官屬，戰慄掉箸，他還能飲食談笑自若。獻帝三年，司徒王允、將軍呂布，共謀殺卓。在未央宮、北抑門的地方，埋伏刺殺，董卓先被騎都尉李肅刺傷手臂而墜車，大叫：「我兒呂布何在？」呂布應聲趨前，董卓沒有防備，呂布持矛刺向董卓，叫來士兵，當場斬殺。獻帝隨令皇甫嵩進攻郿塢，全滅其族。董卓棄屍於市，卓一向肥胖，流脂滿地，守屋吏拿管布插入董卓肚臍之中，當蠟燭點火，火光燒到天亮。百姓歌舞於道，長安士女，賣珠玉、衣裳，買酒置肉，痛飲慶賀。董卓毛病在哪裡？自己高高在上，人民「不得安居，難以樂業。」

執政者高高在上，人民不得安居，難以樂業。

【第七十三章】

勇於敢殺不敢活，
利害之間天孰惡；
不爭善勝不言應，
天網恢恢疏不漏。

天網恢恢

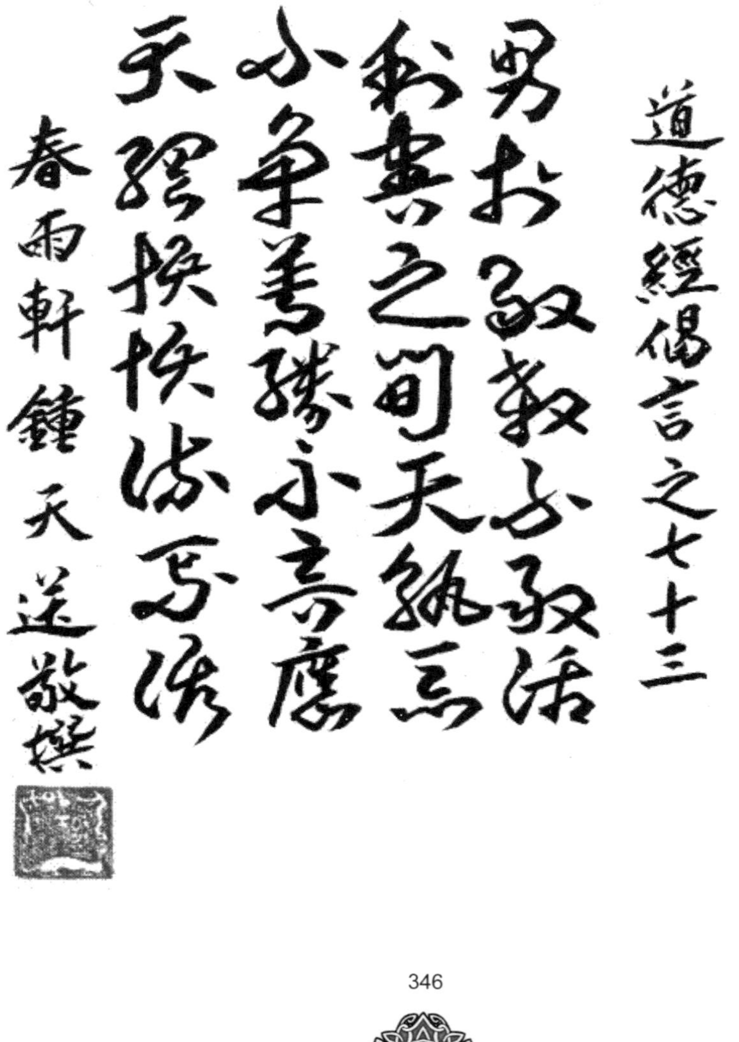
道德經偈言之七十三
勇於敢殺不敢活
利害之間天孰惡
不爭善勝不言應
天網恢恢疏不漏
春雨軒 鍾天送敬撰

以剛烈豪強的方式，來表示自己的勇敢，往往會自陷於險地或死地。以外現柔弱的堅韌方式，發揮真勇的人，反而能在絕地裏反攻，敗中求活。這兩種表現勇武的方式，一利一害，關鍵何在呢？是天道厭惡剛烈好鬥、會破壞和平自然，殃及無辜嗎？誰也難以確切明白其中緣故，就是聖人對這個問題，也感到應答為難。

依照大自然的規律天道，不恃強鬥狠爭戰的人，反而容易取得最完美的勝利；不饒饒多言的人，反而善於言談之間，應對自如。好人好事，不勞追求召喚，往往隨緣自來迎合。天道如網，看不到存在痕跡，無形而又事寬緩從容的人，善於冷靜地面對現實，運籌謀畫。處事寬緩從容的人，善於冷靜地面對現實，運籌謀畫。天道如網，看不到存在痕跡，無形而又廣大，看起來寬疏而不細密，可是萬事萬物、所有眾生，誰能擺脫這張天羅地網呢？

◎【龍宮驪珠君試探】學海聯珠之七十三

一、惠施與莊周：惠施，是中國古代的科學家，像魯般（魯國公輸般）這一類的人物，同時也是政治家，做過梁惠王的宰相。口才便給，雄辯滔滔，但是遇到莊周便辭窮沒轍了，所以彼此之間，存有瑜亮情結。既怕莊子賢名遠過於他，又擔心莊子搶走他的飯碗、相位，逮住機會便急著找莊周辯論抬槓，總以能扳倒莊子為樂。

有一天，他們一道在濠水的橋上遊賞玩樂，莊子往橋下望去，但見水清如鏡，白魚悠遊來往，不由隨口讚嘆道：「白魚從容地游來游去，做為魚兒，可真是快活啊！」惠子聽到，立刻抗辯說：「怪事！你又不是魚，你怎麼又知道白魚很快樂呢？」莊子回應：「你才是怪事，你也不是我，你怎麼可以論斷？我不了解白魚的快樂呢！」惠子哪肯認輸，又追問：「好！好！這不就對了嗎？既然我不是你，當然不了解你如何知道魚兒的快樂；所以呢！你不是魚，當然也就不明白魚兒快樂不快樂？」莊子聽了，啞然失笑說：「你這是哪門子的據理辯論呢！你只是在玩語言文字的遊戲罷了！其實你第一句問話就問錯了！」惠子不信地說：「有嗎？你倒說說看？我錯在哪裡？我怎麼沒感覺呢？」莊子笑笑說：「你不是問我：為什麼知道魚兒快樂嗎？這表示你也承認魚兒快樂，不是嗎？只是抗議我不是魚，怎知白魚很快樂？我的主題是〈魚兒很快樂！〉你沒反對或承認這句話，就代表我是對的，你也沒錯。你卻跟我抗議，我不是魚。就不該知道魚快不快樂？是不是顧左右而言他呢？那已經偏離主題了。」惠子聽了，自己也糊塗了！還要辯下去嗎？

二、「時然後言，人不厭其言。」是說：適當的時間、適當的場合，面對適當的人，說適當的話，誰聽了也不覺得討厭。如果不管何時、何地碰上何人，反正閒著也是閒著，不說白不說，一天到晚，到處嘟嘟囔囔，呶呶不休，誰也會望而生畏，敬鬼神而遠之。

三、秦舞陽，燕國勇士，十三歲便敢殺人，走在路上，人人都不敢正眼看他，有夠勇敢吧！太子丹派他陪同荊軻去刺殺秦始皇。一進秦王宮廷，看到王朝的雄偉莊嚴，突然臉色大變，全身發抖，汗如雨下，一副心虛模樣，使秦王發現事態有異，提高警覺，這算什麼勇士嘛？荊軻攜帶這種角色當副手，想刺殺梟雄難當的秦王，能有指望嗎？怎麼不遭亂刀砍殺呢？難怪蕭蕭的淒風、寒冷的易水，恭送悲壯孤單的荊軻，好像也在悲嘆壯志難酬，壯士行將一去不返啊！

冷靜面對現實，運籌謀畫，如黃犬之淡定。

【第七十四章】

人常畏死罪執殺，
人不畏死殺何懼？
代天司殺如斲木，
稀有不自傷其身。

司殺不代

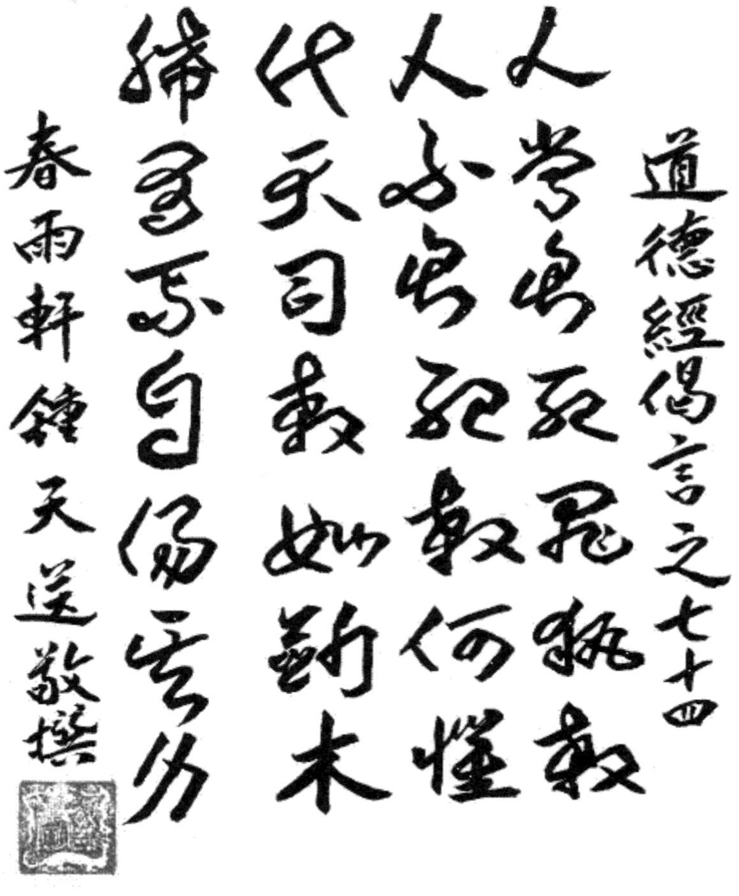
道德經偈言之七十四
人常畏死罪執殺
人不畏死殺何懼
代天司殺如斲木
稀有不自傷其身
春雨軒鍾天送敬撰

【原文語譯】

人民如果到了「不畏威」、「不畏死」的地步，統治者又何須再用死亡的恐懼來威迫或恐嚇他們呢？只要大部分、大多數人民安居樂業，連其他人也會愛生惜死，安分守己，畏懼死亡的來臨與威脅。這時對行為乖張、作惡反常到極點的少數分子，依其罪狀抓來懲處，甚至於惡貫滿盈者，罪行重大者，依法處以極刑，人情都能了解贊成，有誰還敢作奸犯科、胡作非為呢？但是捉奸懲惡，執法殺人，都要依法定程序，並經過嚴格審判，才交由專管刑殺的人，依法執行，才是常理。如果統治者本身知法而不守法，濫施威禁，任意刑勠，白色恐怖就此發生。或者私人報仇、動用暴力私刑，引起冤冤相報。這樣等於人人可以代替執法人員，置國家法律於不顧，代替執法者判罪執行，這就像一般普通人，沒有專業技術，代替砍伐工人或木匠貿然砍樹鋸木，越俎代庖，能不砍傷身手，誤傷人己性命嗎？

◎【龍宮驪珠君試探】學海聯珠之七十四

從本章所揭示的重點，再回溯第一章到第七十三章《道德經》的中心內容，老子幾千年前的思想，和今日或未來最進步的政治、哲學、法治觀念相比，何有差別？可有絲毫遜色？老子以為：

一、統治者不是天神上帝，不能有天賦神權的觀念。領導人或執政團隊，要率先立法、知法、守法，不能對異議者、濫捕濫刑、扒糞揭私，鬥臭鬥垮，威脅恐嚇，無所不用其極，製造白色恐怖。

二、社會百姓，有冤有屈，有仇有恨，也不能越俎代庖，替天行道、私自報仇、動用私刑，使事情更加複雜，傷人害己，殃及無辜，親痛仇快。當家者更不能鬧事，挑撥煽動，撕裂族群。但這一切，如果沒有完備獨立的司法制度，開明有節制力的政府領導，將成為鏡花水月，也誓將成為鬧劇與悲劇。

歷來許多學者，也許無法看懂老子，但也絕對難以接受看不懂老子這個事實，最簡單不過的對策就是：反對或排斥老子，利用學生門人對他們的尊敬，賭上一生的英明，說老子崇尚虛無，消極不切實際；專談「子虛烏有」、不關心世事的「烏托邦主義」，傷風敗俗，是害人的洪水猛獸。就這樣給老子冠上「異端怪物」的帽子，打入黑牢。沒判死刑，算是仁至義盡了！親愛的讀者！是這樣嗎？希望大家一次一次，反覆持誦，最後你會拍案驚奇，慶幸你與老子為友。謂余不信，請耐心持續用功下去。

老子學說，水生漣漪，並非子虛烏有。

【第七十五章】

上貪稅多民始饑，
上多有為民難治；
上求生厚民輕死，
苦民無生無貴生。

上不貴生

道德經偈言之七十五
上貪稅多民始饑
上多有為民難治
上求生厚民輕死
苦民無生無貴生
春雨軒鍾天送敬撰

【原文語譯】

國民為什麼會貧窮饑餓呢？一定是上面的統治階級吞食侵占了太多人民繳納的稅金，百姓才會貧窮飢餓。國民會難以掌控統治，一定是因為：統治者肆無忌憚，胡來亂來，多事擾民，所以人心思亂，難以管理統治。人民會輕生拚命，不惜一死，原因一定是：政府在上位的人，自奉豐厚，腦滿腸肥，不顧國計民生，人民活計困難，才會奮死輕生抗爭，把生命置之度外。所以一國領導人物，如能不貴尚奢華享受，不私自蒐刮財貨，能恬淡儉約的，一定遠勝自奉豐厚、養尊處優的人。會關心人民難以為生的領導人，怎麼會忍心自飽私囊，只顧厚養自己及家族呢？（看到老子這段理論，我真是佩服得五體投地，幾千年前老子的話，就這樣金聲玉振，落地有聲。為何現代的聰明人，現代聰明愛台灣的台灣領導人，還會犯下那麼多讓人民痛心疾首的錯事，還毫無悔意，還敲鑼打鼓，歡呼慶祝，振振有詞呢？）

◎【龍宮驪珠君試探】學海聯珠之七十五

一、「朱門酒肉臭，路有凍死骨。」古代中國腐敗的官僚社會，就是本章精義的最好寫照。「只許州官放火，不許百姓點燈。」封建專制社會之被人詬病，原因也在此。國民黨過去在大陸曾經犯以上錯誤，共產黨起來造反，國民黨付出失去政權的代價，中國轉型正義成功，如今國力超強，科學、文明、文化跟進，已經「前無古人」，行將「傲視全球」。國民黨遷台，有一段時間，銳意改革，勵精圖治，頗有中興氣象，可惜曾幾何時，又犯下上述毛病，一樣付出了失去政權的代價。民進黨大獲勝利，高舉民主、進步、本土認同的綠旗，如火如荼地進行，也強調轉型正義，八年行將屆滿，人民也要共同來檢驗：國力、外交、社會、民生、就業率、人民的痛苦指數。較之執政前，進步有多少？否則國家機器會生鏽，核能也會變成無能。社會進化、國家圖治、經濟成長、民生改進，必須防止的重點，老子是不是都有提綱挈領的提示呢？

二、清朝末年，為何有那麼多志士，投入倒滿革命的行列？拋頭顱、灑熱血，前仆後繼，如怒濤排壑，不可遏抑？原因是：

- 滿人自滿，對他族族群有優越感，待遇不平等。
- 政府對人民採高壓政策。
- 官吏貪暴。
- 差役勒索無度。
- 刑罰殘酷，動輒斬首示眾株連無辜。
- 抽捐橫暴，稅徵繁重。
- 內憂外患齊來，政府肆應無能。
- 政治不修，官爵可買賣。
- 盜賊橫行，饑饉遍野。
- 專制荼毒腐敗，民不聊生。若像清初三帝，康熙、雍正、乾隆之廉明政治，就是滿人執政，依然國泰民安，風調雨順，政通人和。滿清二百六十八年江山，康雍乾就占了一百三十四年，正好一半。

三、法國歷史上為什麼發生大革命？法王路易十六，為什麼淒淒慘慘、被送上斷頭台？

・國庫瀕臨掏空破產，農民在饑餓中掙扎，貴族卻在跳舞；就像羅馬當年，大火焚城，尼祿皇帝卻還在奏琴取樂，如出一轍。

・貴族及高級僧侶，占人口少數，但擁有大部分土地，或納一點點小稅，或完全不納稅。

・人民人口眾多，占地最少，要負擔大部分的稅額，輾轉呻吟在重稅負擔之下。

・貴族輕視農民，農民憤恨貴族與高級僧侶。

・人權沒有受到保障。這些重點在老子章句中，是否已經提到呢？

四、歷史上的商紂，絕不是我們想像中的窩囊廢。史記上說他：「資辯捷疾，聞見甚敏，材力過人，能托樑換柱，手格猛獸。」絕不輸阿諾或史特龍，成龍或李連杰，確具明星偶像的條件。可惜他的聰明，只用來拒絕忠諫；無礙的辯才，只用來文過飾非；過人的才能，只用來自我炫耀與誇張。過分貪戀美色，厚斂賦稅，建鹿台，廣收狗馬奇物，充斥宮廷；以酒為池，懸肉成林，男女裸逐其間，長夜飲樂，武王一怒起兵討伐，紂王像一個匹夫一樣，被斬頭旋竿示眾，身亡國滅，可為本章佐證。

【第七十六章】

人生柔弱死堅強，
草木柔脆死枯槁；
求強則拱兵驕敗，
堅強居下柔弱上。

柔弱者生

【原文語譯】

人體，在活著的時候，全身柔軟靈活；死後，卻一身僵硬成屍體。這是不是表示：柔弱的作用，總是勝於剛強呢？其他生物或草木，似乎也有類同之處。生存生長的時候，柔脆鮮麗，一臨凋零，便乾枯憔悴、失去顏色。所以太堅強的東西，總是接近死亡之物類；看似柔弱的東西，反而屬於生命力壯盛的物類。所以堅執強大的，力量使盡，容易退居下風；柔弱怯退的，含蘊無窮，反能後來居上。

◎【龍宮驪珠君試探】學海聯珠之七十六

一、「誰能純真似嬰兒，終日嚎哭聲不啞；整日瞪眼目不瞬，整日握拳不鬆脫。」──莊子

誰能像嬰兒那麼純真少思慮呢？嬰兒看似柔軟弱小，卻可以整天嚎哭，喉嚨也不沙啞；可以整日裡，瞪著眼看人看物，目不轉瞬；可以終日握緊拳頭，不必鬆開五指，也不會疲倦。

我的朋友之妻，抱著孫子上街買菜，剛離市場，便被一輛十輪大卡車撞倒輾過，入院療治月餘獲救。嬰兒卻完好無傷。是不是奇蹟呢？現在她孫兒作齒模營生，吾友之妻，卻至今仍兩手顫抖不停，憤慨那位冒失的肇事司機。

二、攀登高山險徑，兩側有樹幹樹枝，最是方便，手握枝幹，借力使力，一援而上。但帶葉的活枝，柔軟堅韌，能耐人拉拔彎曲，牽引笨重人體而不折斷。枯木乾枝，卻萬萬不可攀拉，一拉即斷。遇之墜崖死難，常有所聞。足證老子觀察力之敏銳。

三、練拳的人也常常談到：外功強橫驚人，虎虎生風，叱咤風雲，但老來多病，尤怕散功。再者精通拳術，年輕氣盛，逞強好勝。引來妬羨，邀約比畫，明爭暗鬥。殺傷人己，都非好事。江湖仇殺，不了難了。所以現代人健身養顏，多趨向太極吐納、甩手香功、瑜伽靜坐、有氧運動。功雖不顯，後勁十足，年長日久，更見功效。都是從柔軟下手，反見韌強。

四、「一口氣在千般用，一旦無常萬事休。」身體健康氣長在，千般妙技自在用。唱唱作作，掌聲喝采，萬方焦點，英雄得意，日日今朝。一見棺材，啼淚縱橫，昔日江芷，明日黃花。很多人嚮往練氣，練氣講究專氣致柔。像出生嬰兒，生命開始，潛力無窮，萬里前程。嬰兒柔弱，人人憐惜，不使毀傷。嬰兒無恨無怨，無傷痛，少哀淒。

五、「吞車之獸患網罟，吞舟之魚螻蟻苦；魚鳥不厭高與深，全形不厭眇藏身。」—莊子。（口能吞車，可知獸之巨大，卻最怕受困於柔軟的網罟。嘴能吞舟，可知魚之龐大，鯨豚卻怕困在淺灘，飽受小小螻蟻囓咬之苦。所以鳥不怕高翔，魚不怕深潛。吾人如欲全身全形，絕不要逞強出頭，自命不凡；不要怕韜光養晦，養精蓄銳，沉潛蟄伏。）

老子智言如暗夜中一輪明月。

【第七十七章】

張弓高抑下舉之，
有餘損之與不足；
世損不足奉有餘，
有道捨餘奉天下。

天道抑舉

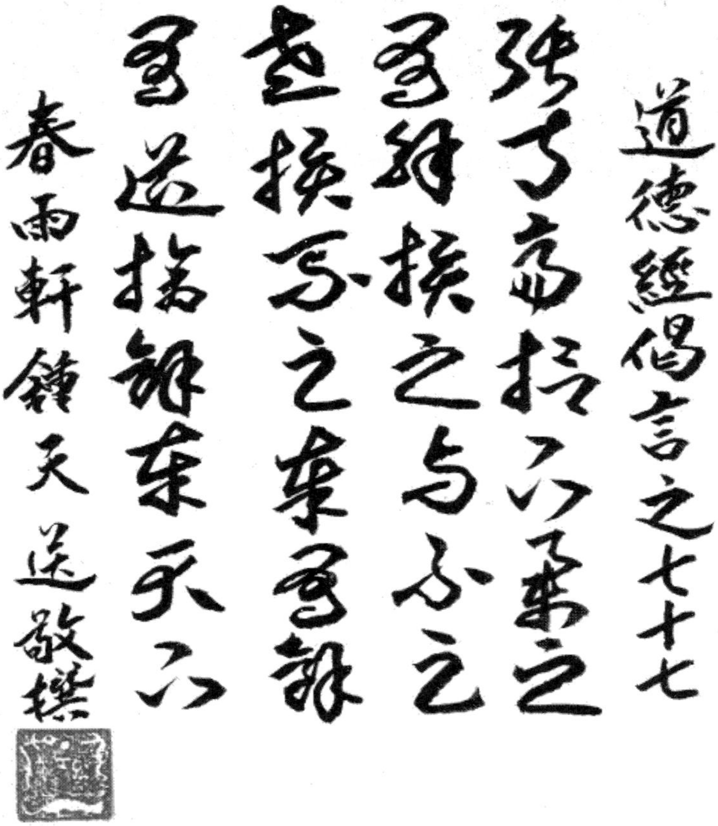

【原文語譯】

天道自然中庸平衡，就像張開弓弦，準備射箭時的姿勢一樣。弦位太高不可以，一定要壓低；弦位太低也不行，要稍稍拉高，務期進入平衡的定點。事物也是一樣，過剩的，要加以減損；不足的，要加以補充。自然的天道，就是這樣扣減過剩的部分，以彌補不足的地方，務期恰到好處，維持中正平衡。而人間社會，卻往往顛倒錯亂，反而常常去扣減利益資源不足的人，來供奉生活上已經是綽綽有餘的人，所以社會上流傳著「地上人多心不平」的話兒！誰能夠安立制度？合法的抑制有餘者、無理的膨脹侵占，把這多餘的資源，分配供給天下所有資源不足的人民來均霑共享。這只有真正心存大道，恆守玄德的人，才肯為天下生民著想，苦心為人民籌劃，所以中國道家聖人、真人、至人，就是這樣化育群生，而不自恃有才有能，成就大功大德，但不自居有功有德，不藉此沽名釣譽，享有賢名，因為賢名對他，只是多餘的贅肉懸瘤。

◎【龍宮驪珠君試探】學海聯珠之七十七

最新最新的鐵證實例：最近媒體報導，新加坡政府和香港政府，相繼因為經濟成長繁榮，每個納稅家庭，都得到退稅的獎勵。每家退稅一萬元以上，到十幾萬元以上不等。這就是老子說的：天之道，損有餘，而補不足。我們國家有這樣做到嗎？或者官商勾結，反而損不足之人民，來供奉綽綽有餘之奸商惡吏呢？

有一天，孔夫子在衛國寓所裡，正在敲打一種叫做「磬」的石製樂器。有一位挑著草筐的隱士，打門前走過，調侃夫子說：「這就是那位誠心要救世的聖人嗎？您的精神可真讓人敬佩啊！」聽了一會而又說：「不對啊！這樣堅硬的磬聲，聽起來粗陋之至。表示敲磬的人，心志堅強，也像石磐一樣頑固。各國的國王，既然都不懂得珍惜你、賞識你，很多人還說你亡亡如喪家之犬。」那也就罷了！詩經上不是說過嗎？「涉水渡河，碰到水深，何妨將就一點，和衣涉水而過；遇到水淺，要守住禮節，便撩起衣裳，涉水過去。做人處事不也一樣，隨順時宜，陶然自安，不是更為愜意嗎？」孔子聽了，感觸頗深地說：「這位先生可真果敢，看得開人生，瞧得破世局啊！人而如此，還有什麼事難得住他呢？我對他又有什麼能非難呢？」孔子是儒家的至聖，那麼那位隱者，難道就是道家的至人、真人嗎？

海拔六千七百一十四公尺的岡仁波齊山是岡底斯山脈的主峰，位於西藏自治區阿里地區普蘭縣巴嘎鄉境內。「岡仁波齊」藏語意為「寶貝雪山」，佛教、印度教等都將它視為「神山之王」，每年都有大量海內外遊客和當地信教群眾圍著神山以順時針方向徒步繞行，即為轉山。岡底斯的另一注釋，就是「眾水之源」。岡底斯山是雅魯藏布江、恆河與印度河的發源地，亦是阿里的四大神水之源。在峰巒起伏的群山之中，氣勢磅礡的岡仁波齊峰凌空直聳雲霄，峰頂常年被皚皚冰雪所覆蓋，就像戴上了一頂壯觀的大銀冠，與朵朵白雲渾然一體，舉目遠眺，真有「神浮盈空」之感。經過長期風化作用而形成的天然台階，縱貫峰體中央，好像通往雲端的懸梯，兩側懸崖絕壁，使整個峰體顯得更莊嚴雄偉，真像個天生的大宮殿。岡仁波齊神山同時被藏傳佛教、印度教、西藏原生宗教苯教以及古耆那教認定為世界的中心，它在藏語中意為「神靈之山」，在梵文中意為「濕婆的天堂」（濕婆為印度教主神），苯教更是發源於此。

每年絡繹不絕的，來自印度、尼泊爾、不丹以及我國各大藏區的朝聖隊伍們，使得這裏的神聖意味不斷得以體現並加深。

【第七十八章】

天下至柔莫如水，
攻堅致勝無以易；
受國之垢社稷王，
受國不詳天下王。

水德至柔

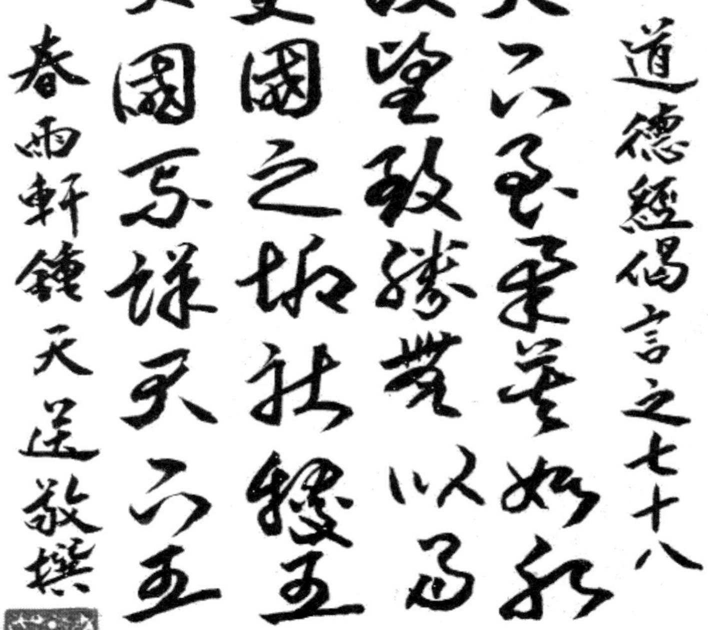
道德經偈言之七十八
天下至柔莫如水
攻堅致勝無以易
受國之垢社稷王
受國不詳天下王
春雨軒鍾天送敬撰

【原文語譯】

天下沒有比水更柔弱的東西了吧！但是推動、扳倒、衝擊、覆滅堅強龐大的物體時，卻沒有其他的東西，能跟它相比，也沒有其他東西能代替水所擁有的一切力量和作用。所以說：衰弱的東西，能勝過強大的東西；柔弱的東西，能勝過剛硬的東西。可惜就算天下人都明白這個道理，也很難有人體認它、運用它、印證它。世間人還是習慣於逞血氣之勇，暴虎憑河，睥睨天下，逞強鬥狠。敗死而後已！因此道家聖人說：「能承受全國人難以承受的麻煩、屈辱的人，才配做國家的元首；能承擔全國人不願意承擔的災禍、困頓的人，才配作天下人的元首。這說法雖然合情合理，合乎玄德大道，可是對一般世俗淺見之人，恐怕適得其反，大多會認為荒誕不經，完全違反常情，幾近天方夜譚，萬萬難以置信，無法苟同接受的事情。

◎【龍宮驪珠君試探】學海聯珠之七十八

一、「留侯世家」。史記留侯世家中特別提到，漢高祖劉邦親口承認：「說到運籌帷幄之中，決勝千里之外，我不如子房（留侯張良）。」意思是說：若論安坐在軍中帳幕裏，指指點點，比比劃劃，籌算攻城作戰的計畫，就能使將兵在千里之外，克敵制勝，我劉邦，絕對輸給留侯張良。根據這些事蹟，太史公司馬遷認為張良一定長得魁梧奇偉，人高馬大，是孔武高壯的大丈夫。誰知看到張良的畫像，非常意外，張良狀貌美好，像個美女一樣，不僅相貌如此，更詳知他平日言談舉止，也不是剛硬豪強之流。

二、「溫柔鄉，是英雄塚。」、「英雄氣短，兒女情長。」男人雖堅強，不是被美人所困，便是被柔情所化，故曰：「英雄難過美人關。」表面上，男人號稱英雄，叱咤風雲，以堅強取勝，但是碰到所愛的溫柔女性，堅如金剛，也會化成能繞著玉指延展的柔軟飾物了！女性雖柔弱，但玉指纖纖，能縛巨龍。一笑傾城，再笑傾國。史蹟斑斑，誰能否認？好像紅樓夢一書中，賈寶玉說過女人是水做的，水德至柔，還滿有道理呢！

三、「天旱無雨無水，千里成為赤地」。大雨帶來洪水，山為之崩，地為之塌，土石為之沖激奔流，洪水所至，田園頓成荒蕪，房產淹沒漂流，人畜同蒙其害。血中無水，血液如何循環？天不降甘霖，大地誰來滋潤？風不調，雨不順，水不柔，哪來國泰、民安、人心歡樂。

四、水不到，渠不成，沒有山泉溪水，哪來江河萬里流布？海也會枯，石也會爛。水如長滴，階石也會洞穿。水德至柔，一旦發威，力能攻堅挫銳，事實俱在，何待辯駁？

五、人體缺水，輕則口乾舌燥，重則泌尿系統出狀況，尿酸過多，或尿毒成病，要治腰洗腎，眼睛視力都受影響。水的作用，無可替代，無庸置疑？

自然界現象，合乎玄德大道。

【第七十九章】

和大怨必餘小怨，
聖人執契不索債；
有德司契無司徹，
天道無親與善人。

穩操左券

道德經偈言之七十九
和大怨必餘小怨
聖人執契不索債
有德司契無司徹
天道無親與善人
春雨軒鍾天送敬撰

【原文語譯】

一旦人與人或國與國之間，結下深仇大怨，無論怎樣努力去調解，也是一定還會留有餘怨在心的。所謂調解講和，是因為怨隙一深，雙方受害，不得已而為之，豈是上善之策。至善妙方，莫如事先不要結下大怨，其德更勝。所以真人、至人，對人寬緩仁恕，就像債權人擁有債務人的借據左券，但不急急向對方索取債款一樣。有玄德大道的人，無日不慈和寬裕，永遠都像手上握有很多借據左券似的。沒有玄德大道的人，天天都嚴酷刻薄，像掌管稅收的惡吏一樣，窮凶極惡，念念都想壓榨百姓。前者慈悲寬和，怎會和人結下大怨？後者刻薄少恩，隨時也會和人結下深仇大恨。兩者孰取？前段文字已有答案。為什麼呢？天道自然！無所私親偏愛，可是人們常會發現：老天爺最後好像總是站在善良人的一邊。

◎【龍宮驪珠君試探】學海聯珠之七十九

一、第五章講過，「天地不仁」，「聖人不仁」，意思都一樣，都表明：天道自然，絕無私親偏愛，那為什麼要特別照顧善良慈悲的人呢？是因為慈悲善良，合乎玄德大道，大自然的規律，也是種豆得豆、種瓜得瓜。種甜瓜甜、種苦瓜苦。因果不昧，報應不爽。報則必報，時有遲速。只待積因累聚，果實異時成熟而已！先熟先報（掉落），後熟後報（掉落），惡有惡報，有如天厭之；善有善報，就像天道私親偏愛，一切自然，何足為奇？

二、宋仁宗時，宰相范仲淹，中國民族英雄。二歲喪父，母親改嫁。年輕讀書時，糧食不足，三餐難繼，冬寒困倦，就用冷水潑面；米糧不足時，就以糜粥充飢，早晨一碗濃粥，分三餐來吃。當學生時，恰逢皇帝遊幸浙江錢塘潮，萬人空巷，爭看宋帝鑾駕車馬盛況。教室一時空蕩蕩的，只有他一人留下來讀書。同學們回來，追問其故。他答到：「你們這樣熱烈熱切，能看到皇帝嗎！看到又如何呢？要看皇帝，也不爭不忙這一天，待我通過京城考試為官為宰，何愁見不到皇帝呢？」偉人胸襟，多麼令人無盡的感佩與懷思啊！其後，范仲淹果然心想事成，考中進士，當上了陝西路安撫經略招討使，他號令嚴明，愛撫士卒，對敵人也一樣仁慈寬和，能撫先撫，不得已，要戰才戰。羌人稱他為「龍圖老子」（他跟包青天一樣，當過龍圖閣大學士）。西夏人很敬畏他，說他：「范老夫子，胸中自有十萬甲兵。」後來擔任參知政事，上條改革政事，出將入相，位極人臣。事母至孝，做官盡忠，對百姓、族人、賢人，以官祿所得，設「義田」賑濟。死後沒有留下一點私產給後代，只留下「忠孝仁義」的典範在人間。「先天下之憂而憂，後天下之樂而樂。」就是他震鑠千古的名言。

三、當時傳聞，有一位高明的勘輿者（風水師），發現范仲淹的祖墳，十分兇險惡劣，恐將絕子斷孫，繁華難繼，（是不是自說自話？）乃趨訪敬告。范仲淹不以為忤，回答說：「風水之說，或許有其道理。這方面的學問，我沒有研究，但是做人子者，應該盡忠盡孝，還是專意風水？范某志在盡忠國事，無暇他顧，先生厚意，心領而已。」那位風水師嘆息告退。數年之後，重遊舊地，范家昌榮如故，風水師又去檢驗范家祖墳，奇怪的發現：范家祖墳已毫無凶險之兆，轉趨吉祥氣象。心裏非常納悶，四方探尋，方曉一場雷雨之後，那方祖墳自動變更了位置與方向，始信「人有好道德，才有好風水。」好風水不是金錢買得來的。是不是「天道無親，常與（給）善人呢？」

潮湧潮退，天道自然有律。

【第八十章】

小國寡民不動武，
使民重死不遠徙；
舟車無乘不陳甲，
雞犬相聞不交伐。

不貴遠徙

道德經偈言之八十
小國寡民不動武
使民重死不遠徙
舟車無乘不陳甲
雞犬相聞不交伐
春雨軒鍾天送敬撰

【原文語譯】

國家小、人民少的情形之下，縱然擁有軍伍編制及武裝配置，卻沒有一定要使用。要使人民愛惜生命，不樂於向遠方擴張遷徙殖民，引發衝突征戰。雖然也擁有車船等遠行交通工具，也沒有必要藉之用來作戰；雖然有配戴盔甲武器的軍隊，卻從來不陳兵沙場。在這種太平生活的日子裡，不如讓人民重溫古人的情懷，了解古人怎樣利用結繩來計數、敘事，而創作文字，把精神用在努力記敘保存優良美好的文化上，讓人民不受戰亂、傷害、蹂躪影響之下，有愉快的心情，歡嚐美食，穿著心愛的新裝麗服，人人安居家室，歡享天倫之樂，陶然在傳統的民俗歡慶喜悅活動中。國與國間，互相尊重，守望相助，不但雞鳴狗叫之聲，能夠互相清楚聽聞，就是有什麼風吹草動，有什麼外來侵擾，也立刻會獲得知會，相招相報，守望相助，兩國人民親愛和平相處，永遠不必輕動干戈，到老到死，不會無端生事，往來衝突征伐。本章歷來爭論最多，也因此對老子誤會至深，我不對此多費唇舌，請讀者仔細閱讀貫穿全章，甚至於從頭審閱老子整部著作，當會發現筆者如何苦心孤詣，希望接近透徹完美地譯解出老子的真精神、全人格，把這一部時不論古今、地不分中外，有識之士，都萬分關心好奇的《道德經》，揭開神祕的面紗，露出無限令人訝異的美好姿容（真相），這是我十二年來的願望，如今呈獻給喜愛老子的每一個人。重要的是：我事已辦、我行已立、我願已償，不必在意我是誰？

◎【龍宮驪珠君試探】學海聯珠之八十

一、不貴遠徙，美國攻打越南，是不是遠徙？兩次發動伊拉克戰爭，是不是遠徙？日本侵略中國，發動大東亞戰爭，是不是遠徙？蘇聯進攻阿富汗，是不是遠徙？強進猛攻、轟轟烈烈、望風披靡，爽則爽矣，結果尼？鎩羽而歸，喪師辱國。大國遠徙，尚且落得這種下場，小國怎麼可以遠徙呢？小國如以色列與巴勒斯坦，長年纏鬥，仇恨越結越深，人民生來就為打仗，十三歲也死，十五歲也亡，路死路埋，溝死溝葬，這是什麼世界？想想老子說的，雞犬相聞，守望相助，不貴遠徙，老死不以兵戎相見，老死不往來發生伐征交戰。時隔數千年，人類進步到哪兒去了呢？是不是越活越回去了呢？

二、看經要有看經眼，斷章取義，穿鑿附會，是幾千年來部分學者的最大通病。望文生義，文義不明，查字意，一字多義，用錯一義，滿盤全非。善於訓詁，考據的，專業令人敬佩，可是往往短於義理；擅長詞章者，陶醉在唯美之感情，文章綺麗，文詞優美，感人肺腑，可是往往缺乏悟性。我們可藉訓詁而通義，也可藉詞章而鋪張艷麗，但是如果不能讓人開示悟入智慧，一切落入空亡，一切也成為空談。佛道之經，容易被棄置、誤判、扭曲，殆由於此。

三、《道德經》

・第十六章，提到「萬乘之王」，寡民小國會有萬乘兵車嗎？

・第五十四章，從「修之於身」，談到修之「於家」、「於鄉」、「於國」、「於天下」，怎麼能和其他地方、國家、世界，老死不相往來呢？鄰國相望，難道像在互相觀賞珍禽異獸、稀有動物嗎？

・第六十一章，大談「大國與小國相交之道」。大國對小國要謙讓，小國對大國要禮敬。如果真的國與國之間，相鄰相望，老死不相往來，那還談什麼國與國間相交之道呢？

四、本章開宗明義，強調五點：

- 嗜殺好戰，非常要不得。
- 防患未然，有其必要。
- 守望相助，絕不可少。
- 和平生活，難能可貴。
- 小國寡民，容易圖治。

因為備戰但不求戰，性命易保，國力不隨便消耗，以雞犬相聞暗示訊息、聲息相通，有利守望相助。老死不相往來，承接前面意思，雖然努力備戰，但最好到老到死，不必與鄰國、他國陳兵沙場，兵戎相向，往來交戰不息，打得你死我活。筆者譯解本經，只是聊備一格，提供參考而已！我非常尊敬、感謝前輩們訓詁、考據的大功大德，使我在下筆寫作的過程，增加撿擇的機會，減少犯錯的可能。在多元化的現代社會，對古書的譯解，我寧願它百家爭鳴，百花雜陳，讓天下人，自由恣意品嚐，各賞所好，各取所需，才不會使思想偏頗定於一尊，思想才能自由活潑。

【第八十一章】

信言不美美不信，
善者不辯辯不善；
智者不博博不智，
聖人不積愈有多。

聖人不積（完結篇）

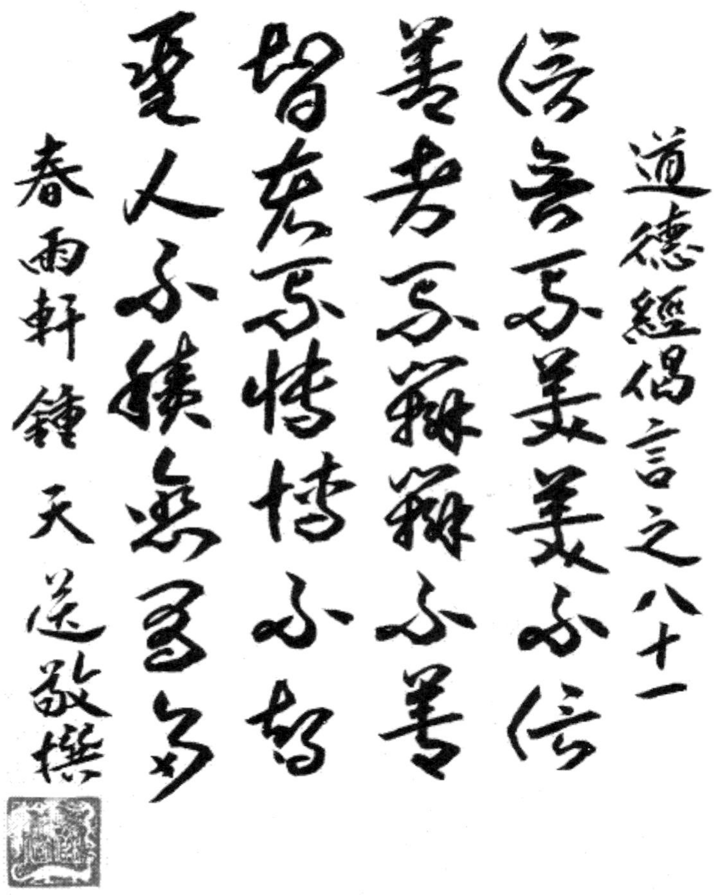
道德經偈言之八十一
信言不美美不信
善者不辯辯不善
智者不博博不智
聖人不積愈有多
春雨軒 鍾天送敬撰

【原文語譯】

可信可靠的話，不一定聽起來冠冕堂皇，非常華美；反之，冠冕堂皇，花俏華美的話，也就不一定可靠可信。真正心地善良的人，不會事事崇尚巧飾辯解；反之，事事巧飾辯解的人，也未必都是善類。真正有智慧的人，不喜歡輕易向外炫耀自己博學多能；反之，想盡辦法、極盡其能向外炫耀自己博學多能者，聰明毋庸置疑，智慧肯定缺乏。道家成功的聖人、偉人，不作意，不擅長累積、珍藏財貨、金寶。他們越是熱心幫助別人，自己反而擁有越多；越是施捨、付出越多，自己反而更加豐實無缺。大自然之道，生生不息，天有好生之德，不斷利益群生，絕不讓群生走投無路。道家聖人，勤於施功作德，卻絕不與天下人爭利。

◎【龍宮驪珠君試探】學海聯珠之八十一

一、子曰：「巧言、令色、足恭，左丘明恥之！丘亦恥之！」意思是：對人花言巧語，擺出一副討人喜歡的臉色，過分僞詐的恭敬，這樣的做人方式，左丘明覺得可恥！孔丘也覺得可恥！

二、子曰：「有德者必有言，有言者不必有德。」意思是：有道德的人，一定善於說話，但會說話的人，不一定有道德。

三、子曰：「巧言令色，鮮矣仁。」意思是：用花言巧語、僞裝好臉色討人喜歡者，絕少心懷仁德，也就是警告人說，花言巧語，容易亂人操守的意思。

四、「世尊陞座」—《碧巖集》第七十九則「世尊陞座不言說，文殊突然一槌落；諦觀法王法如是，說時說來默時默。

斷然敲下說：「請仔細注意觀照！法王（世尊）是如何說法的？必要時說，不必要時沉默。」

有言，實際上是在點明無言、難言的道理；無言，往往在暗示、好好去推敲曾經明明白白說過的道理。」故所以世尊說：「始從光耀土（鹿野苑），終至跋提河，四十九年間，我不停說法，請問我有說過一字佛法嗎？不，我未曾說過一字佛法。」說是「方便的法門」，不悟，有說等如未說。悟了，方便的法門，也已經不必要放在心上了！「渡河需要船，到岸不需缸。」、

「動人的琴弦，別致的妙曲，千年萬年，也難遭逢。」「一代時教說如默；無論有說或沉默，大開施門無壅塞。不問有言與無言，外道禮拜齊讚嘆。」、「樂人莫向愁人說，說向愁人愁更愁。」

「攝大千沙界，不過是一粒沙塵。」「一代時教說如默，有時無言默如說；無論有說或沉默，大開施門無壅塞。不問有言與無言，外道禮拜齊讚嘆。」、「樂人莫向愁人說，說向愁人愁更愁。」總一切佛學語言，只為一個字「悟」，法王陞座，良久沒有發言，文殊菩薩拿起法槌，

有一天，世尊陞座，良久沒有發言，文殊菩薩拿起法槌，

五、一個感人的故事，改變歷史的故事……

• 時間：南朝梁武帝普通元年，農曆十一月初一日。

• 地點：建康（現在南京），南朝首都宮廷之內。

• 人物：南朝、梁的建國者，梁武帝（蕭衍）。

西天二十八代佛祖、達摩祖師。

• 故事：梁武帝很誠心地接見達摩祖師，梁武帝先問：「歡迎大師蒞臨中土，我有一事請教！自我建國登位以來，造佛寺、抄經典、辦法會，引渡眾生出家為僧，難以計數，大師以為這樣做，功德如何？」達摩說：「這也不算什麼了不起的功德。」（意思是：修佛未

達究竟地步、福德性空，本來無一物，有什麼好貢高我慢的呢？觀心是空、無我無相，有我有相，便不是究竟）。武帝心裏很不是味道，又問：「大師！容我再問一事，什麼叫做聖諦第一義（無上三菩提）？」達摩答道：「心性（空廓靈明）即是，沒有什麼聖諦不聖諦、俗諦不俗諦？」武帝聽了！迷迷糊糊，恍然若失，再問：「那麼，在我前面的人是誰呢？」達摩回答：「我不知道。」（一切相都是虛妄，「我相」也是一樣，「我相」不是我，我當然不知道是誰？）最後武帝再追：「聽說你已經是悟道的高僧，是真的嗎？」達摩回答：「我不知道。」（皇帝這樣問你，你要怎樣回答才好？說是真的，傷武帝感情；說不是真的，言不由衷，也有失佛祖威儀。）問答到此結束。武帝一臉不愉之色，認為對方虛有其表，充其量也不過爾爾，便打消了聘請他當國師的念頭，悻悻然拂袖而退。達摩也發覺「傳法機緣」未熟，和武帝交談不投契。八天後，十一月九日，孤孤單單，孑然一身，暗渡長江，投奔洛陽，入駐嵩山少林寺。這典故叫做「獨自棲棲暗渡江」，達摩祖師從南印度渡海東來，登陸南海，先到廣州（時稱五羊城），這個典故叫做「路行跨水復逢羊」。

達摩到少林後，面壁九年，才傳衣鉢給神光「慧可」（二祖）、慧可傳鑒智「僧璨」（三祖）、再傳大醫「道信」（四祖）、再傳大滿「弘忍」（五祖）、再傳大鑒「慧能」（六祖）。到慧能時，衣鉢南下，聽五祖話，為永絕爭端，衣鉢永不下傳。慧能在南方弘揚「頓悟」的學說，大通神秀和尚留在北方宣揚「漸修」的道理，這段典故，稱為「日下可憐雙象馬，二株嫩桂久昌昌」。達摩在西天屬二十八祖，在中國屬「初祖」。中西禪宗，共有三十三位佛祖。

六、「路行跨水復逢羊，獨自棲棲暗渡江；日下可憐雙象馬，二株嫩桂久昌昌。」

這是二十七代禪宗佛祖，般若多羅給達摩送別時，贈與達摩的偈詩預言，不料一一應驗。達摩東來的行程，步行到南印度，再渡海東來，登陸南海，又步行到廣州，當時叫做「五羊城」，走謁梁朝，與梁武帝會面交談不契，獨自黯然渡過長江，投奔少林寺去，面壁九年後，成為中國禪宗第一代佛祖。目前又出現兩位可敬可愛的大師，具有龍象之質，天馬之姿。神秀在北，慧能在南，分別傳播「漸修」與「頓悟」佛道，就像兩株新生茁長的桂樹，長長久久，昌榮飄香。

七、梁武帝，南朝第一個皇帝，四次皇帝不做，捨身「同泰寺」，身披袈裟躬親法會，講經說法，時人稱他「佛心天子」，最愛講「放光般若經」，據傳曾經感動諸佛，空中降下漫天的繽紛落花，落地化為「琉璃舍利」。因為貴為帝王，又是宗教領袖，萬方景仰，總有一些「增上慢」，貪小為足，不懂迴小向大，當面錯過真正的高德聖僧，東土西竺共尊供仰的達摩祖師。當時志公和尚提醒他，達摩是觀音大士化身，東來傳佛心印。武帝愧悔不已。要派兵追回，已然不及。自己立碑懺悔曰：「唉！見如不見，逢如未逢。而今而後，後悔到老。」

中華民國八十五年　草稿

九十七年　定稿

西元二〇〇八年（歲次戊子），三月十一日清晨，春雨軒主人鍾天送識